现代化视野下高新技术园区社会发展研究

周琳琳◎著

·北京·

图书在版编目（CIP）数据

现代化视野下高新技术园区社会发展研究／周琳琳著 . --北京：中国经济出版社，2023.9
ISBN 978－7－5136－7432－4

Ⅰ.①现… Ⅱ.①周… Ⅲ.①高技术产业-经济开发区-社会发展-研究-中国 Ⅳ.①F127.9

中国国家版本馆CIP数据核字（2023）第161271号

责任编辑	郑　潇
责任印制	马小宾
封面设计	任燕飞工作室

出版发行	中国经济出版社
印 刷 者	北京艾普海德印刷有限公司
经 销 者	各地新华书店
开　　本	710mm×1000mm　1/16
印　　张	15.25
字　　数	250千字
版　　次	2023年9月第1版
印　　次	2023年9月第1次
定　　价	78.00元

广告经营许可证　京西工商广字第8179号

中国经济出版社 网址 www.economyph.com 社址 北京市东城区安定门外大街58号 邮编 100011
本版图书如存在印装质量问题，请与本社销售中心联系调换（联系电话：010-57512564）

版权所有　盗版必究（举报电话：010-57512600）
国家版权局反盗版举报中心（举报电话：12390）　服务热线：010-57512564

目录
Contents

导　言 ··· 1
 第一节　问题的提出与研究意义 ·· 2
 第二节　高新技术园区研究综述与理论基础 ··································· 17
 第三节　研究的基本框架与思路 ·· 29

第一章　高新技术园区营造的园区社会 ··· 34
 第一节　高新技术园区是一个现代化社会实体 ······························· 34
 第二节　园区社会特具现代性的社会发展 ····································· 37
 第三节　中国园区的社会发展与文明进步 ····································· 53

第二章　园区社会建构与社会运行 ·· 61
 第一节　园区社会建构的社会学研究 ·· 61
 第二节　园区社会运行的状况与现实条件 ····································· 65
 第三节　影响园区社会良性运行的因素分析 ·································· 68
 第四节　促进园区社会良性运行的思路 ······································· 74

第三章　园区社会运行与创新文化建设 ·· 85
 第一节　园区社会文化建设的特征 ·· 85

第二节　建设创新型园区的创新文化 …………………………… 89
第三节　创新园区文化的功能价值和意义 ……………………… 91
第四节　依托文化力量促进园区社会良性运行 ………………… 95

第四章　园区社会城市化与市民化 …………………………………… 99
第一节　园区社会现代化进程中的城市化 ……………………… 99
第二节　园区城市化进程中的市民化问题 ……………………… 105
第三节　影响园区农民市民化的因素 …………………………… 112
第四节　推进园区农民市民化的途径 …………………………… 116

第五章　园区社会民主化与法制化 …………………………………… 120
第一节　我国高新技术园区民主化与法制化建设 ……………… 120
第二节　园区建设中的民主政治建设问题 ……………………… 125
第三节　园区建设中的民主法制建设问题 ……………………… 134
第四节　加快园区民主化与法制化建设的对策 ………………… 140

第六章　园区社会服务与新型社区建设 ……………………………… 145
第一节　园区社会建构与社会服务创新 ………………………… 145
第二节　园区社会聚集与新型社区建设 ………………………… 151
第三节　园区社会新型社区建设存在的问题 …………………… 155
第四节　创新园区新型社区建设的政策取向 …………………… 161

第七章　园区社会建设与社会管理创新 ……………………………… 165
第一节　加强园区社会建设与社会管理的重要意义 …………… 165
第二节　园区社会建设与社会管理发展中面临的问题与挑战 …… 170
第三节　加强社会建设，推动园区社会事业快速发展 ………… 172
第四节　积极推进社会管理创新，实现园区社会和谐有序发展 …… 181

第八章　园区社会风险与社会保障 189
第一节　园区社会发展中的社会风险分析 189
第二节　防范园区社会风险的社会保障机制 194
第三节　中国园区社会保障发展现状与面临的问题 199
第四节　构建完善的社会保障制度，促进园区社会的和谐发展 204

第九章　园区社会秩序与社会控制 210
第一节　社会控制的基本理论 210
第二节　园区社会控制的必要性及其特点 218
第三节　园区社会控制的发展及其面临的问题 223
第四节　构建完善的社会控制体系，维护园区良好的社会秩序 228

参考文献 233

导　言

自1951年美国斯坦福工业园区创建以来，各类园区的迅速崛起和发展绝非偶然，而是20世纪新科技革命的推动、全球经济化的形成，以及"与经济学家和社会学家共同定义为信息化的生产方式和管理方式的出现"[①] 三种相互关联的历史进程彼此作用的必然结果。

在新科技革命条件下，创造新的科技文明、工业文明和社会文明为信息经济化和经济全球化提供了必要的基础结构，而信息经济的形成及其所产生的功能要求又在很大程度上促进了科技革命的进程。其中，高科技成果从发明到应用除了利用已有的方式之外，越来越多的国家或地区以新型园区建设的方式吸引和集聚了各类的高科技人才和高科技产业，在园区创新环境中开发、生产信息经济时代的原材料，创造信息经济时代新的科技文明。同时，与全球经济的形成及其世界范围的扩展过程相适应，一种新型的研发、生产和管理的经营体制的出现，进一步加快了园区高科技产业化的步伐。其显著特点是各种高科技产品的开发、生产及市场竞争力的提高，不再像传统工业经济那样依靠增加资金、劳动力和原材料，而是更多地依靠新知识基础上的科技创新和信息管理的实际投入，依托持续创新的高科技产业化的方式和信息化的管理方式不断创造新的生产力。

上述过程的交互作用及其影响，尤其是与此相适应的高效率的产业组

---

① ［美］M. 卡斯特尔、［英］P. 霍尔:《世界的高技术园区:21世纪产业综合体的形成》，李鹏飞等译，北京理工大学出版社，1998年版，第4页。

织和管理方式的形成，造就了被社会学家 M. 卡斯特尔等称为信息经济时代的"矿山和工厂"①的各类高新技术园区，他们在国家中央政府和地方政府的支持和参与下，通过精心培育园区的创新环境和推进持续创造协同作用的社会建构过程，使所创造的新的产业空间得到不断扩展，新的产业组织形式得到不断完善，经济、社会、行政、组织、文化等方面的社会协同作用日趋增强。其发展态势是围绕产业化、区域发展、创造协同作用三个面向②，依托这种协同作用实现社会结构的创新，带动所在城市和地区经济社会的全面发展。

高新技术园区从崛起到园区社会的建构，是世界性现代化进程中新科技革命和经济全球化高度发展的必然结果，这些充分体现了后工业社会现代性特征的信息经济时代的矿山和工厂，历经半个多世纪的社会变迁所引起的社会变革，在寻求充满活力的新的经济增长点和人本化的社会福利源泉方面，由它所导致的社会变革是带有根本性质的。

第一节 问题的提出与研究意义

人类社会的进步是与科技进步的工业化进程相伴而行的。在我国现代化建设的关键时期，"我们比以往任何时候都更加迫切需要坚实的科学基础和有力的技术支撑"③。发轫于 20 世纪中叶的新科技革命，在创造新的科技文明的同时，相继造就了形形色色的高新技术园区，它们作为未来的矿山、工厂及高科技产业化的社会实体，为世界性的现代化进程增添了新的实质性内容，同时也重新界定了不同国家现代化进程的发展条件和过程。

---

① ［美］M. 卡斯特尔、［英］P. 霍尔：《世界的高技术园区:21 世纪产业综合体的形成》，李鹏飞等译，北京理工大学出版社,1998 年版，第 1 页。
② ［美］M. 卡斯特尔、［英］P. 霍尔：《世界的高技术园区:21 世纪产业综合体的形成》，李鹏飞等译，北京理工大学出版社,1998 年版，第 279—280 页。
③ 胡锦涛：《坚持走中国特色自主创新道路，为建设创新型国家而努力奋斗》，人民网,2006 年 1 月 10 日。

一、研究的背景

（一）中国的现代化进程

现代化至今仍然是一个不断发展的世界性历史进程，它发端于工业化，以工业化为其主要发展动力。中国的现代化发展进程大致经历了三个阶段，每个阶段都有其鲜明的时代主题和特征，从而奠定了工业化发展的方向和基础，工业化反过来又通过对时代主题和特征的回应推动了现代化的发展进程。

1. 中国现代化的反复推进

对先发内生型现代化而言，"现代化的核心是工业化（或产业化），而工业化的核心又是用机器生产代替手工劳动。所以，机器生产的采用就是现代化发展的重要标志"。对后发外生型现代化而言，在启动初期的现代化与工业化并非完全同步，"在这种情况下，工业化并不是民族现代化的最初动力，现代化也不是工业化的结果，相反倒是兴起民族工业化的条件（虽然最终它们必定是相互促长的）"①。中国早期现代化从1840年到1949年新中国成立，始终是在反复、动荡和艰难推进中前行的。而与此相联系的早期工业化，在经历了多次西方资本的外来冲击和挑战之后，饱尝工业化起步的艰辛和发展民族工业的悲壮。

鸦片战争之后，西方列强利用不平等条约，通过在中国开办商会、交通、电信和工矿业，大肆进行殖民化的工业化扩张。但同时也导致了原有生产方式的改变，为中国早期工业化起步提供了现代工业的样本和参照。所以到19世纪60年代，在洋人开办工厂的基础上，出现了由国人自办的机器工厂。中国早期工业化起步艰难，过程曲折，但工业化的进程始终未曾中断。尤其在工业化起步阶段，由于国外殖民势力把持着海关、金融业，幼小的民族工业失去了必要的国家保护和金融支持，在发展中备受外

---

① 张静：《关于现代化的概念》，《社会学研究》，1990年第5期。

国企业的打压。此外,当时的封建统治阶级及后来的北洋军阀与外国势力相互勾结,放弃对民族工业的保护,使民族工业处于极为不利的发展地位,加之历年增加的各种苛捐杂税对民族工业的盘剥,不少民族工业失去了发展的生机和扩大再生产的能力。

但此后,随着国内民族运动的不断兴起,在反帝反封建旗帜下每次民族运动都会推进早期现代化工业发展,同时也会助推当时的民族工业发展。洋务运动从器物层面引进西方先进生产力,加快了民族工业从军工生产到交通、纺织、食品工业等领域的拓展。研究资料显示,这一时期洋务派所办民用企业共27个,经费2964万元,雇佣工人25500~29500人。[①] 戊戌维新运动、辛亥革命,以及后来的五四运动,使早期现代化工业开始进入政治和文化层面,而民族工业在这个时期也得到较快的发展,尤其是1915—1921年,被认为是中国现代工业发展的黄金时期,其投资"常占各业总投资的60%~70%"[②]。然而好景不长,此后很快又回到了缓慢的发展轨道,直到1949年新中国成立。

2. 中国现代化的曲折发展

总结中国早期现代化与工业化发展的历史经验,一是现代化是与工业化相联系的,它离不开工业化的有力支撑;二是中国早期工业化在国外列强和国内保守势力的双重压制下,长期处于极不平稳的、缓慢的发展状态;三是中国社会二元结构下落后的农业极大地限制了工业化和城市化的发展;四是国内长期混乱的政局和社会冲突,使现代化和工业化缺乏必要的政府财政支持;五是在国家没有实现民族独立的条件下,现代化和工业化都很难走向正常的发展轨道。当时的社会环境和历史条件的制约,决定了在中国早期现代化进程中,我们既不可能看到工业合理化的布局,也不可能看到企业竞相发展的景象,更不可能形成能够支撑现代化发展的一个完整的工业化体系。

---

① 许涤新、吴承明:《中国资本主义发展史》,第2卷,人民出版社,1990年版,第379页。
② 祝慈寿:《中国近代工业史》,重庆出版社,1989年版,第455页。

1949年实现民族独立后的新中国，通过民主改革和国民经济恢复工作，到1952年不仅为全面现代化建设从经济、政治、文化和社会方面做好了准备，而且为有计划地全面推动工业化进程创造了条件。当时以毛泽东同志为代表的党的第一代领导集体克服重重困难，开辟了中国现代化的新局面，第一次将现代化建设引入中国特色社会主义的发展轨道，使现代化建设有了优越的制度保障。这一阶段的工业化发展，是在高度集中的计划经济体制下进行的，实施的是重工业主导型赶超战略，实行的是以贸易保护体制发展本国工业，依靠的是国内市场和本国力量，强调的是以自力更生为主，走相对封闭的进口替代性工业化发展道路。

　　历史地评价和客观地看待中华人民共和国成立后到改革开放前这一时期的发展，中国社会现代化走了一个S形的发展道路，中国的工业化进程也发生了一些重大失误。1953—1956年，工业发展稳健，国民经济有了快速增长。此后，进入"反右"、"大跃进"和三年困难时期，经过国民经济调整，工业和经济形势有所好转。1966—1976年的"文化大革命"使国民经济发展蒙受重大损失，一度使中国国民经济陷入崩溃的边缘。但应该肯定的是，这个时期工业化也在中国现代化的艰难探索中实现了巨大的跨越，所取得的成绩也是巨大的。正如中国共产党第十一届中央委员会《关于建国以来党的若干历史问题的决议》所指出的，"我们现在赖以进行现代化建设的物质技术基础，很大一部分是这个期间建设起来的，全国经济文化建设等方面的骨干力量和他们的工作经验，大部分也是在这个期间培养和积累起来的"。

　　3. 中国现代化的全面、协调推进

　　以1978年党的十一届三中全会为标志，中国进入了改革开放的新时期，至此，屡受挫折的中国现代化步入了新的发展轨道。在对现代化的理解上，1979年邓小平同志第一次指出，我们的现代化概念与西方不同，是"中国式的现代化"；在对现代化的动力选择上，1978年10月，邓小平同志在中国工会第九次会议上指出，实现社会主义现代化，"这是一场根本改变我国经济和技术落后面貌，进一步巩固无产阶级专政的伟大革命。这场革命既要大幅度地改变目前落后的生产力，就必然要多方面地改变生产关系，改变上层建筑，改变工农业企业的管理方式和国家对工农业企业的管理方式，使之适应于现代化大经济的需要"①。这就在发展动力上进一步明确了要实现中国现代化，必须以改革促发展；在对现代化发展的价值取向上，始终把促进人的发展和社会全面进步作为现代化的终极目标，从党的十一届三中全会提出"城乡人民的生活必须在生产发展的基础上逐步改善"到党的十七大报告提出"必须在经济发展的基础上，更加注重社会建设，着力保障和改善民生"，不仅使以人为本思想始终贯穿于中国现代化建设的进程之中，而且使人民生活的改善、人民利益的满足成为中国现代化的根本宗旨。

与此相适应，中国的工业化战略也发生了转变。中国工业化进程所面临的机遇和挑战，决定了中国的工业化模式不能沿袭先发现代化国家的发展模式，而应该探索新的符合中国国情的工业化模式，坚持走新型的工业化道路。新型工业化道路内含两层重要思想：一是跨越式发展，二是可持续发展。在信息化时代，要实现跨越式发展和可持续发展就必须强调知识创新和科技创新。党的十六大报告明确指出，新型工业化道路主要"新"在以下几个方面：第一，新的要求和目标——科技含量高、经济效益好、资源消耗低、环境污染少、人力资源优势得到充分发挥；第二，新的物质技术基础——以信息化带动工业化，以工业化促进信息化，把信息产业摆在优先发展的地位，将高新技术渗透到各个产业中去；第三，新的处理各种关系的思路——正确处理发展高新技术产业和传统产业、资金技术密集型产业和劳动密集型产业、虚拟经济和实体经济的关系；第四，新的工业化战略——大力实施科教兴国战略和可持续发展战略。中国工业化战略的转变，使当代中国的现代化和工业化进程更具有鲜明的时代特征和中国特色。至此，中国现代化和工业化进入全面协调发展的历史阶段。

---

① 《邓小平文选》第 2 卷，人民出版社，1994 年版，第 135—136 页。

4. 中国式现代化的新征程

习近平总书记在党的二十大报告中提出中国式现代化的理论体系，明确指出中国式现代化的内涵，"是人口规模巨大的现代化""是全体人民共同富裕的现代化""是物质文明和精神文明相协调的现代化""是人与自然和谐共生的现代化""是走和平发展道路的现代化"。中国式现代化内涵体系，既包含着世界现代化的一般性，也凸显了中国式现代化的独特性。世界现代化的一般内涵，主要是规范现代化的实践范畴，不同的理论有不同的指称，五花八门，如工业化、市场化、民主化、法治化、城市化、科学化、世俗化等，但最主要的是工业化和民主化。中国式现代化的内涵中不仅包含这些一般性的现代化，尤其重视工业化和民主化，而且明确指出了中国特有的五项内涵。更为突出的是，中国式现代化的内涵体系不局限于现代化的实践内容，而且体现着以人为本的终极目标，一切都是为了全人类共同提高生活水平、改善生活环境和拓展谋生途径。这一现代化的终极目标，在世界现代化的一般内涵中是从未有过的。资本主义现代化以资本为核心，其主要目标在于追求资本的增殖和积累，即使会在客观上提高和改善人民的生活水平和生活环境，那也不过是一种被动的利润分配而已，且不能普及全体民众。中国式现代化则明确要实现"全体人民共同富裕""人与自然和谐共生"，从而把提高和改善人民生活作为现代化的根本目标。正如习近平总书记在学习贯彻党的二十大精神研讨班开班式上的重要讲话中所指出的，中国式现代化蕴含着"独特世界观、价值观、历史观、文明观、民主观、生态观"。由此可见，中国式现代化理论是迄今为止世界上对现代化的最新、最全、最高认知，是对现代化理论的划时代的重大创新。

开启现代化新征程，也意味着我国进入了一个发展的新阶段。这个新阶段的重要特征就是面临着一系列发展的新挑战、新问题。与改革开放过去几十年发展情况相比，这些新挑战、新问题不是通常意义上的挑战和问题，而是在发展的动力、发展的要素、发展的条件等重要方面发生了历史性、转折性的变化。从发展的动力来看，改革开放后在相当长的一个时期，投资加上出口成为推动我国经济持续高速增长的主要动力。但近年来，情况发生了根本性的转变，投资和出口依然是拉动经济非常重要的力量，但国内消费对推动经济增长开始发挥基础性作用，国内消费对经济增长的贡献率达到约2/3。当前和未来如何发挥国内消费推动经济增长的基础性作用，这是需要解决的关键性新问题。从发展的比较优势来看，我国过去经济增长的一个重要比较优势就是劳动力的比较优势。改革开放后几十年，我国劳动年龄人口占总人口的比重一直较高，而且增长较快，可以实现劳动力的充分供给，这是我国得以成为"世界工厂"的重要条件。特别是数以亿计的农村劳动力向二、三产业的转移，极大地提高了整体的劳动生产率，不断给经济注入活力。但近年来，我国劳动年龄人口占总人口的比重及劳动力的总量都出现了下降趋势，劳动力总量年均减少数百万人，劳动力成本在经济增长下行的情况下持续上升，劳动力的供给开始出现结构性短缺，一些劳动密集型产业开始向低劳动成本的国家转移，特别是服务业比重的提高对劳动生产率的增长产生影响，我国也面临过早"去工业化"的风险。当前和未来从哪些方面着手保持劳动力的比较优势，这是需要认真应对的新挑战。从发展的资源和生态环境约束来看，在相当长一个时期内，我国依靠土地用途变动升值实现资源配置效率的提高，实现资本快速积累，推动了大规模的城镇化和基础设施建设，房地产收益也成为各级财政快速增长的重要来源，为各项社会事业的发展提供了资金支持。与此同时，在一个时期内，以牺牲环境、资源为代价发展经济成为普遍现象，生态环境呈现不断恶化的态势。现在这两个方面都开始发生根本性变化，我国已开始实行前所未有的最严格的生态环境保护政策，无论是区域发展还是产业发展，绿色发展都成为前提性的约束条件；我国也把粮食安全问题和房地产泡沫作为重大风险加以防控，实行了历史上最严格的土地管理制度。当前和未来，在我国高质量发展阶段，如何在生态环境和土地硬约束的条件下挖掘新的发展潜力，这是需要创新性智慧、前瞻性眼光和系统性思考来解决的问题。

当然，我国应对新挑战、新问题的能力与几十年前相比已经不可同日而语。我国已经建立了非常雄厚的经济基础,有了难以替代的高效率运转的完整产业链,社会结构依然具有很大的变动弹性,通过科技创新发展生产力的潜力也很大,形成世界上最大消费市场的前景广阔,通过大力发展教育和提升劳动力素质可以形成新的人口红利,通过延迟退休年龄补充劳动力供给和应对老龄化还有很大余地,特别是通过改革和创新体制机制促进经济社会活力还有很大空间。但我国在新发展阶段面对的这些新挑战、新问题毕竟意味着一种历史性、转折性的变化,需要走出一条应对挑战和解决问题的新路。

(二) 现代化建设中的高新技术园区

根据国内外的经验,一个国家的现代化关键是科学技术现代化。改革开放以来,园区建设的成功实践,使它在我国现代化建设中扮演着越来越重要的角色,以高科技产业化为主要特征的园区建设,已成为我国实现科学技术现代化的一种重要方式。在当前,重视和发挥园区在我国现代化建设中的先行、示范、带动和辐射作用,有着极其重要的现实意义。

自20世纪80年代创建以来,我国园区得到了长足的发展,主要表现在:科技创新成果丰硕、高科技产业集中、民营科技企业活跃、创新创业氛围浓厚、金融资源相对充足,已成为我国改革开放的先行区,并在我国现代化建设中起到了良好的示范、引领和带动作用。根据《国家高新技术产业开发区"十一五"发展规划纲要》的总体要求,当前我国园区建设的现代化使命主要体现在以下四个方面。

1. 园区应成为促进技术进步和增强自主创新能力的重要载体

我国园区已经成为高新技术产业和创新资源的集聚地,其中以提高园区自主创新能力为核心的专业化的网络创新体系正在逐步形成。但是,从总体上看,园区的自主创新能力还处于成长期,与发达国家及世界一流高新技术园区相比还有着明显的差距,这些差距主要表现为园区自主创新能力还不够强、产业层次还不够高、独创性产品还比较少。在当前,要使我国园区担负起建设园区、发展园区的历史责任,必须有足够的自主创新能力去承载园区建设和发展。

第一，承载创新型人才，为园区自主创新提供人才支持。提高园区自主创新能力，人才是关键。因此，在大力培育和发展园区创业服务中心、大学科技园、出国留学人员创业园等各类孵化器的过程中，把提高园区自主创新能力与凝聚创新人才结合起来，通过政策引导和创新环境的日益完善，培养和引进不同领域自主创新的领军人物和创新团队。

第二，承载创新型企业，为园区自主创新提供产业支持。提高园区自主创新能力，企业是主体。因此，在持续推动园区高科技产业化进程方面，把提高园区自主创新能力与打造创新型企业结合起来，通过政策支撑和企业创新环境的改善，强化和完善企业在自主创新中的主体地位，形成一批拥有自主知识产权和知名品牌的优秀企业和产业集群。

第三，承载创新型体制，为园区自主创新提供制度保障。提高园区自主创新能力，体制改革和制度建设是保障。因此，在构建园区自主创新体系过程中，要把提高园区自主创新能力与园区自主创新体制改革结合起来，通过深化园区体制改革、引入自主创新机制、激发自主创新活力，使园区成为我国现代化建设中推动科技进步和自主创新的重要载体。

2. 园区应成为带动区域经济结构调整和经济增长方式转变的强大引擎

我国园区在现代化建设中，通过不断优化创新创业环境，集聚科技创新资源，到 2006 年就凝聚了全国 50% 的高新技术企业和科技企业，在高科技产业化方面，对区域经济特别是传统产业发展起到了重要的辐射带动作用。与此同时，始终把握当代高新技术产业发展方向，在集约化发展和经济结构调整中坚持高起点、高品质、高效益发展科技产业，对促进我国经济结构调整、带动周边地区经济社会发展等方面发挥了重要的示范推动作用。当然，我们也必须认识到，要在我国现代化建设中发挥好园区以点带面的强大引擎作用，辐射和带动区域发展，还要做出新的努力。

第一，加快园区新技术产业结构布局和调整。以自主创新为核心，优化园区产业结构布局，是今后一个时期园区建设的重要任务。在产业结构和经济结构调整中，坚持以"自主创新，循环集约"为原则，以增强园区自主创新能力和转变增长方式为中心环节，坚持以循环经济和集约发展的方式，促进园区经济社会又好又快发展。在园区与周边区域发展的互动中，通过园区自身的辐射和示范效应，带动区域经济结构和产业结构调整。

第二，推进园区高科技产业与经济的结合。园区建设是一种有别于传统经济的发展方式，在高科技产业化进程中，按照市场化的发展要求，引导园区企业坚持走科技与经济相结合的集约化发展道路，通过发挥园区经济的密集效应和扩散效应，带动区域经济发展方式的转变，实现科技与经济、经济与社会、人与自然的协调发展。

第三，加快园区高科技产业集群的形成。园区具有知识密集、技术密集、人才密集的优势，在提高自主创新能力的同时，按照高科技产业化的发展要求，形成以特色化、规模化、集群化为特色的产业发展态势，引导园区企业与周边企业、院校、科研机构的合作，集聚科技创新资源，形成以高科技企业为主体的产业集群，依托园区高科技产业发展服务于区域经济，推动区域高科技产业带、产业圈的形成和发展。

3. 园区应成为高新技术企业走出去参与国际竞争的服务平台

全球经济一体化进程的加快和我国加入世界贸易组织（World Trade Organization，WTO），不可避免地把我国高科技产业推上了国际竞争舞台，把园区高科技产业发展的市场和资源目标由国内市场拓展到国际市场。能否实现"走出去"，关键在于企业的核心竞争力，这个竞争力不是按照"比较优势"理论选择的劳动力优势、资源优势，而是建立在自主创新能力基础之上的、以自主产权为标志的能力。① 因此，作为我国高新技术产业基地和对外开放窗口的园区，理应在参与国际竞争的国际化方面做出新的思考，坚持以知识产权工作为保障、以自主创新为动力、以跨国经营为目标在国际化方面走在全国的前列，为园区企业参与国际竞争搭建平台、

---

① 罗晖：《以自主创新开创高新区的未来》，《中国高新技术产业导报》，2006年2月27日。

提供服务。

第一,建立和完善知识产权保护的服务机构。加强知识产权保护是与提高园区自主创新能力相辅相成的两个方面,无论是园区企业对知识的生产、分配和使用,还是对自主创新成果的应用、推广和保护,都离不开知识产权的法律保护。通过建立和完善知识产权保护的服务机构,有助于在法律保护下提高园区知识产权保护和运作能力,使知识产权成为园区产业扩张和市场开拓的有力武器。

第二,建立和完善对外开放的中介服务组织。园区的科技中介组织是自主创新体系建设的重要组成部分,在创新体系中发挥着加速科技成果转化、优化科技资源配置、推动园区自主创新等一系列重要作用。在园区国际化战略引导下推进各类中介组织发展,发挥重要的服务功能,关键是要建立一批具有跨国中介服务功能、专业服务分工明确的中介服务机构,为园区的对外开放提供服务。

第三,建立和完善企业跨国经营的全程服务平台。在园区实现高科技成果产业化、商品化和国际化的进程中,一方面要加快园区公共服务体系建设,另一方面要为园区企业"走出去"搭建全程化的服务平台,使企业在国际市场规则下,利用好国内国际两个市场,有效整合国内国际两种资源,依托对外开放的窗口所提供的便利条件和平台支持,引导和鼓励园区更多的企业走向国际化,在参与国际竞争中逐步实现跨国经营。

4. 园区要成为抢占世界高技术产业制高点的前沿阵地

从高科技产业化发展态势来看,伴随科技成果的转化速度日益加快,国际科技竞争亦将日趋激烈,使自主创新能力下高新技术产业总体水平成为国际竞争的制高点,成为一个国家参与国际分工及决定其国际产业分工地位的重要筹码。因此,以建设创新型园区为导向,全面提高园区企业的自主创新能力和国际竞争力,促使园区成为抢占世界高科技产业制高点的前沿阵地,已成为21世纪我国园区发展的必然选择。

第一,加快配套改革,为高新技术企业自主创新创造条件。改革是园区建设得以发展的动力,创新是园区企业继续前进的灵魂。在深化园区配套改革中的园区创新活动，不仅指技术创新，而且包括与此相配套的观念创新、体制创新、管理创新、文化创新等。因此，继续深化综合配套改革，在于为园区创新活动，尤其是企业的自主创新创造条件，努力扫除各种影响园区自主创新能力和先进生产力发展的体制性障碍，为园区企业原始创新、集成创新、引进再创新，创造更为宽松的环境。

第二，加强横向整合，集中力量在关键领域实现重点突破。考虑到园区产业发展空间资源有限，在侧重于高新技术关键领域实现重点突破的战略思考中，必须集中优势力量对创新资源进行新的整合，利用现代网络技术的信息流动与扩散机制，促进"官、产、学、研、介、资"各种创新主体的合作，通过对园区有限创新资源和社会资本的系统整合与优化配置，力争在关键技术和共性技术方面实现重点突破，为园区跨越式发展提供强有力的科技支撑。

第三，完善创新体系，积极抢占世界高科技产业前沿阵地。着眼未来展开前沿技术和基础研究，必须加快园区以企业为主体、以市场为导向的自主创新体系建设。一方面，从研发到产业化不断强化高新技术企业创新主体的地位，不断提高园区企业的自主创新能力；另一方面，集聚国内外各种创新资源，加快推进园区创新平台建设。在此基础上，大力培养拥有自主产权的新兴产业，不断创造新的国际市场需求，积极开辟国际市场，为园区高新技术产业走向世界开辟道路。

（三）高新技术园区建设与现代化过程

纵观世界各国现代化的进程，不可否认，科学技术的作用日渐重要。邓小平同志在改革开放初期讲到四个现代化建设时曾指出："科学技术要走在前面"，"四个现代化，关键是科学技术的现代化"。这些著名的论断深刻地揭示了现代化的实质，对于我们正确认识科学技术在现代化进程中的作用，又好又快地实现我国现代化的战略目标具有重要的指导意义。

21世纪是一个全新的高科技时代，也是依托知识创新、技术创新推动经济社会持续发展的时代。从"科学技术要走在前面"的理论视角来看，园区在承载我国现代化建设中，无论是依托自主创新能力建设、提高园区的国际竞争力，还是在突破关键技术瓶颈、推动经济增长、保障国家安全和社会进步等现代化建设中，都必须以科学技术现代化为前提，使园区建设成为引导科学技术第一生产力面向经济建设的主战场，进而依托科学技术的现代化带动园区社会的现代化。从这个意义上说，立足于园区科技发展的现实，牢牢把握世界科技发展的前沿，及时做出有前瞻性的科技布局和战略调整，保证科学技术走在各项事业发展的前面，不仅关系园区自身的现代化建设，而且会直接影响我国现代化建设的总体进程。

在园区建设中大力发展高科技产业，培育有利于科技成果转化的环境和机制，增强园区自主创新能力，促进科技成果产业化，实现园区社会现代化，既是解决我国经济社会发展面临的深层问题，进一步提高综合国力、实现跨越式发展的紧迫任务，也是充分发挥园区在经济社会发展中的突出作用，加快推进中国特色社会主义现代化建设的重大战略抉择。

现代化是一个漫长的历史过程。从世界范围来看，可以将18世纪到21世纪末的现代化进程分为两大阶段：第一次现代化指从农业时代向工业时代、农业经济向工业经济、农业社会向工业社会、农业文明向工业文明的转变过程；第二次现代化指从工业时代向知识时代、工业经济向知识经济、工业社会向知识社会、工业文明向知识文明的转变过程。21世纪初，世界发达国家和中等发达国家已经实现或基本实现第一次现代化，进入第二次现代化的发展期或起步期，预计在2050年前后，世界发达国家将完成第二次现代化，中等发达国家将进入第二次现代化的成熟期或发展期的后期，基本实现第二次现代化。中国要想在2050年赶上当时的世界中等发达国家水平，就必须在全面实现第一次现代化的基础上，基本实现第二次现代化。自中华人民共和国成立以来，我国取得了举世瞩目的伟大成就，建立了相对坚实的工业化基础，但是第一次现代化没有完全实现，今后的一个时期，我国将面临巨大挑战，既要补课，完成第一次现代化，又要抓住机会，基本实现第二次现代化。[①]

[①] 中国现代化报告课题组:《中国现代化报告:2001》,北京大学出版社,2001年版,序。

当前，在推进我国现代化建设的模式选择中，根据我国现代化建设"三步走"的战略部署，一方面肩负着从第一次现代化到第二次现代化建设的双重使命；另一方面从社会学意义上说，还要在实现园区社会双重转型中发挥重要的引领和带动作用。从现代化历史进程分析，它既要完成第一次现代化，实现园区工业化、城市化和福利化，又要完成第二次现代化，实现园区知识化、郊区化和绿色化。与园区现代化相对应的社会转型，实质上是对现代化所引起的社会变迁的一种回应。其间，所引起的一系列经济和社会变革是在所难免的，包括园区的空间结构、生活方式、劳动结构等都将发生两次转变，这两次转变将从根本上改变园区社会传统的发展模式，导致园区社会利益和社会角色的重构，这对于园区的现代化建设将是一个重大考验，也是不可回避的巨大挑战。

二、研究的意义

人类社会的进步是与科技进步的工业化进程相伴而行的。在我国现代化建设的关键时期，"我们比以往任何时候都更加迫切需要坚实的科学基础和有力的技术支撑"[1]。发轫于20世纪中叶的新科技革命，在创造新的科技文明的同时，相继造就了形形色色的高新技术园区，它们作为未来的矿山、工厂及高科技产业化的社会实体，为世界性的现代化进程增添了新的实质性内容，同时也重新界定了不同国家现代化进程的发展条件和过程。

当代中国的现代化是实现中华民族伟大复兴的必由之路，其间，值得特别关注的是：自改革开放以来由高科技产业化所造就的园区社会，不仅成为所在城市或地区新的经济增长点，而且为全面建设社会主义现代化国家注入了强大的发展活力，体现着发展的现代性和社会进步的意义，为中国社会学的本土实践和理论发展提供了一个可供观察的社会空间和全新的

---

[1] 胡锦涛：《坚持走中国特色自主创新道路，为建设创新型国家而努力奋斗》，人民网，2006年1月10日。

研究领域。

我国高新技术园区是在世界新科技革命的推动下，在改革开放和经济社会急剧变革条件下的产物。经过多年超常规发展，我国园区不再单纯是高科技产业化、新型工业化的经济组织形式，而是以新型社会样式存在，又特具现代性的园区社会实体。园区社会的突出特征：一是位于自然和地理条件优越、信息和交通便利、临近大学和科研机构相对较多的区域内；二是园区通过制度、行政、市场、法治、服务等一系列环境创新，实现创新人才、创新技术、创新产业链的集聚；三是以高新技术产业化的经济发展方式推进园区的现代化建设，力求实现园区工业化、信息化、城市化、居民化协调发展；四是以集约化发展方式推进园区循环经济发展，建设园区环境友好型和资源节约型社会，推进园区发展的可持续性；五是重视园区社会建设，关注民生，以现代社会意识推进园区社会事务、社会服务和社会保障事业。基于上述分析，从社会学视角将园区作为现代化建设的社会实体进行实证研究，利用改革开放以来社会学研究所取得的成果深入今天园区社会进行开创性的理论探讨，对于全面推进理论与现实发展意义深远。

第一，在理论创新上，有助于从理论层面拓宽社会学的研究领域。如果把改革开放以来社会学对我国现代化建设的研究看作工业社会的学问，那么把园区社会纳入社会学研究的视野，用社会学的理论对园区社会生活的解释进行广泛的学术探讨，从普遍原则出发，对体现园区社会成员普遍的社会意识和看法，以及园区人际社会互动行为的不可预见性进行考察，对园区社会转型、社会关系、良性社会运行、社会和谐发展等方面以系统的方式展开研究，可以看作具有后工业社会特征的园区社会的学问。当前对园区社会的社会学研究，旨在通过对园区现代化建设所呈现的社会发展现实和实践特征的分析，透视园区社会生活的状况，寻求推动园区社会超前发展的依据，比较研究园区社会可持续发展的路径，为促进园区社会学在园区社会本土实践基础上的理论创新创造条件，为园区社会学研究在理论创新方面不断取得进展创造条件。

第二，在现实意义上，有助于用社会学的理论和方法分析和解决园区经济社会发展中出现的各种社会问题。作为社会学研究客体的园区社会，既要面对传统工业社会的转型问题，又要面对后工业社会转型和社会建构问题，所以，对园区社会的理解和认识是社会学一个全新的研究课题。用社会学理论认识园区社会特有双重转型的社会现实问题，揭示园区社会不同领域及不同方面的社会发展的共同规律，达到对园区社会更加清晰的理性认识，有助于从社会学的视角解决园区经济社会发展中出现或者可能出现的新情况、新问题。从这个意义上说，对园区现代化进程中的经济建设、政治建设、文化建设、社会建设中存在的突出问题展开社会调查和实证研究，不仅有助于解决园区社会的发展难题，而且可以为园区社会坚持科学发展、和谐发展提供理论支持。

第三，在学科建设中，有助于根据社会学本土化的发展要求，推进社会学分支学科建设和专业发展。园区社会学研究与农村社会学和城市社会学在研究对象上具有一定的相似性，在社会形态及其发展梯度方面，如果说农村社会学是以农村社会为研究对象、城市社会学是以城市社会为研究对象，那么园区社会学就是以园区社会作为研究对象。所不同的是在当代中国，农村社会更多体现的是乡村社会的特征，城市社会更多体现的是工业社会的特征，而园区社会所体现的是信息社会的特征。由此比较，人们对农村社会学和城市社会学的研究有着百年的历史，而对园区社会学的研究则是刚刚起步。因此，在我国现代化背景下展开园区社会学研究，无论是对社会学的学科建设，还是对园区社会本土实践的认识，都具有重要的现实意义。

第二节 高新技术园区研究综述与理论基础

高新技术园区的诞生，实现了产业发展与科技活动的结合，解决了科技与经济脱离的难题，使人类的发现或发明畅通地转移到产业领域，实现了经济和社会效益。学术界对高新技术园区的研究始于 20 世纪 60 年代，但缺乏广度、深度,也没有成为热点。① 直到进入 90 年代,随着高新技术产业的蓬勃发展,对高新区的研究才得到重视和深入,②但研究更多地侧重于园区的研究与开发、高新技术及其产业化、园区经济增长等方面,而很少从社会学视角探讨园区发展的社会学问题。

一、国内外高新技术园区研究与特点

自 1951 年美国斯坦福工业园区建立以来,这些各具特色被誉为信息经济的"矿山和工厂",已成为 21 世纪世界经济社会发展的一个突出特征,在这个背景下,世界各国相继展开了以园区为对象的理论研究。在我国,随着园区建设的发展,在园区研究中形成了新的特点。

(一) 国内外园区研究

世界范围内高新技术园区的蓬勃发展,使它在新科技革命条件下以园区社会的存在方式打造世界经济的同时,也重新界定了 21 世纪不同国家和地区经济社会发展的条件、过程和思路,为此也吸引了越来越多的学者从不同角度展开了对高新技术园区的研究。

1. 国外研究

从美国硅谷高新技术园区发祥地到波士顿 128 号公路高科技引发的再产业化,从世界各类科学城的高科技产业化到依托科技创新形成的各类工业园,高新技术园区首先在西方发达国家兴起,而对高新技术园区的研究也最早始于西方发达国家。早期对园区的研究更多地侧重于宏观政策、技术经济、高科技产业化形成等方面的研究,研究成果数量不多,相对零散。这可能是由于工业化发达国家园区的形成条件、科技水平、工业基础和社会环境等状况相对优越,人们还没有充分认识到高新技术园区所创造的高科技产业化形式对本国乃至世界经济所带来的深刻影响,因而也很少得到学者们的关注。

---

① 王兴平:《中国城市新产业空间——发展机制与空间组织》,科学出版社,2005 年版,第 4 页。
② 孙万松:《高新区自主创新与核心竞争力》,中国经济出版社,2006 年版,第 17 页。

到20世纪80年代，随着世界高新技术园区的快速发展，以及高科技产业化所带来的影响，人们逐步认识到高新技术园区的出现，使一些国家的城市和地区结构发生了深刻的改变。首先在工业化发达国家开始了围绕园区技术创新成果的应用、劳动的技术分工、新的生产组织和管理形式等问题展开的研究，出版了一些有关园区发展的著述。日本等国家学者也分别从投资政策、园区规划等方面以实验报告的方式展开了相应的研究。20世纪90年代以后，在已有研究的基础上，开始出现了对园区系统考察的综合研究。美国伯克利大学社会学教授M.卡斯特尔和伦敦大学规划学教授P.霍尔在《世界的高技术园区：21世纪产业综合体的形成》（中译本，1998）一书中，用描述分析方法对世界十几个高新技术园区进行了综合研究，内容涉及园区人才流动、新的社会分工、园区社会结构变动、园区发展重点和目标、区治政策、协同合作与创新环境、园区社会服务、全面发展战略等方面。此类研究成果，对于从社会视角来研究高新技术园区有重要的借鉴意义。

2. 国内研究

我国高新技术园区建设虽起步较晚，却是伴随着改革开放分批和逐步发展壮大起来的，因此也可以把我国园区看作改革开放的产物。1980年，我国批准实施高技术研究发展规划（"863计划"），1988年又批准实施高技术创业开发计划（"火炬计划"），并于1988年批准建立了我国第一个国家高新技术产业开发区——北京新技术产业开发区，到1994年已经建立了52个国家级高新技术园区。这一阶段的园区研究主要侧重于高科技产业化、企业技术创新、园区管理体制改革及相关政策研究，其研究重点围绕火炬计划实施和园区建设展开，但总体来看，在园区初创阶段，真正关于园区建设的研究成果不多，且大多是一些有关园区建设的状况及其评价方面的文章和报道。

1995—2000年，随着我国园区建设的快速发展，园区建设与发展问题逐渐凸显出来，也相继引起了更多学者的关注。由原国家科委火炬计划办公室、中国科学院科技政策与管理科学研究所等单位组成的课题组，在1993年公布的国家科技园区评价体系的基础上，通过进一步研究，于1999

年公布了新的中国科技园区评价指标体系。同年，科技部出版了《中国高新技术产业发展报告》（科学技术出版社，1999年版）。陈益升（1996），张伟（1998），李金华、吴林海、范从来（2001）等分别对高新技术园区考核、评价指标体系进行了有益的探索。结合园区建设问题，谷祥源、刘建华（1999）等对国家级开发区的定位、发展思路等进行了研究。

进入21世纪，我国园区出现了超常规发展，使今天已建立起来的高新技术园区成为所在省市经济增长快、投资回报高、创新能力强、极具发展潜力的新的增长点。尤其是近年来，我国园区在践行科学发展观的园区建设中，越来越体现出科学技术作为第一生产力所起到的作用，与此同时对园区的研究所涉及的领域也更加宽泛。这一时期的研究成果主要有：一是围绕提高园区竞争力和建设创新型国家的要求对园区自主创新能力、创新体系方面的研究；二是围绕创新资源的开发和利用对园区创新人才、创新环境、创新文化方面的研究；三是围绕市场化相关问题对园区运行机制、风险资本市场、风险投资等方面的研究；四是围绕园区现代化进程对园区工业、信息化、城市化、居民化问题的研究；五是围绕科学发展、和谐社会建设对园区生态和可持续发展、园区和谐、治理结构、社会治安、民主法制等方面的研究；六是围绕社会建设及相关问题对园区社会保障、社会事务管理、政府规划行为等方面的研究。

（二）中国高新技术园区研究的特点

兴办高新技术园区，是我国回应新科技革命的挑战，围绕我国现代化建设和经济社会发展需要而作出的一项重大国策。根据我国园区建设的发展历程，以及来自不同研究领域的学者对园区问题的理论探索和研究，通过对其总体状况的梳理和分析，不难发现，我国园区自创建以来，依据其实践发展，在理论研究方面呈现出以下几个特点。

1. 研究成果不断增多

随着我国园区建设与发展进程的加快，园区研究的步伐亦明显加快，研究成果逐年增多。在此期间，由于我国园区建设成绩斐然，需要研究的领域不断拓宽，需要研究的问题不断增多，尤其是事关园区建设前瞻性的问题、现代化建设进程中的社会转型问题，吸引了越来越多的学者以园区为对象积极开展研究，使园区研究从最初一般宣传性评价研究，转向更多的理论和学术性研究。随着研究的不断深入，研究成果的数量不断增多，研究质量也得到不断的提高。

2. 研究领域不断拓宽

随着我国园区建设在经济社会层面上的日趋完善，园区研究所涉及的领域更为宽泛，其中，许多发展的现实问题需要通过理论研究做出说明，许多重大理论需要通过进一步的理论研究做出合理的解释。在这个背景下，使园区研究从初创时期的高科技产业化的园区建设研究，逐步拓展到园区建设中的科技与经济领域的研究，进而拓展到科技与经济、经济与社会领域的研究，再进一步拓展到不同研究领域的各个方面的问题研究，随着研究领域的不断拓宽，使园区研究呈现出多领域、多层次、多向度的显著特征。

3. 创新成果不断涌现

随着人们对园区经济社会发展规律性认识的不断深化，园区研究理论水平得到持续提高，创新型研究成果日趋丰富。在我国现代化建设和社会转型大背景下，对高新技术园区的理论研究是建立在我国园区工业化、城市化进程和经济社会发展基础之上的，由于它所呈现的园区经济社会形态特具现代性的特征化，导致传统与现代、发展与现实的冲突表现得也更为显著，使各种新情况、新问题层出不穷。在这种情况下，不仅为园区理论探索和研究提供了更为广阔的研究空间，也使园区理论研究的成果不断涌现且更具有理论创新性的特色。

二、社会学视角下的园区社会学研究

任何理论研究都是随着发展而不断深入的。随着我国园区的快速发展以及对园区建设研究的不断深入，进入21世纪之后，尤其是近几年，不少研究成果突破了专业的局限,其研究的触角逐步向社会的各个方面延伸,并相继出现了一批侧重于园区社会领域的研究成果。

(一) 关于园区经济社会学的探讨

沈强在《关于园区经济的社会学思考》一文中,从经济社会学的角度就包括高新技术园区在内的园区经济进行了有益的探讨。文中指出:园区经济的社会意识主要表现在人们的创新意识、信用意识、效率意识、民主法制意识的明显增强,先进的社会意识可以超前于生产力的发展水平,对园区的经济发展起推动作用;园区经济的嵌入性,强调经济行动是一种社会行动,园区经济是一种新型的市场竞争主体,它是经济结构调整和实现跨越式发展中,为摆脱简单的合并组合而产生的优质主体的优化组合和高质量要素资源的高效配置。在此基础上,文中对园区经济发展中的社会学问题,分别从园区经济的社会行动结构、园区经济的社会资本、园区的发展创新等几个方面进行了阐述,认为园区经济的社会行动结构包括园区经济的内部结构和社会网络,其中社会网络的构建是组成园区资源配置的关键,也是园区建设的核心;园区经济的社会资本是园区最重要的资源,是获取其他资本的基础。[①] 该论文中所提出的某些有价值的学术观点,对进一步研究园区经济社会学提供了有益的借鉴。

(二) 关于园区社会发展相关的社会学研究

近年来,由于我国园区在应对新科技革命挑战、建设创新型国家、加快现代化建设和经济社会又好又快发展方面的作用日益突出,也越来越引起社会各领域的广泛重视,使人们对园区的研究也相继从高科技产业化的科技创新领域的探索,拓展到园区经济增长、经济与社会协调发展的轨道上来,并在经济发展的基础上,更加重视园区的社会建设,同时也促使更多的学者从多角度展开与社会学密切相关的以园区社会发展为主题的理论研究。其中封华、韦苇在《我国高新技术园区发展的理论综述与现实对

---

① 沈强:《关于园区经济的社会学思考》,《桂海论丛》,2004年11月增刊。

策》一文中指出,我国高新技术园区建设方面除了要依靠智力资源以理工类大学或科研院所为依托外,还要培育良好的创业环境;营造发达的金融业,为创业提供投融资条件,从而解决就业难题,促进社会和谐。高新区在提高社会效益的同时,还要注意对环境的保护,节约使用各种资源,不破坏自然景观、不污染周围环境并逐步带动周围地区产业结构调整,从而提高周围环境质量和发展质量,在推动园区又快又好发展的同时,不断推进园区可持续发展。[①] 梁云飞、赵维双在《社会资本视角下高新技术园区发展对策的研究》中提出,要促进我国高新技术园区良性发展,必须处理好园区各行为主体(企业、大学、科研机构、园区政府、金融及中介机构等)的关系,使不同行为主体在交互作用与协调创新过程中,形成一种相对稳定的、能够促进创新的正式和非正式关系。正式关系是指每一个企业在其生产经营活动中,有选择地与其他企业或组织结成的长期稳定的关系;非正式关系是指基于共同的社会文化背景建立的人与人之间的社会网络关系。[②] 此外,近几年围绕园区社会事务、社会管理、社会保障等问题的研究成果开始明显增多。

(三) 关于园区社会发展问题研究

纪德尚主编的《我国高新技术园区社会发展问题研究》,将目前正在蓬勃发展的高新技术园区作为现代化城市社会的缩影,不仅从经济角度,更重要的是从社会的视角进行了有益的探讨,通过对我国园区成长以及园区总体发展状况的分析和评价,对园区社会发展状况、园区社会发展目标体系、园区社会发展问题进行了系统研究,围绕园区可持续发展问题、可持续发展能力、配套社会化服务体系、相关政策法规、科技与教育创新发展、文化建设与创新文化、新型社区建设与发展、社会保障体系建设、物质和精神文明建设等一系列发展问题,进行有针对性的理论探讨和研究,提出了不少有价值的理论观点和政策建议。该项研究是国家社科规划资助

[①] 封华、韦苇:《我国高新技术园区发展的理论综述与现实对策》,《西安邮电学院学报》,2008年第2期。

[②] 梁云飞、赵维双:《社会资本视角下高新技术园区发展对策的研究》,《经济师》,2006年第3期。

项目涉及该领域的第一个社会学研究课题，郑杭生教授在该成果出版的序言中给予了中肯的评价，指出该成果通过富有成效的研究，填补了有关高新技术园区社会发展研究方面的一项空白。①

总之，自20世纪新科技革命以来，无论是自然科学、技术科学还是社会科学，随着学科发展的高度分化与高度综合，不同领域的理论研究相继呈现出"学科的多对象性"和"对象的多学科性"的显著特点。在当前，积极推进多学科参与下的园区社会学研究，不仅合乎理论研究及其发展的时代特点和要求，而且也有利于从不同学科的研究视角出发揭示园区社会的形成和发展规律。我们看到，今天的高新技术园区在改革开放的推动下，历经二次创业的洗礼，已经快速走到了我国现代化建设的前列，在急剧的社会变迁中，相对于工业化、城市化进程中的农村社会和城市社会，今天的园区已成为特具现代性的社会实体。与此相适应，园区研究必须改变以往仅仅从科技或经济角度研究的"惯例"，在跨学科的综合研究中实现研究重心的转移。在这个过程中，社会学介入园区研究，既有助于丰富园区综合研究的理论内涵，也有助于社会学在其他学科研究成果的基础上实现新的理论突破。社会学介入园区社会生活，从社会学视角研究和再现园区社会的形成发展过程，既是社会学立足园区现代化建设的社会实践，以及把握由农业社会向工业社会、由工业社会向后工业社会双重转型所面临的新课题，也是根植于转型社会的中国社会学不断开阔研究视野、催生学术见解、探求理论创新所需要开辟的崭新研究领域。

我国高新技术园区作为改革发展的产物，是在社会急剧变革条件下顺应现代化建设的发展要求应运而生的。园区社会现代化建设新的社会实践方式，催生新的社会变革和理论创新，也需要新的理论探索和理论支撑。不可否认，在社会学尚未介入园区经济社会发展研究的条件下，人们对园区业已形成的特具现代性的生活方式和发展方式的认识，无论是理论上的科学阐释，还是实践上的经验评价，都是比较贫乏和不完善的。用社会学

---

① 纪德尚：《我国高新技术园区社会发展问题研究》，陕西人民出版社，2003年版，序言。

理论和观点考察和分析变动中的园区社会，从社会学视角展开问题意识的园区社会研究，通过理论概括从中提炼出社会学新的学术观念和理论观点，既是不断提升社会学对园区社会发展现实解释力、深刻解答园区社会发展中面临的理论和现实问题之途径，也是不断拓展社会学研究新领域、丰富社会学的研究内容、推动社会学理论发展之期待。

我们从科学发展观的基本要求出发，围绕园区建设"发展什么，怎么发展""研究什么，怎么研究"等根本性问题，结合高新技术园区发展状况，对我国现代化建设关键时期的高新技术园区进行有益的社会学探讨，为推动我国园区持续、快速、健康发展提供一种可供参考的社会学理论框架。

三、研究的理论基础

自20世纪80年代以来，园区建设在世界范围内的扩展，使得国内外许多学者都在不断地寻求解释园区发展的各种理论，园区社会学正是基于园区发展理论而创设的。关于园区理论基础的讨论是经验研究的前提，也是园区社会学建立和发展的依据和基础，同时为我们从社会学视角展开园区社会学研究提供了重要的支撑和理论依据。

（一）增长极理论

该理论是由法国社会学家弗朗索瓦·佩鲁（Francois Perroux）在20世纪50年代提出来的。这一理论认为，一国经济的发展并非均衡地发生在地理空间上，而是以不同的强度呈现于一些增长点或增长极上，然后通过各自的渠道逐渐向外扩散，向其他部门或地区传导，因此，该理论强调选择特定的地理空间作为增长极，从而带动周边地区经济共同发展。与此同时，该理论指出，科技进步是影响经济增长的内生变量，并非可有可无、随机出现的外生变量，科技是最终决定经济增长的关键因素和主要动力，区域经济的发展离不开区域内科技创新的推动。增长极理论是用以解释园区发展的最具说服力的社会学理论之一。以高新技术园区为中心的增长极的形成，有赖于发展推进型企业和以推进型企业为主导的产业综合体。科技创新是产生园区极化效应的动力，建立在商品流和信息流基础上的园区推进型企业和产业综合体，通过开展科技创新活动来增强园区内部企业之间的联系，丰富园区创新网络，进而促进和带动园区经济迅速增长。

（二）场域理论

该理论是由法国社会学家皮埃尔·布迪厄（Pierre Bourdieu）提出的，场域、资本、惯习是这一理论构建的三个核心概念。布迪厄指出，社会由多个不同的场域所构成，每个场域都有自己特定的资本和运行逻辑，行动主体根据在场域中所掌握的资本的不同而占据着不同的地位，各主体之间为改变场域中的力量格局不断进行着争夺资本的竞争和冲突，正是这种竞争和冲突的存在，推动了场域的不断发展；拥有不同习惯的行动主体在场域中也占据着不同的位置，进而决定着他们的社会轨迹，[1] 这些轨迹是由场域的作用力和他们自身的惯习所决定的。布迪厄的场域理论在当代社会学理论中不仅独树一帜，而且具有深厚的理论潜力和普遍的方法论意义，它为高新技术园区创新机制研究提供了新的理论工具。从场域理论出发，园区的自主创新活动是一个复杂的系统工程，而并非仅仅是单个因素的创新，它需要各种因素共同发挥作用，而且需要一个持续的过程。因此，园区自主创新系统就是一个创新场域。创新场域形塑着创新惯习，创新惯习建构着创新场域，二者之间不断发生着"外在结构内在化"和"内在结构外在化"的双向建构关系。[2]所谓创新资本，指创新主体从事创新活动时所具备或拥有的各种资源条件，它不仅是创新场域内部竞争的目标，而且是用以竞争的手段。高新技术园区的创新资本大致可分为三种基本类型：创新经济资本、创新文化资本和创新社会资本。创新场域、创新惯习、创新资本三者之间的相互联系与作用，使创新场域永远处于自主化的发展过程之中，即某个创新场域能够克服其他场域的限制和影响，在发展的过程中体现出自己特有的本质。任何一个创新场域，都要经历从统一的未分化的

---

[1] 杨善华、谢立中：《西方社会学理论》，北京大学出版社，2006年版，第168—169页。
[2] ［法］皮埃尔·布迪厄、［美］华康德：《实践与反思——反思社会学导引》，李猛、李康译，中央编译出版社，2004年版，第133页。

初始阶段向分散的自主化的高级阶段转变的过程。高新技术园区创新场域越是具有自主性，它的各基本要素的特质及相互间的联系就越能够适应和促进主体的创新活动，进而该场域的自主创新能力就越大。

（三）社会资本理论

从 20 世纪 80 年代开始，社会资本（Social Capital）作为解释经济与社会发展的重要变量，已经越来越多地为国内外学者所采用。美国社会学家罗伯特·帕特南（Robert D. Putnam）最早将社会资本定义为"能够通过推动协调的行动来提高社会效率的信任、规范以及网络"[1]。社会资本作为创新的决定性变量，引起了无数学者的关注和研究兴趣。关于社会资本对创新的作用，国外一些学者做了一定的理论和实证研究。汤米·图拉（Tomi Tura）等认为，创新能力是社会行为主体（个体、组织或网络）在创新活动中所具有的对环境变化做出反应的能力和利用现有资源的能力。[2]社会资本被认为是网络创新能力的必要因素，它在创新能力的建设中扮演着重要的角色。创新不仅仅是一个技术过程，更重要的是一个社会过程，诠释创新过程社会本质最令人兴奋的概念之一就是社会资本。从这一观点出发，高新技术园区的社会资本为说明园区非线性的创新过程提供了一个概念框架。园区社会资本具有不同的形式，主要包括信任、规范和网络，信任度高的园区社会更倾向于鼓励创新，信任度低的园区社会更容易打击创新。规范类似于信任，能约束机会主义行为，从而促进园区创新合作与创新信息交换，网络为园区社会行为主体创新思想的碰撞与知识共享提供了有效平台。社会资本在园区自主创新能力建设中扮演着四个重要角色：一是通过降低劳动专门化和分工的不确定性影响园区网络的生产力；二是降低了园区网络的互动成本；三是影响园区网络的协调成本；四是影响园区对知识的获取数量和多样性。

---

[1] Putnam R: Bowling Alone: America's Declining Social Capital, Journal of Democracy, 1995, 6(1): 9.
[2] Tomi Tura & Vesa Harmaakorpi: Social Capital in Building Regional Innovative Capability: A Theoretical and Conceptual Assessment, ERSA conference papers ersa 03 p393, European Regional Science ssociation, 2003.

(四) 弱关系理论

美国社会学家格兰诺维特（Granovetter）于1973年发表的《弱关系的力量》一文，对弱关系与强关系的概念给予了界定，明确了关系力量的四个维度，即关系双方的互动时间、情感强度、亲密（相互信任）度以及互惠交换。他提出了弱关系的强力量（the strength of weak ties）理论。该理论的研究假设为弱关系对于信息的传递与获取起着比强关系更为重要的作用。他从相互接触的频数来测量联系的强弱：交流次数多为强关系，交流次数少为弱关系。① 根据格兰诺维特的"弱关系"原理，个体的关系强度以及所在网络的异质性程度间接影响了网络个体所获取信息的有效性。在以强关系为特征的企业网络中，企业间相互熟悉，同质性网络意味着企业所获得的大多只能是同质性的信息，信息的有效性难以保证。对园区社会而言，除了企业间的强关系网络，以市场经济为依托的各类信息服务机构、企业孵化器、知识产权机构、资产评估机构、投融资机构、共性技术服务机构等科技中介服务机构与企业形成弱关系网络，这种弱关系网络在园区技术创新中起到了非常重要的作用。通过与各类中介机构的互动及其所组织的各类活动，集群企业突破了内部强关系网络的束缚，使不同社会关系网络相互沟通与合作，实现了跨界社会团体的交流与联系，获得新的异质性信息。这种稀疏、偶然性的弱关系网络促进了非冗余和最新信息的传播，提高了企业创新所需信息的有效程度。

该项研究正是在上述国内外诸多理论学者现有研究成果的基础上，从社会学的视角介入来深入研究高新技术园区。当然，园区理论尽管在某些方面还存在着这样那样的问题，但它在当前以及未来很长一段时间仍将具有重要的意义。我国的现代化建设已经进入了关键时期，通过加强高新技术园区建设来带动高新技术产业发展已经成为一项基本国策，这要求我们在博采众长的基础上不断提出新的理论和研究策略，创造出更具适应性和恰当性的话语方式和研究范式。

---

① 马克·格兰诺维特：《弱关系的力量》，《国外社会学》，1999年第4期。

第三节 研究的基本框架与思路

我国高新技术园区建设的初衷是，根据我国现代化建设和经济社会发展的要求而创建的，目的是利用高新技术园区所形成的政策优势、人才优势、科技优势、产业优势、环境优势和经验优势，加快从以要素集聚为特征的规模增长阶段向以知识集聚和自主创新能力为目标的集约增长阶段迈进的步伐，带动和促进我国经济与社会的协调发展，实现可持续发展的愿景和目标。在这种情势下，使许多原有的社会学理论和方法面临着改造或者转换的压力。如何使现代社会学的研究在理论和方法上体现这种情势与压力，并实现"创造性的转换"，是至关重要的。[①] 因此，实现社会学理论和方法这种"创造性的转换"，虽然出自园区社会自身的发展要求，却体现了园区社会实践与理论的交织互动、园区社会发展与理论创新的相互映照，在探究历史与逻辑的统一中构成了推进园区社会学研究或园区社会学的形成的现实依据和条件。

一、研究对象的把握

本研究把高新技术园区作为特具现代性的社会实体，以园区社会为研究对象，用社会学理论和方法对园区社会进行新的理论研究和学术探讨。对园区社会学的对象的把握，最根本的是立足于我国高新技术园区社会的本土实践，在社会学理论的理性选择上，试图将对宏观社会学和微观社会学的对象的把握统一起来，既关注对园区个人的选择和社会行动的探讨，又重视园区社会结构和社会功能的解析，并在整合意义上把二者有机结合起来，统一于园区社会总体的对象把握的架构之中。基于这一见解，在对象把握中，园区社会学研究，是把有规划发展和日益壮大的高新技术园区看作我国快速社会转型背景下所形成的新的社会实体或社会形态来认识，

---

① 黄平：《从现代性到"第三条道路"——现代性札记之一》，《社会学研究》，2000年第3期。

它给我们提供了这样一个现实:由于园区的出现,它使所在城市和地区经济社会发展的结构发生着极其深刻的社会变革。其发展的态势,一是在新科技革命条件下以信息技术为基础的高科技产业化的逐步形成;二是与经济全球化相联系的体现信息经济特征的园区经济的快速发展;三是由经济学家和社会学家共同定义为信息化的生产方式和管理方式的出现;① 四是与信息经济发展相适应的新的高效率的园区组织方式建构与运行;五是与国外园区建设有所不同的是,支撑园区建设的社会基础尤其是社会体制的不断完善。上述几种变动趋势,既是园区高科技产业化背景下相互关联的历史进程,也是在彼此相互作用中互为条件推动园区的社会变迁过程。我们认为,园区社会学是以园区社会为特定研究对象,通过园区人与社会的互动关系研究园区社会的形成、结构、功能及其社会运行和发展规律的社会学的新的分支学科。

把园区社会作为园区社会学研究的对象,是以园区社会的客观存在为依据的,既然是客观存在,我们就没有理由放弃对园区社会的社会学研究。在此之前,按照城乡两分法或按社会存在形态来划分,就有了以农村社会为研究对象的农村社会学和以城市社会为研究对象的城市社会学,以此类推,园区社会的逐渐形成就应该有以园区社会为研究对象的园区社会学研究。其中,三者的共同点:都是以特定的社会形态作为研究对象,所依据的工具系统都是社会学理论和方法。所不同的是它们所对应的社会形态及其社会构成有很大的区别。在中国长期以来形成的城乡二元结构,一方面,使以农业生产为主导的广大农村还保留着不少传统农业社会的习俗;另一方面,使以工业生产为主导的城市社会在不断扩张中具有了更多的现代工业社会的性质,而以高科技产业化的信息或以知识生产为主导的新型园区社会,除保留一定上述社会形态的某些品质外,具有了更多的信息社会或后工业社会的特质。在我国社会主义统一国度下三种社会形态并

---

① [美]M. 卡斯特尔、[英]P. 霍尔:《世界的高技术园区:21世纪产业综合体的形成》,李鹏飞等译,北京理工大学出版社,1998年版,第4页。

存，打破了传统社会意义下城乡两分法的格局，为我国现代化建设尤其为中国社会学本土实践研究提供了极其广阔的舞台，昭示出当代中国在现代化进程中，如何由农村社会向城市社会、由城市社会向信息化社会不断迈进的社会变迁过程。也许这就是我们进行园区社会学研究的重要意义所在。

当然，由于不同的国家限于特定的历史传统会选择不同的现代化发展道路，而形成不同的社会变迁和历史发展过程。中国选择的现代化道路，其理论依据来自中国特色社会主义理论，其动力来自日益深化的全方位改革，因而它所引发的社会变革是空前的。我们对园区社会学的对象把握，是来自我国社会快速转型中的发展现实：一是园区社会日益形成，二是园区社会研究日渐重要，这也许是以我们的理论偏好所做出的一种理性判断，因而也不排除从其他理论视角对园区社会、园区社会学及其研究对象做出不同的解释和思考。从发展的意义上说，对园区社会不同理论视角所进行的理论探讨，既符合社会学本身所具有的多元学术传统，又有助于我们深入园区社会的底蕴把握园区社会学的研究对象，加深我们对园区社会学，尤其是对基本问题的理解和认识。

二、研究思路与方法

本研究的总体思路是以我国园区建设经验为依据，通过对我国现代化建设关键时期的园区社会建构和社会运行的系统分析，对园区社会形成和发展过程的事实描述、解释和分析，以及对园区社会运行和协调发展状况的系统考察和实证研究，在社会学理论的框架内酝酿和提炼出园区社会学的学术命题，在尝试构建园区社会学的理论研究的框架中，促使社会学的学术传统与园区社会学研究的相互交融，在以社会学理论和方法的学术规范对园区社会研究的过程中，逐步实现传统与现代、创新与发展的结合。

当我们把园区作为实体社会进行社会学研究时，无论是对园区社会的宏观分析、微观分析，还是对园区社会的问题分析和对策研究，都需要借助于社会学的研究方法和手段。

1. 园区理论研究

理论（theory）"是以一种系统化的方式将经验世界中某些被挑选的方面概念化并组织起来的一组内在相关的命题"。[①] 社会科学理论的终极目标，在于寻求社会生活的规律，而社会规律确实存在，也值得进行理论和实证研究。[②] 由此我们可以把理论一方面看作"我们提供理论的不同方法"[③]；另一方面看作社会研究的最终目标。

20世纪80年代以来园区建设的蓬勃发展，使得国内外许多学者都在不断地寻求解释园区发展的各种理论。社会学对高新技术园区研究的重点之一是考察园区社会秩序的形成、条件和机制，整个研究工作以将园区作为实体社会的理论假设为基础，在这一基本假设引导下，对园区社会的发展与社会运行模式进行深入的调查与分析，在详尽分析调查资料之后，将各种有相关关系的资料予以综合，通过严谨的操作和逻辑推演来验证理论假设，形成对园区社会研究的结论，以丰富整个园区研究的理论成果。

2. 园区实证研究

实证研究作为一种研究范式，产生于培根的经验哲学和牛顿、伽利略的自然科学研究。早期孔德等人倡导将自然科学实证的精神贯彻于社会现象研究之中，后来实证主义又演变为各种理论流派。尽管各派的观点不尽相同，但在研究方法的选择上却主张将社会现象作为一种客观的现象进行测量和分析，通过对社会现象的观察，采用程序化、操作化和定量分析的手段，使对社会现象的研究达到精细化和准确化的水平。

从园区社会学研究的理论假设出发，系统地展开对园区社会的实证研究，主要通过对园区社会运行中各种社会现象、问题的大量观察、调查，获取第一手感性经验材料。实地考察园区社会群体内心的思想、情感、行为目的和动机需要，可以更好地研究园区内社会关系网络、园区社会结构

[①] 风笑天:《社会学研究方法》(第二版),中国人民大学出版社,2005年版,第23页。
[②] 风笑天:《社会学研究方法》(第二版),中国人民大学出版社,2005年版,第17页。
[③] [美]鲁思·华莱士、[英]艾莉森·沃尔夫:《当代社会学理论》,刘少杰译,中国人民大学出版社,2008年版,第1页。

与利益关系格局、社会群体与群体意识等这些难以量化的、适宜在自然情境下进行研究的和历时变化的主题和过程。实证研究方法的优势就在于注重定量研究,通过对社会现象的观察、测量和分析对经验事实做出结论。但鉴于人员、经费等客观条件的限制,该研究所进行的实证研究尚显不足,这需要在今后的研究中加以补充和完善。

应该指出的是,园区社会是有别于传统农业社会和工业社会,且具有一定后工业社会和现代化特征的新型社会形态,我们对园区社会学的研究既是初始的,又是具有探索性的。因此,对于园区社会学的研究内容和方法,也绝非上述内容所能涵盖的,它需要我们在以后的研究中不断地深化、发展和完善。

三、研究的基本框架

本书立足于我国园区建设的本土实践,考察园区社会现代化建设的历史进程,分析园区社会存在和发展的条件,对园区社会建构和社会运行等问题进行研究。

主要包括以下内容:第一章高新技术园区营造的园区社会、第二章园区社会建构与社会运行、第三章园区社会运行与创新文化建设、第四章园区社会城市化与市民化、第五章园区社会民主化与法制化、第六章园区社会服务与新型社区建设、第七章园区社会建设与社会管理创新、第八章园区社会风险与社会保障、第九章园区社会秩序与社会控制。

第一章　高新技术园区营造的园区社会

高新技术园区是伴随着新科技革命的发展和知识社会的到来应运而生的,它在社会形态上是一种新型的社会组织形式和区域发展方式,是一种科技与经济、经济与社会相结合的新的社会形态。所以,对我国现代化建设关键时期的高新技术园区的研究,除了经济学及其相关学科的研究之外,有必要从社会学角度给予新的解释,既要看到园区高科技产业化对经济发展带来的高增长、高效益,又要看到其背后存在的高投入、高风险,尤其是在发展成本、发展代价等方面可能对园区社会发展带来的种种影响。

第一节　高新技术园区是一个现代化社会实体

社会是人类生活的共同体,这个共同体的存在方式以物质资料生产活动为基础,以人与人之间的交往为纽带。所以,在马克思主义看来,社会在本质上是生产关系的总和,它是以共同的物质生产活动为基础而相互联系的人的有机总体。① 我们之所以把园区看作一个现代化的社会实体,在于它在初创时便具有了作为社会存在的构成要件及其特点。在初创时期,便把以高科技产业化的方式创造新的生产力作为一种凭借,在发挥科学技术第一生产力作用的过程中,汇聚了参与园区建设的各类人员、各类组织和各类群体。例如,从事研究开发任务的科研群体,从事高新技术及其产

---

① 郑杭生:《社会学概论新修》(第三版),中国人民大学出版社,2003年版,第52页。

品生产的产业群体，从事园区公共管理工作的管理群体，从事园区社会服务工作的服务群体，等等。他们在从事高技术及其产品的研发、生产、分配、交换、消费中有着极其广泛的经济交往和社会联系，形成了园区人特定的生活方式和发展方式。这种以高科技及其产品的物质生产活动为基础，以及在此基础上形成的生产关系而构成的相互联系的人的有机整体，我们称之为园区社会。园区社会具有以下显著特点：

一、园区是由园区人构成的社会群体组成的社会

园区的兴起和发展，集聚了大量从事研究开发工作的科学劳动者、从事高技术及其产品生产的生产者、从事园区建设的管理者和提供社会服务的服务者，他们既是园区物质和精神生产和发展的开拓者，又是园区社会活动和社会关系的承担者，还是园区经济社会发展的推动者。由此构成的园区人的组织形式和生活方式，具有了鲜明的园区社会的特征。这一社会形态是新型的，又是具有现代性的，代表了中国现代化未来发展的社会组织形式和社会存在方式。

二、园区是以高新技术产业化的物质生产为基础的

园区自创建以来，聚集了大量的创新资源和一大批高科技企业。据对2008年高新技术园区52632家企业的统计，年末从业人员716.5万人，实现营业总收入51034.9亿元，工业总产值52684.7亿元。[①] 由此可见，由上述人员构成的庞大的高科技产业大军以及所从事的物质生产活动是园区存在的基础，在这个基本活动中所结成的生产关系是园区作为社会实体存在的最本质的体现。今天看来，园区经济作为一种新型的市场竞争的主体形式，其生产关系一开始就是在谋求与高科技创造的生产力相适应的背景下形成的。所以，在园区内政府与企业之间权责利相对分明，一切都是按市

---

① 中华人民共和国科学技术部发展计划司：《科技统计报告》，2009年第16期，http://www.most.gov.cn/kjtj/tjbg/200912/P020091217470969007481.pdf。

场经济规律运作,由此形成的园区经济发展方式和新的市场机制,不仅说明生产关系能够很好地适应园区生产力快速发展的要求,而且在由生产要素向创新要素转变中促进了园区产业结构的优化和经济规模的扩大,使园区成为所在省市经济和社会发展的引擎和新的增长点。

三、新的社会分工下形成新型的社会网络关系

依靠园区的创新机制在实现高科技产业化的过程中,生产活动的技术分工会逐步转化为一种社会劳动分工。园区内生产方式、管理方式和组织形式转变所产生的新的社会分工,进一步加强了人与人之间的网络联系,使交往与沟通日趋频繁,各种行为日趋规范,活动手段日趋现代化,生活方式日趋超前。在园区社会交往中,人们交往的内容有物质的也有精神的、有心理的也有社会的、有内部的也有外部的,由此构成园区广泛的社会联系及社会交往关系,"突出表现在人们的创新意识、信用意识、合作意识、竞争意识、效率意识、民主法治意识的明显增强,这为园区经济的发展创造了更好的物质条件和精神条件"[①]。

四、园区的经济社会发展以独特的创新文化为背景

人类发展的历史证明,人、文化、社会是不可分割的。园区在经济社会发展中作为一个现代化的社会实体,与固有的传统文化和当代中国的主流文化相联系,在发展中不断创造出自己的文化与文化体系。其中从事研究开发活动的科学劳动者会不断创造出园区特有的科学文化,从事高新技术及其产品生产的生产者会不断创造出园区新型的企业文化,以及在园区社会发展中所形成的园区特色的社区文化、群众文化等,这些不同领域的文化形式共同构成了独具特色的园区创新文化的基础,同时又受固有的传统文化的影响。其中园区文化中包含的价值观、发展理念、创新意识、科学精神、企业家精神等因素,对园区保持创新活力至关重要,它对园区建

---

① 沈强:《关于园区经济的社会学思考》,《桂海论丛》,2004年11月增刊。

设的组织形式、人们的价值观及其生活方式无不发挥着重要的影响作用，已成为推动园区现代化建设及其创新环境中重要的人文基础和文化力量。

就世界性而言，高新技术园区的兴起和发展，是科技创新与人类文明进步的社会化互动的结果。所以，在社会学意义上特具发展活力的园区社会是建立在非凡的创新能力基础上的。它表明，园区作为一个社会实体不仅可以不断创造维持生存和发展的物质条件和园区文化，而且能够主动发现和协调科技与经济、经济与社会、人与自然之间的互动关系，并在动态调整中推动园区的可持续发展。这种来自园区的主动创造性，以及对自然和社会的改造能力所形成的社会意识，被认为是最真实的社会反映，而先进的社会意识一旦以不同的方式嵌入社会关系的网络，创新精神便会融入园区建设社会行动的各个方面，进而转化为推动园区现代化建设强大的物质力量。

第二节　园区社会特具现代性的社会发展

园区作为新型的社会实体，在承载我国现代化建设的先行使命中，必须以更加开放的发展理念吸纳海内外各类的创新人才、创新资本、创新企业等创新资源服务于园区建设，而大量的创新人才和园区的建设者所形成的集聚效应和创新活动，又有利于园区社会的经济建设、政治建设、文化建设和社会建设朝着更具现代性的全面、协调、可持续的方向发展。在这个意义上，园区社会的未来发展，不仅在于吸引和集聚大量的创新资源，更重要的是选择一个有利于发挥创新人才的才干和有利于推动园区科学发展的发展方式。

一、以高科技产业化为主导的园区社会经济

从园区社会的存在方式出发，用社会学的理论和方法来研究园区经济，必然涉及园区经济和园区社会的关系。研究这一主题，"经济社会学

必须通过方法论的创新解决经济学与社会学在哲学思维上的二元对立"[①]，在理论创新上根据科学发展观关于经济与社会协调发展的要求实现新的理论综合。从经济社会学的视角研究园区经济建设，可以将嵌入性、社会网络、社会资本等社会学的概念作为切入点，深入分析和探索园区经济及其对园区社会产生的现实意义。

首先，从嵌入性视角分析，园区现代化经济运行模式业已形成。园区社会的经济建设是在我国社会主义市场经济条件下制度创新的一种模式，其特点是在条件优越的区域内，以合理的规划、完善的设施、优惠的政策、配套的服务等条件作为支撑，通过精心培育有助于高科技产业化的创新和发展环境，吸引外来的创新资源，或通过周边高科技企业的迁移、整合，实现企业、项目、资金、人才、技术等创新要素的集聚，以高科技产业化的园区发展方式形成在地理空间上相对集中、高科技产业高度集聚的发展区域和创新创业发展的重要基地。现今，园区经济的发展已成为带动区域经济发展的引擎和增长点，园区建设已成为最富有现代化生机的发展领地。凡此表明，园区经济作为我国经济社会发展的一大特色，一方面在获取由地理空间上的产业集聚带来的经济外部效益方面具有长远的持续发展潜力；另一方面园区经济行动也是一种社会行动，它处于园区社会环境之中，受资源稀缺、社会结构、发展条件等多种因素的制约，从而表现为一种"结构性嵌入"。这就意味着构筑以高科技产业为主导的园区社会的经济网络，推进园区在创新基础上实现跨越式发展，既是园区经济在我国现代化关键时期拓展新的发展优势的关键所在，也是整合园区社会的创新资源和经济资源创造新的科技生产力的重要途径。

其次，从新经济社会学角度出发，支撑园区经济运行的社会网络日趋完善。园区社会的经济发展，既有赖于园区经济的社会行动结构，也离不开园区社会的发展创新。园区经济的社会行动结构包括内部结构和社会网络两部分，内部结构是园区社会发展的基础，由园区发展理念、园区主

[①] 周长城、吴淑凤：《经济社会学：理论、方法与研究》，《社会学研究》，2001年第1期。

体、园区政务环境平台、园区公共基础设施四部分组成,集中体现了园区的特色和内涵;社会网络是促进园区资源合理配置的关键,它以园区产业链或价值链为核心,以园区内部企业的专业化分工和相互协作为纽带,构建技术开发、引进、转化及推广应用的创新体系,构建园区的产业化管理体系,构建资源和产品输入输出的渠道和机制,[①] 其实质是一种高科技产业网络。园区社会网络的存在是基于园区企业与企业之间对共同利益的考量,它是建立在彼此互相信任基础上的一种长期互助互利的关系,通过园区企业间协同或合作、共同对外竞争,形成园区经济体制间竞争与合作、交易与交流、嵌入与信任的战略联盟。这种网络化的程度越高,各种创新资本在园区内的互动就越频繁,园区社会经济的集聚效应也就越明显。在园区社会网络内,以"关系链"(包括弱关系链和强关系链)[②]为基础,建立开放化、系统化的网络关系,既有利于技术创新和技术合作,又有利于推进园区高科技产业化进程。伴随园区内部人员的高流动率,这种关系链将逐渐得到丰富,进而延展园区高科技产业网络链条,通过不断深化的网络联系,提高园区社会经济发展能力。

最后,从社会资本方面考察,园区经济运行及其社会行动结构的内核源于社会资本。园区社会资本是指园区行动主体所动员的持有回报预期的社会结构资源,是一种有助于目的性行动实现的工具或手段,具有不可携带性、不可复制性和自我增值性。构成园区社会资本的要素很多,其中最主要的包括"规范"、"信任"、广泛的社会网络、独特的园区文化等。对于园区而言,社会资本的作用在于促进园区信息的流通、降低信息障碍,促进协调合作,控制违规行为,减少交易费用、增进交往,提供非正式风险化解手段和社会支持,增加互惠活动、促进集体行动等,同时,社会资

[①] 沈强:《关于园区经济的社会学思考》,《桂海论丛》,2004年11月增刊。
[②] 社会资本依据关系强度进行划分,可以分为弱关系资本和强关系资本。弱关系命题是格兰诺维特最早提出的,他通过对求职者的分析发现,是熟人而不是朋友和亲属关系在找工作中发挥着更大的作用。强关系命题与弱关系相对,该命题认为强关系而不是弱关系在人们的资源获取中具有重要功能。

本能促进园区较高程度的革新和群体适应性。① 园区在巩固社会行动结构、提升社会资本的同时,也要注重园区自身的发展创新,要通过体制创新、制度创新、环境创新等来增强园区社会的发展活力,确立"市场主导、政府协调"的体制框架,进而建立一套以服务企业为中心的"小政府、大社会"的管理机构;强化行政权力的制约和监督机制,在园区内部全面开展现代企业制度、现代中介服务制度、知识产权制度等一系列制度建设,将园区的管理纳入科学化、规范化、法治化的轨道,培育有利于园区经济发展的行政环境、制度环境、市场环境、科技环境、法治环境等软环境;强化"以人为本"的发展理念,充分发挥园区集聚效应,实现园区经济、社会、生态的良性循环和可持续发展,使园区成为我国现代化建设关键时期改革和发展的策源地和先行区。

二、以民主法制化为基础的园区社会政治

园区社会的政治建设,是我国社会主义民主政治在园区政治生活中的具体体现。它以推进园区社会的民主化、法制化为己任,把先进的民主理念、法制理念融入园区的体制创新、制度创新、管理创新之中,通过推进民主化、法制化进程,为园区经济社会发展提供政治和法律保障。它表明,园区的现代化建设,并非仅限于园区高科技产业化和自身创新能力的提高,还包括园区社会所提供的政治和法治环境的提升。

首先,从政治社会学角度分析,一方面,园区社会的政治建设是经济建设、文化建设、社会建设重要的政治前提,是持续推进园区现代化建设不可或缺的政治条件以及园区政治治理方式的生成过程;另一方面,园区社会的政治建设也是我国宏观社会转型背景下政治变迁中特具园区现代性的一种政治发展,是坚持以理性的行动目标和行动方式有序推进园区社会制度创新的过程,并引导园区社会现代化建设及其社会变革的方向。所以,加强园区社会的政治建设,在于从先进的民主政治的文化价值取向出

---

① 沈强:《关于园区经济的社会学思考》,《桂海论丛》,2004年11月增刊。

发，构建体现现代化民主精神的政治文化和政治沟通机制，以及体现园区社会成员根本利益的民主决策和监督机制，从而保证园区社会成员的民主权利，拓展和通畅园区成员的政治参与渠道，最大限度地服务广大园区成员的根本利益。

依据园区政治与社会现代化的关系，深化对园区社会政治建设及其民主化进程的研究和认识，不能不考虑园区社会"政治秩序的社会基础，政治行为的社会依据，政治权力和政治过程的社会性，政治对社会经济和文化建设的影响"① 等一系列与政治建设相关的社会性问题。对政治发展社会性问题的探讨，涉及对我国政治制度及其本质的认识，在这个制度下所形成的具有中国特色的民主政治，是以社会公民有序参与的民主化进程为基本前提的，甚至"从革命角度而言，民主就是最大程度的集中，因为民主政治是集中最大多数人民意志行事的政治；专制政治才是最不集中的政治，因为专制政治根本没有真正集中过人民的意志"②。所以，以园区公民有序参与政治建设的方式推动民主化进程，既是园区民主政治尊重最大多数人的意愿、集中最大多数人的意志的根本途径，也是在社会主义民主政治框架下加快推进园区政治建设的应有之义。由此出发，培育园区现代化民主精神、营造园区先进的政治文化氛围、建立园区和谐的政治沟通机制，是园区目前和今后一个时期政治建设的一项重要任务。

为此，要重视发挥政府及公务人员在公民参与园区民主政治建设中的关键作用。政府及公务人员所从事的是公共管理和服务，是公共权力的掌管者和公共资源的分配者，无论是对园区社会政治建设、政治治理，还是对园区社会的公共管理和服务，始终处于主导地位，发挥着主导作用。在倡导政治文明的园区社会背景下，有作为的开明政府在影响和引导公民政治参与方面，应该坚持政务公开、公共信息透明，使公民拥有更多的知情权。其前提是，需要政府公务人员正确认识公民参与对民主政治建设的价

---

① 郑杭生：《跨世纪中国社会学回顾与瞻望》，中国人民大学出版社，2001年版，第330—331页。
② 魏行进：《民主才是最大程度的集中》，《南方农村》，2009年第4期。

值和意义，放弃传统的行政管理模式和消极的防御心理，以开明的态度和积极的行为方式，推进公民政治参与条件下园区社会的民主化进程。

与此同时，还要切实维护社会组织及公民个人有序参与园区民主政治建设的意愿和权利。政治民主是民主国家的一个重要标志。鼓励和支持社会组织和公民个人参与政治建设，既是园区社会政治治理和政治发展的必然要求，也是持续推进园区社会民主化进程中每位公民应有的权利。要切实把公民参与的权利维护好，既有赖于国家政治制度的不断完善、政府治理机制的逐步改进、社会力量参与的共同行动，以及民主政治氛围的基本形成，也有赖于社会组织和公民个人在推进园区民主化的过程中，不断增强自身的主动参与意识，强化参与政治生活的权责，提高参与政治建设的技能水平。只有广大园区人真正意识到政治参与的价值和意义，才能使社会组织和公民个人参与的愿望和热情转化为自觉的行动。

当然，要正确引导政治参与，必须使政治参与各方以理性而不是非理性的方式有序参与民主政治建设。园区社会的政治文明，是建立在良好的政治秩序和有序的社会基础之上的。其中在政治参与方面，"绝非规模效应范围越大、参与手段越激进、参与过程越复杂，参与行动就越好，就越有效"[①]。相反，维系园区社会正常的政治秩序，要求政治参与的主体及其参与行动在我国宪法和法律制度框架下更具理性而不是非理性，尤其是在公民参与政治建设中，积极引导人们采取正常的参与渠道、理性的参与手段、合法的参与方式，有序参与园区社会的政治生活。这种理性的、合法的、有序的公民参与方式，既是维护园区社会政治秩序不可或缺的社会基础，也是公民参与前提下民主政治建设日趋成熟的重要标志。

其次，从法律社会学角度分析，园区社会的政治建设还涉及和谐稳定的法律思考、法律与社会之间的互动以及转型社会法律变革与社会变迁的关系等问题。在推进园区社会民主法制化进程方面，可以把民主与法制看作政治建设同一个过程的两个方面，以民主化推进法制化，以法制化保障

---

① 孙柏瑛：《我国公民有序参与：语境、分歧与共识》，《中国人民大学学报》，2009年第1期。

民主化，在同构共建中推进园区社会的民主法制化建设。同时，针对园区社会的特点以及社会分层的特殊性，通过对我国法律变革和制度创新实施过程和效果的研究，逐步建立和完善与园区社会现代化建设相适应的民主政治理论和制度规则。

在当前，以法制化力量保障民主，以民主化方式彰显法制，是社会主义民主法制建设的一项核心内容，也是依法治国理念在民主法制建设中的具体体现。推进园区民主政治建设，必须确立园区法制建设的治国地位，使发展园区民主政治、保障园区公民权利、推进园区社会事业、健全园区社会保障、规范园区社会组织、加强园区社会管理等各项工作逐步走向法制化道路。在这个过程中，除了在国家层面不断完善中国特色社会主义法治体系，还应该按照党的十七大报告提出的要求，加强宪法和法律的实施，坚持公民在法律面前一律平等，维护社会公平正义，维护社会主义法制的统一、尊严、权威。为此，要求园区政府部门在民主法制建设方面，要全面推进依法行政，严格按照法定权限和程序行使权力，健全行政执法责任追究制度，同时加强对园区权力运行的制约和监督，保证人民赋予的权力在阳光下运行。在园区社会建设方面，不断扩展法律服务范围，加强和改进法律援助工作，创新法律咨询、法律服务工作机制，同时深入开展法律宣传工作，弘扬法治精神，形成园区社会学法、守法、用法的良好社会氛围。

在制度建设方面，以制度化方式保障园区社会的民主权利，最重要的是在民主法制领域使制度安排更具根本性、全面性、可行性和可操作性。其中，在建设园区服务型政府方面，要以制度创新为前提转变政府职能，与民主政治建设相联系规范政府行为。在园区公共事务管理方面，探讨依法实行民主选举、民主决策、民主管理、民主监督的有效途径，使健全民主制度、丰富民主形式、拓宽民主渠道、规范民主程序走向法制轨道。在推进园区决策科学化、民主化方面，需要通过提高政务公开、信息公开的透明度，寻求建立民主参与条件下科学决策的体制机制。当然，要使广大园区成员享有更多切实的民主权利，必须在制度建设上发展基层民主，扩大基层民主的范围。因为基层民主是发展社会主义民主政治最基础性的一项工作，在制度建设层面抓好这项基础性工程，是保障园区社会成员民主权利最有效、最广泛的途径。它有助于通过园区基层群众行使民主权利来管理基层公共事务和公共事业，在逐步实现自我管理、自我服务、自我教育、自我监督过程中形成基层党组织领导下基层群众的自治组织和自治机制，从而把园区建设成管理有序、服务完善、文明祥和的社会共同体。

推进园区社会民主政治建设，除了要在科学和民主立法基础上完善社会主义法律体系，建设公共高效的司法制度以及加强政法队伍建设，还有赖于民主监督机制的建立，以确保民主监督的有效进行。因为民主监督意识和监督能力，是在落实依法治国方针下对园区社会民主法制水平的考量方式，它作为园区社会民主法制建设的现实反映，集中体现了法律与社会互动中以民主化推动法制化、以法制化保障民主化的实际效果。所以，从民主法制建设视角出发，进一步完善园区社会民主政治建设的民主监督机制，便成为扩大人民民主、发展基层民主、切实依法保障园区社会成员民主权利的必然要求。它包括对国家机关依法行使权力的民主监督、对政府部门正确使用权力的民主监督、对司法部门公正司法的民主监督、对执法部门依法行政的民主监督等。为此，需要按照民主法制建设的要求，建立和完善园区上下内外结合的民主监督网络，形成具有合力功能的民主监督机制，依托制度建设和监督机制的形成，加快推进园区社会的民主法制建设。

三、以独特创新文化为背景的园区社会文化

从文化视角探讨园区社会发展，不难发现，文化与经济、政治相互交融的特点和趋势，不仅使文化成为衡量一个国家或地区综合实力的重要标志之一，而且使之在推动园区社会现代化建设方面成为不可或缺的重要力量。园区社会的文化建设，是我国社会主义文化建设的重要组成部分，用社会学的理论和方法研究园区文化，关键要把握先进文化的前进方向。其中既要考虑到园区创新文化背景下文化自身的发展规律，又要考虑到文化

生态变迁背景下园区社会先进文化的建构，通过对园区社会文化结构的分析，探究其对园区社会发展的影响及功能意义。

从人类学的观点出发探讨园区社会发展，文化概念是由人与社会的产生和发展而来的，因此，可以把文化看作一种历史现象，且与不同时期的社会发展相适应。我国高新技术园区的社会文化，既蕴含着社会主义主流文化的核心价值观，又具有园区社会独特创新意识和创业精神的文化特质，其存在和发展是与园区建设的迅速兴起和社会发展相对应的。这种对应关系表明，园区社会是园区文化建设的载体，它为园区文化建设和文化繁荣提供了重要的物质技术和社会条件。园区文化建设是园区社会文明和社会发展的摇篮，它为园区的科学发展和社会和谐提供了不可或缺的精神食粮和文化力量。所以，重视园区社会的文明和发展，就必须创造繁荣的先进文化。

文化的繁荣和发展与其结构和功能相关。对园区文化进行结构分析，主要从文化特质、文化丛、文化模式三个层次展开。其中园区文化特质是在高科技产业化的物质生产和科技创新中形成的，是园区文化的基本要素组成部分。这些文化特质在物质和精神的结合上，借助于园区科技创新、体制创新、管理创新等一系列活动的功能联系，又以一定方式结合起来形成园区的文化丛。而以文化特质和文化丛为特定内容组合起来的特殊形式和结构，就构成了特具创新内涵的园区文化模式。园区文化模式具有与一般社会文化所不同的特殊性，"在社会学关于文化的研究中，关于文化模式的研究具有最重要的意义"[1]，因为它有助于把园区社会各个层次的文化整合起来加以系统研究，为我们从普遍性和特殊性两个方面获取对园区社会文化的总体认识、把握其特点和规律提供类比，进而提供进一步研究的思路和方法。

从园区社会的文化结构出发探讨园区社会发展，园区文化除了具有普遍意义的文化属性之外，还有其特殊的文化功能，表现在它不仅是凝聚园

---

[1] 郑杭生：《社会学概论新修》（第三版），中国人民大学出版社，2003年版，第72页。

区人投身于园区现代化建设的一种手段,也是维系园区社会良性运行的精神动力。从文化的功能意义上分析,园区文化的功能主要表现在以下三个方面。

第一,文化整合功能。园区社会的存在离不开一定的文化基础,或者说园区文化联系着园区社会的存在。因为它是促使人类承担个人使命与集体使命的手段。[①] 凭借这种手段,它使园区人按照新的园区社会生活方式集聚起来,把各种社会要素以使命、价值观的方式整合成一个相互联系的社会整体。一是以价值观念整合为先导,通过园区创新文化熏陶及其高科技产业化使命感的影响,使园区人在基本生活方面形成相对一致的主流文化的价值观;二是以行为规范整合为基础,借助于园区文化提供的系统化的规范体系及其对园区人行为方式的影响,将园区规范化的社会行为标准内化为人们自觉遵守的行为准则;三是以社会结构整合为目标,依托人们对园区社会文化所产生的依附心理和认同感,促使多元结构的社会凭借文化模式的整合形成一个统一的整体。文化的社会整合功能,是维系园区社会团结的重要基础,发挥文化的社会整合功能,有助于协调园区社会各种矛盾和冲突,维护园区社会的和谐与稳定。

第二,文化导向功能。文化的社会整合过程,内含园区社会价值观和规范体系在增进社会团结、维护社会秩序、推动社会进步等方面的社会导向功能。其中价值观导向,主要是从园区独特的创新文化背景出发,通过不断发展先进文化及其所形成的园区社会主导价值理念,在认知、情感、行为不同层次上引导人们的思想和行为的方向,吸引更多的人在科学发展观的引领下投身于园区的现代化建设;行为规范导向,它是园区文化社会导向功能在人的行为层面的具体体现,旨在用园区社会所形成的一整套行为规范,以文化软约束的方式引导和规范园区人或组织的行为,因而更注重良好行为规范的示范作用、组织引导作用及广泛的社会参与。发挥文化导向功能,有助于通过对人的行为和价值观的引导、文明行为规范的教

---

① [法]路易·多洛:《个人文化和大众文化》,上海人民出版社,1987年版,第5页。

化，以及人与社会的不断完善，维系园区社会结构和运行秩序。

第三，文化塑造功能。文化对人的塑造是一个社会化的过程。园区社会化的实质，是园区人如何适应特具现代性的社会生活问题。它包括人们对园区社会文化核心价值观的内化和个人与社会互动中角色知识的学习两个方面。其中核心价值观的内化，主旨是如何在谋求园区社会科学发展、社会和谐的价值主导下培育人们的创新意识和创新精神，以适应园区社会工业化、现代化建设的发展要求；角色知识的学习，是在社会化过程中逐步确认个人在园区社会生活中所扮演的角色，并能符合所处园区群体和社会对其地位的角色期待。在这个意义上，无论是园区人的成长还是园区人的发展，都可以把它归结为学习和接受园区文化的过程。在对人的培育和塑造的过程中，园区文化发挥着完善人格、促进个人发展、维系社会共同体、推动社会进步的重要功能。

在文化变革时代，园区社会文化建设及其功能的大小，取决于文化自身的先进性。坚持园区先进文化的前进方向，确立以文化求生存、以创新文化求发展的先进价值理念，必须立足于社会主义核心价值观，通过借鉴中国优秀的传统文化和国外优秀文化成果，精心培育具有中国特色的园区文化。在这个过程中，如果说园区文化的独特性主要体现在与众不同的文化品位、品质上，那么园区文化独特的文化品质，则主要体现在园区的创新文化、创业文化、服务文化、和谐文化等方面的建构上。

创新文化是园区文化的核心要素，因而最能体现园区文化的特色。从国内外园区建设的实践发展来看，创新是推动发展的不竭动力。"创新不仅是行动和方法，而且涉及价值观，所以创新也是一种文化。"[①] 在当前，无论是建设创新型园区，还是培育园区社会的创新精神，在全面推进园区科技、体制、管理创新的同时，还必须大力推进文化创新，发展创新文化，因为具有先进性的创新文化，是科技、体制、管理创新的重要前提和基础。美国硅谷成功的经验表明，"文化"这一极为重要的内生变量的导

---

① 潘云鹤：《大学应加强创新文化建设》，《光明日报》，2001年10月15日。

向、约束、凝聚和辐射作用所产生的创新力,比单靠人才、资金、科技基础的集聚效应具有更强的持续力。因此在园区建设上,"若不最终全面改革文化价值与规范,物质上的繁荣就可能受到限制"①。营造园区社会的创新文化环境,一是要精心培育开拓进取、精诚合作的创新意识;二是要大力倡导敢为人先、勇攀高峰的创新精神;三是要努力营造鼓励创新、容忍失败的创新氛围;四是要不断激发园区社会、创新主体的创新活力;五是要不断完善制度创新、体制创新的创新环境。所以,大力发展园区社会的创新文化,必须重新认识文化的价值和意义,"通过理论创新不断推进制度创新、文化创新,为科技创新提供指导、有力的制度保障和良好的文化氛围"②。

创业文化是园区文化突出的文化特质,是推动园区高科技产业化重要的文化基础。在高科技产业开发方面,从科技企业孵化器的研发到生产,从高科技产业化到商品化,从园区初创时期的"一次创业"到目前步入的"二次创业",生动体现了园区多年来的创新创业历程。其中园区文化所倡导的创新创业精神,构成了科技创新创业重要的文化支撑,它孕育着园区创新事业,推动着园区企业艰苦创业,从这个意义上说,"实现发展的动力实际上存在于文化之中,存在于个人与集体的需要与愿望之中;对发展战略及其实施方式的选择本身,作为这些选择的价值体系和由此产生的生产和消费方式,从本质上讲,完全属于文化的范畴"③。大力发展园区创业文化,一是要重视园区企业精神的文化建设,在园区社会形成艰苦奋斗、无私奉献、产业报国的核心价值理念;二是要深化园区社会创业文化建设,为熔铸企业精神、集聚创新人才、壮大产业群体、培育新兴业态提供文化支撑;三是要加快园区社会先进企业文化建设,为园区社会孕育更多的具有国际竞争力的特色企业、优势企业、高端企业创造日益优化的文化

---

① 韦伯斯特:《发展社会学》,华夏出版社,1987年版,第5页。
② 胡锦涛:《坚持走中国特色自主创新道路为建设创新型国家而努力奋斗》,《人民日报》,2006年1月11日。
③ 联合国教科文组织:《内源发展》,中国对外翻译出版公司,1891年版,第44页。

环境。

此外，发挥园区社会文化主流价值观的作用，还必须大力推进园区的服务文化、和谐文化建设。一方面在园区政府管理体制创新中，要改变不利于创新创业的体制与环境，树立管理就是服务的理念，在服务中实现高效管理，为形成以政府管理为保障、中介服务为支撑、产业投资与发展相衔接的运行机制提供良好的文化环境；另一方面在园区社会管理和服务中，消除有碍于科学发展、社会和谐的各种因素，确立以人为本、异中求同、文明礼让、和睦相处的和谐价值观，为建立园区社会新秩序、开创社会管理新格局提供重要的精神和文化支撑。

四、以提升人的价值为宗旨的园区社会建设

在社会学的理论建构中，对当代中国构建社会主义和谐社会的研究，应该把社会建设作为维系社会和谐、促进社会良性运行的一项重要的基础性工程来加以研究。因为社会建设不仅是和谐社会协调人与社会关系的切入点，而且与广大社会成员的福祉、幸福安康息息相关。在园区社会现代化进程中，关注社会建设的要义，正如党的十七大报告提出的，是在着力"保障和改善民生，推进社会体制改革，扩大公共服务，完善社会管理，促进社会公平正义"的基础上，全面促进人的发展，实现人的价值提升。其目标是在园区和谐社会建设中，使个人的福利得到持续改进，使园区所有社会成员都能够更加公平合理地享受园区现代化建设的发展成果。

在我国实施现代化建设"三步走"战略中，最鲜明的时代特点是坚持改革开放，最显著的改革成果是发展又好又快。无论是经济建设、政治建设、文化建设，还是与人民幸福安康息息相关的社会建设都取得了举世瞩目的成就，人民生活水平已由温饱不足发展到总体小康。但是进入我国现代化建设关键时期之后，实现发展所面临的困难和问题越来越多，尤其是与广大人民群众切身利益密切相关的劳动就业、社会保障、收入分配、教育卫生、居民住房、安全生产、社会治安等一系列社会问题日益突出，成为制约现代化建设进一步发展的一大瓶颈。基于对我国新时期经济与社会

发展的综合分析，党的十七大报告提出了"加快推进以改善民生为重点的社会建设"这一重大战略举措。

我国高新技术园区作为现代化建设的先行区，在持续推进高科技产业化的进程中已经进入一个新的发展阶段，承载着以增强自主创新能力为重点的"二次创业"的重要使命。在这个过程中，要把园区建设成带动自主创新能力提升的重要基地、高科技企业参与国际竞争的服务平台、带动区域经济科学发展的强大引擎，必须在园区科技、经济发展的基础上，更加重视以保障和改善民生为重点的社会建设。从社会学的视角审视园区社会的科学发展，应该说在统筹人与社会协调发展方面还面临着许多挑战。一方面从中央到地方备受社会各界关注的民生问题，会以不同的方式在园区社会有所反映和体现；另一方面在就业、住房、医疗、养老等事关民生的社会建设领域还不能很好地适应园区社会现代化建设的发展要求。如果这些问题不能得到妥善的解决，最终必然影响园区社会的可持续发展。

从宏观背景分析，当前我国正处于社会急剧变革的社会转型期，其显著特点：一是相对于我国现代化建设的进程，农村社会与城市社会、城市社会与园区社会之间的差别日趋显著；二是相对于社会资源和机会占有率，社会分化产生的不同阶层、群体和个人在收入分配和财产拥有方面的差距日益扩大。具体表现在收入分配、财产分布、教育机会、公共卫生、社会保障、风险防范等方面的社会差别，即便是在园区社会也依然存在，所不同的是这些差别具有了更多的园区社会的特点。社会差异的发展及新的利益群体的出现，使社会的利益结构正在发生深刻的变化，其中适度的社会差异可以促进园区社会的进步，而过度的社会差异则易激化社会矛盾，甚至导致社会冲突。在当前，无论是在城市社会还是在园区社会，过度的社会差异都会产生与此相关的民生问题，从而凸显社会建设的迫切性和重要性。

第一，园区社会建设的重点是保障和改善民生。在园区现代化建设中，民生问题不仅牵动着普通百姓的日常生计，而且事关园区建设的发展大局。所谓民生，就是在促进社会公平正义的条件下，解决与人们基本生存权和发展权密切相关的就业、教育、医疗、社保等一系列的社会问题。保障和改善民生，在于提高人民的福祉，这也是园区社会建设之要义。在园区社会，民生问题的主体是以从事体力劳动为主的高科技产业工人和其他相关行业的体力劳动者，尤其是他们当中的困难群体。在园区社会建设视野下，保障和改善民生不是简单地去贫困化和提高生活质量的问题，它在科学发展意义上还包含丰富的人本理念和民本思想。从这一先进理念出发，无论是促进园区社会的公平正义，还是在社会建设中的制度创新，首先要提高的是这部分人的生活质量、增加他们的生活选择机会，使园区社会发展出现的社会差别控制在适度的范围之内，并以此为重心加快推进以改善民生为重点的园区社会建设。

第二，园区社会建设的要义是实现基本消费平等化。植根于当代中国改革开放沃土中的园区社会，自主创新和高科技产业化所带动的工业化、城市化在不断加快，在劳动与资本、有形劳动与无形劳动、财富与分配、传统与现代等一系列关系的变动中，会进一步加剧已存在的社会分化和差异化发展。这一过程中形成的不同利益群体，表现在社会资源和机会占有上，既有强势群体又有弱势群体；表现在收入分配和财富拥有上，既有富裕群体又有困难群体；表现在基本消费和生活质量上，既有高消费群体又有低消费群体。在园区社会建设中保障和改善民生，其要义是逐步实现基本消费的平等化，使那些处于弱势地位的困难群体，在饮食、营养、住房、医疗、保健、养老等基本消费方面，与园区社会其他成员享有平等的权利。所以，"改善和保障民生，就是要推进基本消费平等化，减少财产、收入不平等所带来的消费不平等"①。在园区社会建设中实现基本消费平等化，对于涉及民生问题的公共消费，政府负有更大的责任，需要通过一系列创新的制度安排，以公共服务均等化的方式逐步加以改善。对于私人消费的民生问题，凡纯属个人收入进行的私人消费，政府和社会负有更大的责任，其中单纯由个人收入支出的个人消费，需要通过保障就业和提高个

---

① 刘尚希：《民生要义是实现基本消费的平等化》，《光明日报》，2007年4月3日。

人收入的方式来加以改善；而对于依靠社会保险和转移支付进行的私人消费，需要通过完善社会保障体系的方式来加强保障。从基本消费角度来看民生问题，重点还是要从政府和社会层面解决好就业、公共服务和社会保障等方面的制度建设问题。

第三，园区社会建设的根本是保障人人享有发展成果。改革开放40多年来，我们对人的认识，对促进人的全面发展、全面提升人的价值的理解日趋深化，发展为了人民、发展依靠人民、发展成果由人民共享成为我们进行社会主义建设的核心价值和治国理念。在园区社会建设中坚持以人为本，首先就要坚持以民生为本，其中人本是民生理念的价值主导，民本是人本理念的具体体现，所以要坚持以人为本，就要直面民生。在园区社会建设的人本、民本理念的实践中，着力解决好现代化进程中人民群众最关心、最直接、最现实的利益问题，既要不断壮大园区社会的发展成果，又要公平正义地分享发展的成果。但在园区经济快速发展的基础上，如何使园区社会广大科技工作者、创业者、建设者都能够充分享受发展的成果，则是当前和今后一个时期园区社会建设的一项重要任务。由于推动园区现代化建设最根本的动力源于广大人民群众的创造力，因此，园区现代化建设的发展成果最根本的实惠也应该归于人民，努力使园区社会成员都能走向共同富裕的发展道路。

第四，园区社会建设的使命是体制创新的一种社会建构。加快推进园区社会建设和各项民生事业发展，是以社会体制改革为导向、以扩大公共服务为指向、以完善公共管理为手段、以人的价值提升为目的的一种社会建构过程。其中园区社会体制改革要与深化行政管理体制改革相结合，重点解决政社不分、政事不分、政府与中介组织不分的体制性障碍，打破长期以来政府包揽过多社会事务的体制弊端，改变重经济、轻社会和重管理、轻服务的体制机制问题。在这里，把园区社会体制改革理解为一种新的社会建构，就是把社会体制改革的"破"与社会体制创新的"立"结合起来，构建一个与园区现代化建设相适应，以及与园区经济、政治文化体制改革相配套的"小政府、大社会"的新型社会体制。在这个过程中，扩大公共服务、完善社会管理,必须深刻认识和把握园区社会建设的特点及其定律。我国高新技术园区作为现代化建设的先行区,使园区社会建设具有了先行一步的发展理由,其社会行动既要落实中央自上而下的统一部署,又要体现园区社会自下而上体制创新的特色。这种上下互动的体制创新,一方面要在统筹园区经济与社会发展中,不断完善公共财政体制,加大对公共服务的投入,在国内率先实现基本公共服务均等化;另一方面又要处理好园区社会稳定与发展的关系,健全社会管理体制机制,形成党委领导、政府负责、社会协同、公众参与的社会管理新格局。

第三节　中国园区的社会发展与文明进步

在世界新科技革命推动下,越来越多的国际经验表明,"21世纪将是人类社会依靠知识创新和技术创新得以持续发展的时代"[①]。我国高新技术园区依托知识的积累和创新,在"发展高科技,实现产业化"的伟大实践中,不仅加快了科技成果的转化速度,带动生产力发展产生了质的飞跃,而且在实现经济快速发展的同时,为园区社会的全面发展奠定了坚实的基础,但从总体上看,其社会发展与现代化建设的要求还有许多不相适应的地方。从社会学视角研究园区社会,一方面要高度关注知识的积累和创新对园区社会结构、价值理念、生活方式等方面的变化所起到的重要作用;另一方面又要在反思性探索中,对园区社会的未来发展及其可能出现的变动做出前瞻性的研究。

一、园区社会文明与科学发展

在人类历史的长河中,文明与发展始终是相互促进、结伴而行的。在我国园区现代化建设进程中,园区社会的文明建设离不开科学发展,科学发展又以一定的社会文明为基础,因此,在园区社会的文明与发展之间存

---

① 沈杰:《中国社会学的问题意识》,《江苏行政学院学报》,2002年第2期。

在着内在的统一性。在这里，我们不仅仅是为了说明一个文明社会的到来离不开发展，更重要的是从理论与实践的结合上去探索什么是发展、什么是文明发展、我们应如何发展等关于社会发展的根本性问题。由此可以概括出这样一种思想：相对于园区社会现代化的建设而言，所谓的文明与发展，实质上是以什么样的发展方式推动园区社会的文明发展的问题。

从文明发展的存在形态分析，园区社会文明是建立在现代科技文明和工业文明基础上的一种现实形态。从园区社会发展层面上看，我国园区社会文明主要由物质文明、精神文明、政治文明和生态文明所组成，其中以发展高科技实现产业化的发展方式，在改造世界中所形成的新的生产力及其所体现的物质文明，是园区社会文明发展的现实基础；以知识创新和创新文化的发展方式，为人们提供日益丰富的精神文化产品、满足人民日益增长的精神文化需求所体现的精神文明，是园区社会文明发展的精神食粮；以制度创新和民主法制建设的发展方式，不断完善社会主义民主政治生活和生活精神所体现的政治文明，是园区社会文明发展的政治保证；发挥科技创新作用，并把经济社会发展转入以人为本、全面协调可持续发展轨道的科学发展方式，通过建设环境友好型、资源节约型社会实现人与自然和谐发展所体现的生态文明，是园区社会文明未来发展的必然选择。上述分析表明，园区社会文明及其发展是多种因素交互作用的结果，它们都以人们的基本需求和全面发展的满足为共同尺度，因而可以从园区社会的文明程度判断其社会发展的水平和质量。

从文明发展的历史形态分析，当工业文明取代农业文明之后，机器大工业的崛起确实创造了前所未有的生产力，但是，自工业革命以来，以物为中心的发展方式在创造巨大的物质财富的同时，由于经济的无节制发展、社会的欠协调运作、资源的掠夺式开采、环境的肆虐破坏所带来的社会危机，已经引起了国际社会的高度关注。在园区现代化建设中，创造园区社会的现代文明，必须彻底改变高投入、高消耗、高污染、低效率的工业化发展模式，推动园区经济增长从资源依赖型向创新驱动型发展模式转换，使园区经济社会的发展真正步入全面协调可持续发展的轨道上来。为此，一方面要为园区社会工业文明注入科学发展新的内涵。坚持科学发展，就必须在理论共识上真正理解科学发展观关于为什么要发展、为谁发展和怎么发展的价值理念，在践行科学发展观的过程中，把园区建设的各项事业建立在科学与经济、经济与社会、人与自然、人与社会协调发展的基础上，以科学发展观为指导，切实把园区经济与社会发展转入以人为本、全面协调可持续发展的轨道上来。另一方面要加快推进园区社会从工业文明向生态文明形态的转变。生态文明是针对工业文明存在的弊端，以满足"生态人"需要和全面发展的一种新型的文明形态，"其核心是人类经济活动和社会发展必须保持在地球资源环境承载力的极限范围内，将现代经济社会发展建立在生态环境良性循环的牢固基础之上"[①]。建设园区社会的生态文明，是贯彻落实科学发展观的应有举措，它需要在全社会构建环境友好型、资源节约型的生态文明格局，加快发展以绿色消费带动绿色生产的循环经济，形成经济健康发展、生态环境良好、社会和谐有序、人与自然和谐共生的园区社会文明的发展机制。

上述分析表明，人类产生和创造了文明社会，但同时把自身推向了社会发展的诸多矛盾之中。对我国园区现代化进程中的发展与代价、所得与所失，需要不断在理性反思中谋求新的解决社会问题的良策和新的发展契机。在发展中创造园区社会新的现代文明，最重要的是观念要先行。从文明的科学发展理念出发，在有关如何发展的价值判断和选择上既要注重园区高科技产业化带来的经济增长，又要在经济发展的基础上关注园区的政治、文化、社会和生态建设的协调发展；既要注重园区现代化建设实践发展的进程，又要关注现代化建设实践发展的结果；既要注重人与自然的协调发展，又要关注人与社会发展的和谐。所以，在园区现代化建设中，只有坚持科学发展才能推动文明社会的进步，而文明社会的进步反过来又有助于在社会良性互动基础上的科学发展。

[①] 张兵生：《落实科学发展观的"生态人"理论思考》，《半月谈》，2010年第2期。

二、园区社会发展与良性运行

我国高新技术园区作为改革开放的产物,是在世界新科技革命推动下和国内如何应对社会转型、迟发展双重效应的形势下发展起来的。从20世纪初创时期的实践探索到今天进入比较规范的全面发展,为我们从社会学视角研究园区社会提供了丰富的经验材料。其中,在对园区社会运行和发展的研究上,社会运行论所关注的不是一般意义上的发展问题,因为关于如何发展存在着多种可能性,它所关注的是园区社会运行的生成条件和社会基础、高科技产业化对社会良性发展的作用和动力机制,以及持续推进园区可持续发展和探索有效途径等一系列发展问题。

社会运行是衡量社会发展总体状况的一个重要的指标性概念,它的提出,既与国内外的学术传统密切相关,又与中华人民共和国成立后现实社会发展的理论反思相联系,郑杭生教授把这个既有中国发展特点,又没有离开社会学的传统和潮流的观点,称为社会运行论。这里的"传统",是指从孔德开始到现在的绝大多数学者对社会学的定义都没有离开"秩序和进步""结构和过程""运行和发展"这三个方面;所谓"潮流",是指世界性社会学的综合性倾向。[①] 社会运行论所提供的这一理论视角,为我们从理论取向上深入研究园区社会发展与运行之间的关系提供了重要的依据,也为我们从经验取向上正确把握社会发展与运行之间的关系提供了可靠的参照。

从郑杭生所提出的社会运行分为良性运行、中性运行和恶性运行的三分法出发,可以把园区的社会发展分为三种类型:一是良性运行所对应的协调发展,二是中性运行所对应的模糊发展,三是恶性运行所对应的畸形发展。园区社会在初创时期"一次创业"阶段,由于借鉴了国外园区建设以及国内改革发展的成功经验,基本上可以把这一阶段的园区社会发展看

---

① 郑杭生:《中国社会的巨大变化与中国社会学的坚实发展——以社会运行论、社会转型论、学科本土论和社会互动论为例》,《江苏社会科学》,2004年第5期。

作中性运行状态。进入 21 世纪，当我国园区跨入"二次创业"发展阶段之后，在国家各项政策的支持下，园区社会发展和各项事业开始逐步走向规范化、法治化的发展道路，因而可以把这一阶段园区社会发展看作促进中性运行向良性运行转变的重要发展阶段。在这个阶段，实现园区社会良性运行和协调发展，可能存在着多种途径，但根据国内外园区建设的实践经验，坚持改革、创新、发展，无疑是促进园区社会由中性运行走向良性运行和良性发展的必由之路。其中坚持改革，就是在园区社会建构中清除一切传统体制和结构性残余，为促进园区社会协调发展扫平体制机制障碍；坚持创新，就是在园区自主创新的道路上充分调动科技人员的首创精神，进而带动园区社会的体制创新、制度创新、文化创新和管理创新，不断优化园区创新创业环境；坚持发展，就是在科学发展的引导下，通过协调园区社会各项事业和各种利益关系，实现园区社会的科学发展。

根据社会运行和发展的对应关系，实现园区社会的良性运行，关键是在坚持科学发展的基础上，使发展具有全面、协调和可持续性。就园区社会运行的条件而言，一是与园区现代化建设和经济社会发展相适应，形成以创新人才为核心的人才基地和以高科技产业工人为主体的结构合理的人口模式；二是依托自主创新以高科技产业化、商品化、国际化的方式不断创造新的生产力，实现园区经济又好又快发展；三是持续推进园区社会民主法制进程，加快建立"小政府、大社会"的社会治理模式；四是创新园区文化，为园区社会良性运行提供良好的社会心理环境和精神动力；五是优化生态环境，建设环境友好型、资源节约型园区。在此基础上，统筹园区的经济、政治、文化、社会和生态建设，协调人与自然、人与社会以及不同群体的利益关系，通过不断促进园区社会全面、协调和可持续发展，回应当前发展所面临的社会转型、迟发展双重效应所带来的种种挑战。

在谋求协调发展的基础上实现园区社会的良性运行，是一个持续的长期发展过程，为此，需要从园区社会自身特点出发，逐步建立实现良性运行的社会运行机制。社会运行机制可以理解为社会运行"带规律性的模式"①,而对于园区社会,我们可以把社会运行机制看作在社会结构和功能行为上影响社会协调发展的、具有规律性的、各种方式方法的总和。对园区社会运行机制的研究,有助于我们从中发现影响社会协调发展带规律性的作用模式,为在实践中实现社会良性运行建立相应的动力、整合、激励、控制、保障机制,提供可靠的理论依据。

三、园区社会进步与社会和谐

在马克思看来,未来理想社会是社会生产力高度发达和人的精神生活高度发展的社会,是每个人自由而全面发展的社会,是人与人和谐相处,人与自然和谐共生的社会。② 由此表明,社会和谐是科学社会主义的应有之义,构建社会主义和谐社会是一项长期的历史任务,同时亦表明,在人与社会发展中,社会进步与社会和谐是正相参照关系,即真正的社会进步意味着社会日趋走向和谐,社会和谐在本质上体现着社会进步。因为判断一个社会是进步还是停滞不前,甚至是倒退,最根本的尺度是人的发展及社会和谐所达到的程度,其中,人的全面发展和综合素质的提高,是构建社会主义和谐社会不可或缺的人文基础。所以,无论是促进园区社会进步,还是增进园区社会和谐,都必须高度重视人的全面发展,以及思想道德、科学文化和健康素质总体水平的提高。

在园区社会发展中,推动园区社会进步是以科技进步为前导的,这不仅是因为"科学是一种历史上起推动作用的革命的力量"③,还在于园区社会本身就是在"发展高科技,实现产业化"的基础上发展起来的。另外,从世界性现代化建设的国际经验上看,一个国家的现代化,关键是科学技术的现代化,正是在这个意义上,世界各国先后把推动科技进步和创新作

---

① 郑杭生:《社会学概论新修》(第三版),中国人民大学出版社,2003年版,第33—49页。
② 胡锦涛:《切实做好构建社会主义和谐社会的各项工作,把中国特色社会主义事业推向前进》,《求是》,2007年第1期。
③ 《马克思恩格斯选集》第3卷,人民出版社,1992年版,第575页。

为实现快速发展的国家战略。上述原因决定了园区社会的现代化建设，首先要立足于科学技术现代化，通过加快科技事业发展，为园区社会的经济繁荣和社会进步提供持久的动力。以科技进步为先导的重要意义，在于依托科技进步带动园区社会进步和各项事业全面发展。为此，一方面要充分发挥科学技术是第一生产力的功能。它需要在园区建设中，坚持以自主创新为战略主线，集聚各种创新资源，把提高自主创新能力贯穿到园区现代化建设的各个方面；坚持科技服务经济的发展方针，实现科技与经济的结合，加快科教成果向现实生产力转化；坚持高科技产业化的目标指向，依托高科技产业集群，为园区社会经济发展提供强大的产业支撑。另一方面要充分发挥科学技术作为精神动力的作用。需要在园区社会发展中，大力弘扬科学精神，促使全社会以实事求是的科学态度对待改革与发展，为加快推进园区社会各项事业的改革扫平思想障碍；大力倡导创新精神，激发全社会的创造活力，不断推进园区社会的体制创新、制度创新和文化创新；大力培育科技意识，全面提高广大劳动者的科技素质，为园区现代化建设提供高素质的人力资源支持。

根据国内外经验，如果说以科技进步带动社会发展，是世界性现代化进程中各个国家普遍采用的一条成功经验，那么以社会进步促进社会和谐、把社会和谐确立为社会主义的本质属性，则是我国社会主义建设在总结本土实践经验基础上提出的一个重要的理论创新成果。从社会进步视角来思考园区和谐社会建设问题，一是从二者互动关系上看，园区社会和谐作为社会进步的重要表征，它不仅体现在是以社会生产力和人的发展为基础，还体现在以和谐发展的方式整合园区社会关系、促进社会各种力量良性互动及各种群体利益关系的协调上。二是园区社会进步的全部意义在于，努力使园区社会成员的全面发展从可能变为现实。而促进园区社会和谐的一个重要原则，就是坚持以人为本，把人自身及其社会的和谐发展作为社会进步的根本目标。三是促进社会和谐是保障园区社会得以进步的一种重要机制，因为任何社会进步都是以一定的代价来开辟道路的，促进园区社会和谐，有利于把这种代价控制在合理的"度"内，以避免因代价过大而影响社会稳定和可持续发展。①

构建社会主义和谐社会是一项长期的历史任务。在当前，构建园区和谐社会，首先要统一思想，提高认识。促进社会和谐不仅是社会主义的本质属性，也是贯彻落实科学发展观的一项重大任务。改革开放40多年来我国取得了举世瞩目的成就，同时又面临前所未有的巨大挑战，其中关于对改革、创新和发展的许多思考和认识需要进一步解放思想，有不少深层次的矛盾和问题需要在改革中加以解决，还有一些不和谐不稳定因素需要在和谐社会的构建中逐步加以消除，所有这些都集中反映了构建和谐社会的极端重要性。基于这种理解，从园区社会科学发展的现实出发，促进园区社会和谐，必须提高思想认识，把构建园区和谐社会放在更加突出的地位，落实到园区社会建设的方方面面。其次要统筹兼顾、突出重点。构建园区和谐社会，涉及园区现代化建设的各个方面，与园区社会生活和各种利益关系密切相关。一方面，要把它作为一个复杂的社会系统工程，从整体上思考，做出系统安排；另一方面，要从重点、难点上切入，着力解决好园区群众最关心、最直接和最现实的利益问题。这就需要从园区群众的切身利益出发，抓住影响社会和谐的突出矛盾，找准群众普遍关心的现实问题，通过实施行之有效的改革措施逐步加以解决。最后要深化改革、制度保障。园区和谐社会建设既要从上——"大社会"层面思考和谐社会发展问题，又要从下——"小政府"层面思考人的和谐发展问题；既要立足当前，解决影响园区社会和谐的突出矛盾和问题，又要着眼长远，为保障园区社会和谐发展做出长远的制度安排。为此，在园区现代化建设中，要进一步深化各项事业的改革，从园区经济社会发展的实际出发加强制度建设，为全面促进园区社会和谐发展提供强有力的制度保障。

---

① 陈宏滨、赵锦辉：《从社会进步角度考究社会和谐》，《求索》，2007年第7期。

第二章 园区社会建构与社会运行

自 20 世纪 50 年代以来，随着全球范围内新技术革命的全面兴起和产业结构的变革，不仅在发达国家，而且在发展中国家，都相继掀起了创办高新技术园区的热潮。从社会学角度来研究园区社会，是从园区社会的建构及相关理论出发，通过对园区社会运行和协调发展状况的分析，寻求实现园区良性运行的具体途径。我国园区作为现代化建设的一个社会实体，是整个社会大系统中的有机组成部分。

第一节 园区社会建构的社会学研究

我国园区社会作为人类生活的共同体，是在现代化进程中有计划的社会变迁的产物，也是社会发展中社会分化与整合的结果。它在我国改革开放的推动下一经产生便具有了现代社会的本质属性和特征，成为我国现代化进程中特具现代性的社会共同体。

一、园区社会是社会变迁的产物

社会总是在特定历史条件下发展、进步并不断变化。从社会运行论的理论出发，其中蕴含着分化、整合等社会变化。在社会学视角下，把社会变动中一切社会现象、社会结构的变化、过程和结果称为社会变迁。园区社会正是当代中国社会变迁的产物。

在利用社会学对社会变迁的研究中，西方社会学家先后提出了进化论、循环论、均衡论、冲突论等社会学理论。其中进化论把社会变迁看作类似生物有机体的进化过程，认为人类社会是从简单到复杂、由低级向高级依照渐进的、连续的进化形态不断向前发展的。循环理论认为文明社会的发展是一种循环往复变化的结果。在此之后与进化论相结合，把社会变迁看作社会进化中不断适应环境，并从外部环境中获取资源、使社会在分化整合中达到更高水平社会均衡的过程。冲突论把社会看作一个矛盾体，认为矛盾的冲突和不可调和是导致社会变迁的必然原因。

马克思主义社会学把生产力的发展看作社会变迁的根本原因，这种"生产力动力说"在把社会生产力作为社会变迁根本动力的同时，又把社会变迁看作与其他因素共同作用的结果。其理论要义，是把社会及其变迁"作为一个具有整体性的、有着复杂相互作用、相互制约关系的系统来认识"。[①] 这一观点为我们研究当代中国社会变迁中的园区社会的建构和社会运行奠定了重要的理论基础。

从马克思主义社会变迁理论出发，我们把改革开放中形成的园区社会，看作在当代中国社会变革中有计划社会变迁的结果。改革开放以来，我国现代化建设有了快速的发展，目前已经进入现代化的关键时期。由现代化所带来的社会生产力的大发展，加快了当代中国从计划经济向市场经济、从农业大国向工业强国、从乡村社会向工业社会、从封建社会向开放社会的社会变迁过程，为了推动社会有计划的变迁，在我国的经济社会发展规划中，都会对经济社会发展的方向予以正确引导，对社会运行中出现的突出问题加以协调。根据我国现代化建设的发展要求，我国在国家战略层面上，提出了以发展高科技、实现产业化为目标的高新技术园区建设重大举措，由于高科技产业化所形成的知识、技术、人才、产业的集聚以及人口流动，造就了今天的园区社会，使园区在有规划的发展中成为特具现代性的社会实体。从这个意义上说，园区社会是我国现代化的产物，是现代化引起的社会变迁的结果。

[①] 郑杭生：《社会学概论新修》（第三版），中国人民大学出版社，2003年版，第327页。

二、园区社会是社会分化整合的结果

在社会变迁引起的当代中国急剧的社会变革中,以社会转型的方式回应社会变迁,又进一步推动了转型社会的分化与整合。在国外关于社会整合的研究中,涂尔干把社会整合分为机械整合和有机整合两个方面,前者是指不发达社会的整合,后者是指在生产力发展的推动下,组成社会的各部分出现功能变化,形成了新的社会分工,由此而形成的一种新的有机整合。有机社会的社会分工具有职业多样化和个体利益多元化的特征。分工导致了个人独立性的增加,更导致了个人和群体、群体和群体之间的相互依赖。但是这种个人和社会联系的纽带不是通过传统的道德、习俗等集体意识维持,而是通过在集体权威基础上建立的法律的制裁来维系的①。帕森斯认为,社会整合就是组成社会的各个部分或要素结合为统一而协调的整体的过程和结果,且认为社会的各子系统之间的相互依赖和相互支撑对社会的存续发展具有特殊影响。帕森斯的社会整合理论认为,通过社会整合促使人们在行动上遵守社会规范和相互协调,以及通过社会化过程促使人们的精神状态与维持社会系统所必需的价值相协调从而形成一种普遍价值承诺,都是社会整合、秩序与和谐稳定的重要机制。②

利用社会运行论对社会整合机制的研究,"社会整合是指社会利益的协调和调整,促使社会个体或社会群体结合成人类社会生活共同体的过程,简言之,就是人类社会一体化的过程"。③从我国社会转型的现实来看,无论是我国当下的社会整合,还是园区社会建构的社会整合,都是通过对改革开放中的社会利益的协调,使社会走向和谐的一体化过程。

在园区社会建构中,社会整合的切入点,是以社会利益为对象的社会整合。其中认同性整合,是以园区社会共同体的共同利益为基础,又与每

---

① 袁泽民、莫瑞丽:《"社会整合"的类型及建构——对涂尔干的"社会整合"思想的解读》,《理论界》,2008 年第 5 期。
② 陈光金:《结构、制度、行动的三维整合与当前中国社会和谐问题刍议》,《江苏社会科学》,2008 年第 3 期。
③ 郑杭生:《社会学概论新修》(第三版),中国人民大学出版社,2003 年版,第 42 页。

个社会成员的利益相联系，由此构成了对园区社会的认同感。在当前，园区社会整合的中心，除与我国整体发展目标相一致外，还主要体现在以园区现代化建设为中心，构建园区和谐社会，建设创新型园区，以"四位一体"的发展定位为指向，不断增强人们对园区社会的认同感。互补性整合，是根据园区社会成员在社会关系上存在的相互依赖关系，促使社会成员、群体凝聚为社会整体的过程。实现园区互补性整合需要依靠体制机制创新、社会建设和创新社会管理以及民主法制建设来化解整合过程中出现的各种矛盾和冲突，在不断推进社会公平正义前提下，通过协调各种利益关系，使园区社会凝聚成一个有机社会整体。

三、园区社会建构与社会运行

在我国社会变迁中园区社会的建构，从本质上讲既是我国现代化的产物，又是现代化进程中社会发展的必然结果。我国社会分化与园区整合中形成的园区社会，是在不断向现代化方向转型中，借助于相应的制度建设、社会的良性运行而逐步实现的。关于社会运行，在功能主义看来，社会是一个由相互联系的不同部分组成的系统，而且任何部分都不能独立于整体而存在。任何部分所发生的变化都将会导致一定程度的不平衡，进而导致其他部分也发生相应的变化，最终导致整个系统发生一定程度的重组。

结构功能主义致力于研究最基本的问题：一个社会系统为了维持其存在，有哪些基本条件必须得到满足以及这些条件是如何得到满足的。结构功能主义认为，任何存在社会都具有一些基本的制度模式（结构），而这些制度模式之间发生着相互支持的关系（功能），从而保证了社会系统的生存。这意味着在结构功能主义立场上，社会系统的存在具有首要意义。因此，凡是有助于系统存在的因素、机制和过程都得到突出的强调和优先考虑，这也反映在结构功能主义的概念范畴体系中，经常强调的概念有：秩序、均衡、适应、稳定、整合、协调、维模等；而那些对于社会系统的存在具有威胁和破坏作用的方面却遭到冷遇和忽略，相应的概念范畴如压力、冲突、失调、变革等，在结构功能主义概念中即使被提到也只占无足轻重的地位。①

园区社会的运行和发展状态也像社会运行一样大体可以分为三种类型，即园区的良性运行、中性运行和恶性运行，与之相对应的是协调发展、模糊发展和畸形发展，其中协调发展是园区社会运行中所涉及的各个有机系统之间、各组成要素之间形成的相互依存、相互协调、相互促进的关系。这种关系需要通过动力机制、整合机制、激励机制、控制机制和保障机制来维持。通过对条件和机制的研究，结合我国现代化进程和改革开放的实际以及人们关心的问题，从而达到园区社会的良性运行与协调发展。

第二节　园区社会运行的状况与现实条件

对于高新技术园区，以往的学者更多地偏重于从经济或技术层面来研究园区建设问题，而忽视园区自身的社会性及其发展的社会意义。从社会学的视角考察园区建设，需要关注园区经济和社会的协调发展，对园区存在的社会性给予足够的重视，把园区作为一个园区社会来对待，考察园区社会运行的状况与现实条件。

一、社会运行及评价社会运行状态的原则

社会运行指社会有机体自身的运动、变化和发展，表现为社会多种要素和多层次子系统之间的交互作用及其多方面作用的发挥。社会运行包括纵向和横向两个方面：纵向运行是指社会变迁和发展，表现出经常、变异和中断等三种关系；横向运行是指社会发展的某一阶段上社会诸要素之间的相互作用，体现为交叉渗透、制约、促进和转化等关系。根据郑杭生教授提出的社会运行论，评价社会运行的状态主要有以下三个原则：综合性

---

① 贾春增：《外国社会学史》（修订本），中国人民大学出版社，2000年版，第214—215页。

原则、协调性原则和满足需要的原则。

（一）综合性原则

首先，指对社会运行评价的全面性，即对社会进行多系统、多因素、多层次的全面的考察；其次，指对社会运行评价的整体性。社会运行的状况最终要通过整体的运动表现出来，局部运行和发展的状况归根结底要通过它对整体所发挥的作用显示出来。整体效益是衡量社会大系统以及各子系统运行状态的重要依据。按照这一原则，社会发展在于追求社会运行中各个系统之间的最佳状态。

（二）协调性原则

社会系统及其各个要素、各个层次之间要相互配合。首先是结构性协调，即社会要素的联系具有较高的有序性、较合理的比例关系和排列方式、较严密的组织构成；其次是功能性协调，即社会各系统的活动和作用相互配合和促进；最后是结构和功能之间的协调，而这一原则表现为社会发展在于谋求社会运行中各个系统之间的协调一致。

（三）满足需要的原则

这是衡量社会运行状态的根本原则。人是社会的主体，是社会活动的承担者和社会运行的推动者。所谓社会运行是指人类自身的运行。评价社会运行状态最终要用人类自身发展的状态来说明，直接标志就是人类需要满足的程度。满足需要的程度应该是衡量社会运行状态最根本的原则，因此综合性原则和协调性原则，最终都要体现满足需要这一根本原则。

二、我国园区社会运行的状况

园区社会作为我国整个社会大系统中的子系统，也是一个有机整体，其内部存在着多种要素和多层次子系统，它们之间的交互作用和作用的发挥对园区社会的运行有着直接的影响。我们可以借用以上对社会大系统运行的研究成果来分析园区的社会运行。

（一）我国园区社会运行的基本状况

我国园区作为一个由自然、经济、社会、文化等多要素构成的新型社会形态，为实现园区社会良性运行创造了良好的社会条件。从社会转型角度分析，我国园区社会集中体现了改革开放和经济社会发展的成果，由区位、人才、技术、产业等方面构成的综合发展优势显著，由园区管委会形成的政府管理体制机制效果明显，已成为我国经济发展的强大引擎和新的增长点。相对于全国，园区社会在现代化建设中，无论是社会转型的速度和广度，还是社会运行的深度和向度，始终走在全国的前列，同时亦表明，我国园区社会总体运行一直处于社会良性运行状态。

（二）园区社会运行现实条件分析

第一，社会结构日趋合理，社会资源整体效用得到了很好的发挥。园区社会的建构在体制改革中具有"先行先试"的特征，因此在体制机制改革中也走在全国的前列，已初步形成了特具现代性的社会结构形式，以及相对稳定的经济结构、产业结构和就业结构。在社会运行中，与园区发展相适应的经济社会结构，消除了社会发展中可能存在的群体性排斥，有力地促进了社会的和谐与稳定。在这个社会结构下，园区社会在整合知识、信息技术、人才、产业等资源中，形成了相较全国的明显优势，使各种资源的整体效用得到了充分发挥，推动了人与自然、人与社会关系的和谐发展，以及园区社会的文明发展和进步。

第二，社会整合机制不断完善，社会成员、群体凝聚力明显增强。在园区社会一体化过程中，由高科技产业化所创造的生产力，为园区社会经济社会发展和社会良性运行提供了根本动力，同时也为园区社会整合创造了良好的物质条件。在这个基础上，借助于自下而上的社会成员之间互动过程所形成的良好的人际关系；借助于自上而下的以园区现代化建设为中心的认同性沟通所形成的社会认同感，不断强化园区各个方面、各个层次之间的功能联系，构成推动社会进步的内在动力和推动园区社会良性运行的重要社会条件。

第三，社会公平竞争环境不断优化，激发了社会成员的创造活力。社会公平正义是一个社会良性运行的重要前提，由园区先进文化所营造的创新文化环境，为园区建立权利公平、机会公平、分配公平、规划公平，竞争公平建立了最好的社会文化基础，由此形成的以人为本的发展理念，极大地调动了园区人的创造热情，使一切有利于科技创新、推动社会进步的愿望得到尊重，形成了推动园区社会良性运行的重要核心价值观念和文化力量。

第三节　影响园区社会良性运行的因素分析

在社会学的理论研究中，对社会运行的研究有不同的理论视角，有功能主义、社会要素或社会条件等不同的理论解释。我国园区社会运行总体态势良好，但同时也要看到影响园区良性运行的因素依然存在，实现社会良性运行还面临不少挑战。从理论上对影响园区社会运行的环境因素以及存在的主要问题进行分析和研究，有助于为我们寻求实现园区社会良性运行创造有利条件。

一、影响园区社会运行的环境因素

园区社会的运行涉及许多环境条件，实现园区社会的良性运行，需要持续创造推动社会良性运行的社会条件，从社会学研究来看，影响园区社会运行的环境因素主要有以下几个方面。

（一）园区社会人口环境因素

园区社会由科技工作者、创业者、园区管理者及广大园区建设者构成。根据园区现代化建设的发展要求，保持适度人口进行再生产，是社会运行重要的基础条件。针对园区高科技产业化形成的知识、技术、人才和高科技产业集聚的社会形态特点，对科技创新人才、创业人才、管理人才以及高素质的生产者和管理者等社会角色，做出适当安排，使不同的社会角色得到合理的配置，从人口数量、质量、结构三个方面做出战略性思考，通过适度控制人口数量、不断提高人口素质、全面优化人口结构，为园区社会运行创造有利条件。

（二）园区社会生态环境因素

园区社会运行离不开良好的生态环境支撑，虽然我国园区分布大多数是选择地理位置好、区位优势突出的地域而建立发展起来的，但是优化和完善园区的生态环境依然是园区建设的一个长期任务。按照我国可持续发展战略的要求，园区社会在现代化进程中，仍需按照建设资源节约型、环境友好型园区社会的目标，不断克服制约园区社会生态环境建设的各种问题，集约使用土地资源，合理配置发展资源、不断优化生态环境、推动人与自然协调发展、为园区社会运行提供有力的生态环境支撑。

（三）园区社会经济环境因素

园区现代化建设的根本任务是发展生产力。在高科技产业化中加快园区工业化与信息化的深度融合，创造数字化的生产力、网络化的生产关系，推动园区经济增长方式转变和产业结构的不断优化，依然是园区经济发展的重中之重。在社会基础上，一方面要在深化改革中建立市场化的经济运行新秩序，创造公平竞争的市场环境；另一方面要坚持以人为本的发展价值取向、培育人本化的市场经济精神。要深化分配体制改革、缩小收入差距、倡导公平正义、减少因分配不公所带来的利益冲突和不满情绪，为推动园区经济增长和经济运行创造良好的市场环境。

（四）园区社会政治环境因素

园区现代化不是某一方面的现代化，而是包括经济、政治、文化等多方面的现代化。要充分认识"发展是硬道理、稳定是硬任务"的科学发展、和谐发展的极端重要性，在园区体制机制改革中不断推进民主政治建设、民主法制建设，尊重园区社会成员的政治权力，搭建园区社会政治沟通、民主对话的平台，调动广大社会成员参政、议政的积极性，不断推进"大政府、小社会"向"小政府、大社会"转型，通过不断创造先进的政治文明，为园区社会运行提供政治保证。

（五）园区文化心理环境因素

园区社会生活是由物质生活和精神生活共同构成的。发展的要义在于不断满足人们物质和精神文化需求。要正确认识先进的园区社会文化在形塑社会主义主流价值观，培养园区创新文化、创新精神中的作用，要大力发展园区社会先进文化、不断改造落后文化，不断加强园区先进文化建设，创新园区文化。同时，要加快园区社会心理工程建设，协调人的生理、心理、社会、环境的关系，缓解人们自我应对社会变动所带来的心理压力，通过优化社会心理环境，不断提高园区社会成员的身心健康水平。

二、园区社会运行存在的主要问题

根据影响园区社会良性运行的因素分析，可以认为在园区社会现代化建设中，由于园区社会结构、运行机制、价值观念的转换，必然对园区社会运行带来转型效应的影响。从目前园区社会运行与我国社会总体运行现状比较来看，园区社会运行质量确实明显优于全国社会运行质量。但离现代化的目标要求还有一定差距，主要存在的问题表现在以下几个方面。

（一）人口结构不尽完善，影响园区创新活力

我国园区社会的建构，是依托知识密集、技术密集、人才密集和产业密集的优势，在不断推进高科技产业化过程中建立和发展起来的。这种特定的生活形态和人口构成的特征，决定了园区社会的人口素质高于全国平均水平。同时也要求园区社会在人口结构上要与园区现代化建设的人口结构的要素相一致，形成人口数量适度、人口质量偏好、人口结构合理的社会流动和人才流动机制，为社会良性运行创造条件。

从目前园区人口现状来看，在"一次创业"期间，由于为了加大招商引资力度，而弱化了入驻园区的企业标准，从而造成人口结构上的比例失调。进入"二次创业"之后，具有大专以上学历人员数和中高级职称人员数有了较大增长。但从由研究业、高科技产业、中介服务业、专业服务

业、社会服务业人员，以及政府和社会管理人员、居民等人口构成的人口结构和制度安排来看，大多数园区缺乏相应的人口规划和制度安排，也缺乏从园区社会运行视角整体审视园区社会的人口发展问题。

（二）生态环境不尽优化，影响园区生态文明

生态环境建设是园区现实建设的一项中心课题，也是围绕建设生态节约型、环境友好型园区社会的一项长期任务。它作为我国基本国策和园区社会运行、可持续的重要因素，已成为推动园区经济社会发展的重要环境基础和生态条件。

从我国园区生态环境建设总体情况来看，其综合评价指数高于全国平均水平，无论是硬件环境还是软件环境建设都取得了不俗的成绩。在资源利用方面，《国家高新技术产业开发区"十一五"发展规划纲要》指出，当时全国53个园区每平方公里土地上实现工业产值30亿元，实现工业增加值7亿元，出口创汇1.2亿美元，远高于全国平均水平。在倡导绿色和清洁生产、严格控制污染企业、推进环境管理体系认证和示范区建设中取得显著成效。凡此说明，园区生态环境建设有力地促进了经济、社会、自然与人的和谐发展，已成为建设生态节约型和环境友好型社会的典范。

在新的历史条件下，园区生态环境建设仍存在着不利于社会运行的环境和体制，一是部分园区土地集约利用率不高，粗放式增长的思维惯性和行为依然存在，创新推动园区经济增长模式尚未完全形成；二是对入驻园区的高科技产业认定不严、审批不细，使非高科技产业占用了部分土地资源，而使真正的科技产业项目和企业难以入驻园区；三是园区快速发展带来的土地、能源、资金、环境等要素制约问题日益凸显，重大项目招商面临选址困难，成为进一步推动园区建设的一大瓶颈；四是在发展资源消耗低、生态环境友好型企业方面尚有一定差距，一些低端高能耗、高污染、低附加值、破坏生态环境的企业未完全退出，相应地，劣势产业存量资源转移机制也未完全建立。所有这些方面不仅影响园区高科技产业做大做强，而且也不利于园区社会的良性运行。

(三) 经济结构不够优化，影响园区经济运行

在"十四五"期间，实现园区社会良性运行，必须在高科技产业化的条件下大力发展先进的生产力。因为园区工业经济、信息经济发展的状况以及所达到的总体水平，是影响园区社会运行的根本条件。

目前，我国园区经济建设发展势头良好，但影响经济发展的一些制约因素开始显现，一是土地资源以及年度用地指标日趋紧张，在空间上制约了高科技产业的进一步扩展，同时也反映出园区土地资源的合理开发有待进一步提高；二是创新驱动的发展方式不尽合理，依靠土地、资金等要素驱动发展的倾向依然存在，依附优惠政策和依赖外来投资的现象仍很普遍，从而制约企业的以自主创新为核心的内生动力的培育；三是园区产业结构严重趋同，不少园区"产业发展"集中在电子信息、生物工程领域，集中优势发展园区特色产业、支柱产业的动力不足；四是政府在促进园区产业发展中统筹协调能力不足，产业"孤岛"现象仍很突出，影响产业发展合力的凝聚。

(四) 法制改革相对滞后，影响政府作用发挥

政治是经济的集中体现，政治状况如何，对社会运行有直接影响。[①] 根据我国社会主义建设的历史经验，发挥政治优势，可为园区经济社会发展、促进社会运行提供有力的政治保障，也有利于园区在各项建设中更好地发挥政府作用。我国园区自创建以来，借助于已有的政治体制改革的成果，以及所形成的政治优势，为园区社会的建构、改革、发展和稳定奠定了重要的基础，为园区高科技产业化条件下的园区经济社会发展提供了重要的政治保证。

在我国园区进入"二次创业"之后，在园区运行管理体制改革和政策法规建设方面也取得了巨大进展。在科技部2002年发布的《关于国家高新产业开发区管理体制改革与创新的若干意见》中，确立了园区管理体制

---

① 郑杭生：《社会学概论新修》(第三版)，中国人民大学出版社，2003年版，第32页。

改革与创新的目标和原则,要求按"精简、统一、高效"原则推进管理机构职能转变;要求不断完善园区管理体制与运行机制,压缩管理层次、减少审批事项和简化办事程序;推进园区管理条例等相关法规的制定工作,进一步改善创新创业环境,使园区发展迈向法制化、规范化道路,在《国家高新技术产业开发区"十一五"发展规划纲要》中,要求继续完善国家高新区的管理体制和运行机制;完善园区政策体系,推动国家和地方立法,进一步明确国家园区的法律主体地位,明确法定权限。在实践中,国家园区管理机构规模只相当于一般行政区的1/4、1/5,工作人员只有行政区的1/8、1/10,北京、天津、上海等园区在地方立法、人事制度、投融资制度、知识产权制度、信用体系制度等方面率先进行了改革与探索,积累了丰富的经验。

虽然,园区管理体制、政策法规体系在深化改革中取得了巨大进展,但现有的管理体制和改革法规体系还不能很好地适应园区建设快速发展的要求。一是国家园区管理机构的法律地位和行政主体资格不够明确,在很大程度上制约了行政管理职能的发挥;二是园区管理体制改革相对滞后,由于缺乏应有的自主权,影响与此相关的管理制度、监督体系建设,进而影响管理职能的正常发挥;三是园区法律法规建设滞后于园区现代化建设,不仅影响园区管理机构依法行政、依法管理,而且也影响园区经济、政治、文化、社会和生态建设。管理体制和运行机制以及法律法规建设的不完善,必然为园区社会运行带来不利的影响。

(五)社会文化缺乏整合,影响园区创新活力

一个社会的"文化不仅具有决定生活方式的威力,而且具有形成个人性格特点、行为模式和观点态度的威力"。[①] 园区社会文化以及所形成的文化心理,是推动园区社会运行不可或缺的社会性基础和精神力量。

关于我国园区社会文化建设,在《国家高新技术产业开发区"十一

---

① [英]杰夫·卡特赖特:《文化转型——企业成功的基础》,郁启标等译,江苏人民出版社,2004年版,第29页。

五"发展规划纲要》中提出了加强文化建设,提升园区创新活力的重点任务。要求各个园区继续加强对园区内创新文化内涵的挖掘、凝练和提升,力争形成具有地方特色的国家园区的文化体系。北京中关村从20世纪90年代中期开始进入快速发展时期,高科技产业创新发展水平不断提高、产业集聚效应得到了很好的体现,其中一个重要因素,就是得益于在不断解放思想中转变观念,形成了独具特色的中关村创新文化,为中关村充分发挥人才密集优势和创新人才的聪明才干营造了一个良好的创新文化环境,并在实践中提出"勇于创新、不惧风险、志在领先"的中关村精神,形成了鼓励创业、宽容失败的创新创业氛围。我国其他园区在培育各自地方特色的园区文化过程中,不同程度地利用创新文化极大激发了园区的创新活力。

但从园区社会文化建设总体状况来看,与提高园区文化软实力和文化环境支撑力的要求相比还有一定差距,存在的主要问题:一是园区发展不平衡,不同地区的国家级园区在培育创新文化方面也存在着一定的差异,甚至有些园区对创新文化建设的重要性缺乏足够的重视,过度追求经济效益而忽略了文化建设;二是不同园区对地方特色创新创业文化的内涵挖掘不够,凝聚和提炼不足,不少园区尚未形成独具园区发展特色的园区社会文化体系;三是园区社会文化的影响力以及先进文化价值观念体现得不够充分,从而影响文化对人们价值观的塑造、对文化心理的引导、对各类组织的文化变革和管理创新。国内外园区建设的实践表明,先进文化对园区成长的作用是不容忽视的,不少园区因文化而盛,也有不少园区因文化而衰。因此,园区社会文化的存在,对园区社会运行的影响不可低估。

第四节 促进园区社会良性运行的思路

高新技术园区作为社会整体的一个子系统,它的运行与发展状态无疑对整个社会的良性运行和协调发展有着至关重要的影响。园区社会的运行涉及方方面面,促进园区的良性运行需要各个方面的努力和配合。从社会学视角来看，目前园区建设的突出问题是园区经济与社会发展的不平衡，人们对高新技术和经济效益的片面追求，甚至经济唯上导致了忽视园区自身的社会性及其发展的社会意义。所以，促进园区社会的良性运行可以从园区社会建设、社会管理和社会服务三个方面来分析。

一、优化人才结构，不断提高园区人口整体素质

园区社会结构，是以创新人才为核心、以高科技产业为主体、以生产高科技创新产业的劳动大军为基础，以各种服务型机构和组织以及工作人员共同组成的社会共同体。园区社会运行的质量和水平，在很大程度上受创新人才和人口数量、质量和结构的影响。根据园区社会运行和现代化建设的发展要求，在不断优化园区人才结构、提高园区人口素质方面可从以下几个方面做出努力。

（一）以人才为本，加强园区创新人才队伍建设

园区建设以人才为本。根据社会运行对人口素质的要求，以及提高园区自主创新能力的需要，应从以人为本的科学发展观出发，进一步加强园区社会的创新人才队伍建设。一是确立以人才为本、以人才立区的科学发展理念，形成尊重人才、尊重创造的社会文化氛围；二是加强人才管理制度建设，不断完善创新人才管理体制，建立和完善人才自主择业、单位自主用人、市场调节供求、社会保障健全、服务功能完善的人才市场；三是创新园区人才工作机制，不断完善人才引进的体制机制，利用安排专项基金等方式吸引高端人才，以优惠的人才政策吸引海内外优秀的创新创业人才；四是创新人才环境，不断完善人才激励机制，通过创新人才文化环境，为人才提供可发展的空间和资金支持，以及良好的工作生活环境，形成用产业造就人才、用环境凝聚人才、用机制激励人才的先进文化氛围。

（二）深化体制改革，不断优化园区人才结构

目前，我国园区已成为创新创业人才最集中的区域，据科学技术部发

展计划司《科技统计报告》统计，2008年我国园区企业现有从业人员716.5万人，其中大专以上人员为324.8万人，从事科技创新活动人员超过134.5万人，中高级职称人员达到97.2万人。但要保持园区社会强大的发展后劲，不断提高园区自主创新能力，仍需要不断加强高素质人才队伍建设，在不断优化园区结构上下功夫。一是要破除保守的文化守成以及各种有碍人才发展的体制障碍和制度壁垒，按照优化人才结构的要求，加强园区创新人才队伍建设；二是根据园区的功能定位，制定园区人才队伍建设规划，形成合理的年龄结构、学历结构、职称结构和专业结构。根据园区高科技产业化、商品化、市场化、国际化的发展趋向，形成人才结构合理、各类人才俱全、满足创新要求、适应市场发展的人才体系。

（三）提倡终身学习，全面提高园区人口整体素质

园区建设和社会运行离不开创新人才的有力支撑，又植根于园区社会人口素质的整体提高。提高人口素质的社会基础在于教育，所以发展经济要优先发展教育。广义的教育不仅包含各种学历教育，而且包含日益普遍的各类专业培训、职业培育、技术培训和管理培训。在这个意义上，培训是一个社会、一个组织最好的福利待遇。这种福利叫"精神福利"。它有助于满足人们的精神文化需求，也有助于从根本上提高人力资源的整体素质和能力。在我国园区建设中，提高人口的整体素质，一是在学习型社会倡导终身学习、终身教育的发展理念，在建设学习型园区、学习型组织、学习型企业过程中，把学习作为园区现代人的一种生活样式，使每个园区人在学习工作化、工作学习化的环境中，素质得到提升、能力得到增强；二是不断推进形成学习型社会的良好氛围，使家庭的道德教育，学校的道德和知识教育，企业的敬业精神、职业道德教育，社会的文明、公德教育融为一体，为全面提高园区人口素质创造良好的社会文化环境。

二、转变发展方式，不断推进园区发展的协调性

根据科学发展理念和社会良性运行的要求，所谓发展，不仅仅是经济发展，以及高科技产业化的园区经济发展方式，还包括科技与经济、经济

与社会、人与自然、人与社会的协调发展。因此，园区作为特具现代性的社会实体，在增进其现代性品质和特征方面，必须按照科学发展观的要求，通过创新思维方式、创新发展理念、创新改革举措、转变发展方式，为园区社会运行创造良好的经济环境条件。

（一）正确处理经济增长与人、自然和社会的关系

目前，我国园区已成为所在城市和地区经济发展的新的增长点，以及转变发展方式的强大引擎。但真正实现园区社会经济发展方式的转变，是现代化建设中一个历尽艰辛的转折、变化过程。其中的关键问题，就是要坚持科学发展，在推动经济增长的同时，促进经济与社会、人与自然、人与社会的协调发展。一是在经济发展中，要注意发展速度、质量和效益的统一，不能只讲速度、不讲质量，只讲发展、不讲效益，要防止经济增长的负效应，在发展举措上促进经济与社会的协调发展；二是在经济发展中，要注意人与自然的和谐发展，经济发展不能以牺牲后人利益为代价，在具体举措上，彻底清退污染企业，推进节能减排、发展循环经济，在推动经济又好又快发展的同时，为人们创造一个良好的生态环境；三是在经济发展中，要注重人与社会的和谐，发展的要义在于推动人的发展。因此在经济发展的基础上要更加重视社会建设，关注民生，不断推进园区各项社会事业发展。

（二）优化产业结构，进一步提高园区产业化水平

我国园区已历经30余年的发展，在推动园区工业化、信息化进程中，依靠高科技产业化的方式创造了前所未有的生产力。随着园区现代化建设的不断前行，已有的产业发展存在的问题逐步显露出来。这就要求园区在转变发展方式的同时，加快推进产业结构的优化。一是改变园区产业定位的趋同现象，利用不同园区的产业优势，形成特色化、规模化、集群化的产业集群，形成全国不同园区产业的合理布局；二是创新驱动发展模式，确立园区的支撑产业和主导产业，依靠自主创新和内生机制，把特色产业做大、做强，形成拥有自主知识产权和品牌的大企业、大集团公司；三是

在优化产业结构中,加快运用高新技术、信息技术对传统产业的改造进程,推动产业结构优化升级,提升园区产业整体水平;四是大力发展园区对经济增长有突出带动作用的高科技产业,发挥这些产业的引导和带动作用,提高园区产业的国际竞争力。

(三) 坚持公平正义,正确处理发展中公平与效率的关系

实现园区社会良性运行,经济增长及其所创造的经济环境是一个根本条件。推动经济增长需要建立一个有序的市场运行秩序,同时还需要建立一个体现社会公平正义原则的分配机制。为此,在园区经济运行中,必须协调好经济与社会的关系,在处理公平与效率关系方面,一是依靠科技创新大力发展生产力,为园区社会发展奠定重要的物质基础,在这个意义上,以经济建设为中心始终不能转变;二是在园区科学发展中,既要重视经济发展,又要注重社会公平,既要把蛋糕做大,又要把蛋糕分好,借助园区先行先试的改革优势,加快分配体制的改革,缩小园区社会成员的收入差距,使发展成果惠及全体人民;三是处理好发展与就业的关系,通过园区再产业化扩大就业,把就业这个民生之本放在更加突出的重要位置切实做好,同时要加强社会保障体系建设,依靠公平分配、充分就业、社会保障所提供的社会支持,提高园区社会成员的福祉。

三、加强政府作用,提高园区公共管理和服务水平

我国园区是在政府主导下建立和发展起来的。政府作为一种可支配其他社会资源价值的力量,在园区社会建构和运行中发挥了极其重要的作用。"政府通过支持园区企业 R&D 投入;提高办事效率和服务水平;增加有利于创新创业发展的制度供给;创造公平竞争的环境和完善的法律环境,来影响园区竞争力的形成与发展"[①],从而为园区社会运行提供支撑。随着园区管理体制的创新,政府在园区公共管理方面的作用将日益突出。

---

① 李琳、陈晓红:《基于高新技术产业集群的高新区竞争力评价指标体系研究》,《社会科学家》,2005 年第 3 期。

在发挥政府公共管理作用方面可以从以下几个方面做出努力。

（一）深化体制改革，不断完善政府公共管理职能

我国政府在经济社会发展中，从事的是事业，掌管的是公共财政，提供的是公共管理和公共服务。所谓公共管理，就是依照法律赋予的权利，整合社会资源，处理公共事务，满足公共需求，实现公共利益而进行的管理活动。园区社会的管理机构作为所在地级市以上人民政府的派出机构，根据授权行使同级人民政府行政审批、经济协调与管理等职能。在园区社会的现代化建设中，一个社会的现代化不应仅体现为经济、科技现代化，还应体现为政府管理的现代化。① 所以，实现园区政府管理现代化，一是需要进一步深化管理体制改革，不断完善园区的法律体系，从国家层面立法来明确园区的法律地位和派出机构的行政主体地位、资格和职权，使其名正言顺；二是在现有体制下，先行先试加快园区管委会管理体制改革，建立精简高效的管理体制和运行机制，为园区社会运行提供支持；三是根据园区现代化建设的发展要求和变动趋势，强化政府的公共管理职能，由"权力本位"向"责任本位"转变，在履行政府职责中，提高公共管理的水平。

（二）发挥政府作用，为园区建设提供良好的发展环境

在我国园区社会建构和运行中，政府作用及其"较强的公共管理竞争力不但具有很大的社会、经济效益，而且还起到促进园区经济发展和提高国际竞争力水平的作用"。② 园区政府的作用，主要是通过发挥公共管理和服务的职能体现出来的。在当前，根据园区现代化建设和"二次创业"的发展要求，发挥政府公共管理作用最重要的着力点，还是为园区建设创造良好的发展环境。一是在深化园区管理体制改革中，加快政府职能和角色转变，把管理的重心转移到制定政策、制度创新和优化园区创新环境上来，不断提高园区的环境支撑力；二是利用政策法规优势，不断优化园区

---

① 林尚立：《论职能转变基础上的政府再造》，《社会科学》，1993 年第 1 期。
② 王林雪、张丽娜：《我国高新区国际竞争力评价指标体系初探》，《科技进步与对策》，2005 年第 7 期。

的自主创新环境、产业政策环境、公平竞争的市场环境,通过不断优化园区的软硬环境,吸引和集聚人才,培育内生发展动力,推动高科技产业发展;三是依靠政策优惠和法律法规的完善,在推动园区的创新驱动发展中,集中优势形成以"特色"产业为主导的产业集群,成为产业结构调整和技术升级的强大引擎。

(三)建设服务型政府,保障公共服务、公共产品的供给

在政府公共管理中,增强政府公共管理能力、提高公共服务水平,在我国政府加强自身建设中,提出了建设服务型政府的发展要求。因为"政府产生、存在的目的是公共利益、公共目标、公共服务以及创造具有公益精神的意识形态等"①。所以,建设服务型政府,所倡导的就是在管理中服务,在服务中管理的创新理念,体现的是以管理为手段、以服务为目的的管理宗旨。园区管委会作为政府派出机构,在建设服务型政府和提供公共产品方面应从以下几个方面做出努力:一是克服以往政府公共管理的思维惯性,确立有限政府的新理念,加快实现从管理型政府向服务型政府转变,从强制性工作方式向引导式工作方式转变,在公共服务方面打造园区社会的服务权威;二是整合园区社会资源,在提升园区创新能力、加强人才队伍建设、提高产业国际化水平、促进园区和谐发展等方面加大政府公共服务的投入力度,还要建立规范高效、服务优良的服务体系和运行机制;三是根据园区对公共服务产品需求的与日俱增,在加大科技投入的同时,满足园区社会在教育、医疗、公共卫生、住房、休闲、娱乐等方面的需求,不断提高公共服务和公共产品的供给效率。

四、推进社会体制改革,加强和创新园区社会管理

在园区社会现代化建设中,社会运行是一个相互联系的整体系统,影响社会运行的因素一方面与各因素的结构功能相联系,另一方面又与社会

---

① 祝灵君、聂进:《公共性与自利性:一种政府分析视角的再思考》,《社会科学研究》,2002年第2期。

运行构成条件和相关因素的发展密切相关。推进园区社会体制改革，是当前建设"小政府、大社会"改革方向的必然要求。在园区社会体制改革中，加强社会建设，创新社会管理，是促进园区和谐发展、良性运行的一项重要任务。

(一) 在经济发展基础上，更加重视社会建设

在党的十六届五中全会上通过的《中共中央关于制定国民经济和社会发展第十一个五年规划的建议》中，首次把社会建设同经济、政治、文化建设并列提出，从国家战略规划的高度明确了社会建设的重要地位和特殊使命；党的十六届六中全会系统地提出社会建设的概念，并明确提出了打造创新型国家和构建社会主义和谐社会的重大战略目标任务；党的十七大报告进一步指出"社会建设与人民幸福安康息息相关，必须在经济发展的基础上，更加注重社会建设"。加强园区的社会建设，构建和谐园区，推进园区的良性运行。

第一，开展园区社会建设，要在广泛社会动员的情况下，以构建和谐园区社会为目标，主动吸纳各种社会力量积极参与园区社会建设，在倡导平等对话、互利共赢的前提下从建设性的共同利益出发，共同向着和谐园区社会所要求的目标转化。

第二，开展园区社会建设，要在整合社会资源的过程中，以维护园区社会秩序为指向，有针对性地化解园区社会冲突、增进园区社会融合，在倡导园区社会团结、推动园区社会进步的前提下，实现园区政府主导下的社会资源的理性整合，共同开创园区社会建设的新局面。

第三，开展园区社会建设，要在全面推进园区社会事业建设中，以园区社会的公共利益最大化为宗旨，强化园区社会管理，增强公共服务意识，在倡导园区社会公平、推进园区社会正义的前提下，使园区社会事业建设更好地服务于园区社会和群众，形成与园区社会发展相适应的园区社会管理机制。

第四，开展园区社会建设，要在不断完善园区社会功能中，以强化园区社会治理为使命，调整园区社会结构，完善园区社会功能，在倡导园区政府

与园区社会共同治理的理念下,推动园区社会中介组织健康发展,逐步形成由园区政府、社会组织和社会成员构成的功能齐全的园区社会治理机制。

(二) 在注重社会建设中,创新加强园区社会管理

党的十七大报告指出,"健全党委领导、政府负责、社会协同、公众参与的社会管理格局,健全基层社会管理体制。最大限度激发社会创造活力,最大限度增加和谐因素,最大限度减少不和谐因素"。社会管理重要性的凸显,是我们改革发展进入关键期的必然结果。任何一个稳定、和谐、发展的社会都离不开有效的社会管理,园区社会也不例外。园区社会管理,就是通过制定社会政策和法规,依法管理和规范社会组织、社会事务,化解社会矛盾,调节收入分配,维护社会公平正义、社会秩序和社会稳定。这既是弥补"市场失灵"的必然要求,也是协调各种矛盾与冲突的必要前提。

第一,加强园区社会管理,需要整合园区内部的社会管理资源,转变园区政府的社会事务管理职能。一方面,园区要明确政府和社会组织的管理权限,保证相互不越位,避免多头多层、交叉重复管理,实现社会管理资源的有效整合;另一方面,创新政府与园区社会的关系,在政府与园区社会之间建立制度化的沟通和互动机制,积极发挥园区社会中介组织的职能,同时将大量的公共事务交由园区社会自行管理,使园区政府的角色实现由"划桨"向"掌舵"转变。

第二,加强园区社会管理,需要扩大社会管理的主体,实现社会治理结构的改革和突破,完善社会管理体系。园区社会管理要致力于改变目前政府转型滞后、管理职能错位、服务功能缺位的状况,变以往"政府主导"的社会管理模式为"党委领导、政府负责、社会协同、公众参与"的新型社会管理格局和模式,从而保证社会管理主体的多元化,形成政府与群众共同管理园区社会的"善治"格局。

第三,加强园区社会管理,要进一步强化应急管理基础工作,建立健全预警机制和应急管理体系。园区社会应努力提高应急管理能力,强化预警管理,保证应急管理机构组建到位,完善预案体系,在园区内部建立快

速通畅的响应机制，防患未然，将社会风险控制于萌芽状态，尽最大可能控制各种突发事态的恶化和蔓延，把因危机造成的损失降到最低限度，从而最大限度地保证和推动园区社会的良性运行。

第四，加强园区社会管理，应建立健全与社会保险、社会救助、社会福利和慈善事业相衔接的社会保障体系。社会保障体系既是园区经济发展的推进器，又是园区社会稳定和谐的安全网和减震器。园区通过实施职工养老保险制度，建立失业保险制度，推进医疗保险体制改革等措施来加快完善园区社会保障体系，从而有利于解除园区内部员工和群众的后顾之忧，改善园区成员的心理预期，推动园区经济社会持续快速发展。

（三）在加强社会管理中，推进园区社会服务发展

社会服务，就是提供公共产品和服务，包括加强城乡公共设施建设，发展社会就业、社会保障服务和教育、科技、文化、卫生、体育等公共事业，发布公共信息等，为社会公众生活和参与社会经济、政治、文化活动提供保障和创造条件。社会服务以合作为基础，强调政府的服务性，强调公民的权利。当前，虽然园区政府不断加大对园区社会事业的投入，使社会服务获得了长足的发展，但是，与园区经济的发展水平和园区群众日益增长的物质文化需求相比，社会服务设施不完善、社会服务能力不足等问题日趋明显。因此，推进园区社会服务是目前园区社会迫切需要解决的一个关键问题。提高园区社会服务水平，必须坚持科学发展观，立足于社会公平和正义，推进园区社会服务的社会化，增强园区政府自身建设，提高园区政府社会服务水平。

第一，推进园区社会服务，要求加快园区政府由"管理型政府"向"服务型政府"的转变。这既是立足于和谐社会的应有之义，又是构建和谐园区的关键所在。我国学者刘熙瑞认为"所谓服务型政府，是在公民本位、社会本位理念指导下，通过法定程序，按照公民意志组建起来的以为

公民服务为宗旨并承担服务责任的政府"。① 服务型政府本质上是效能政府，变"全能政府""无限政府"为"责任政府""有限政府"，其主要职能是为各类社会活动主体进行相关社会活动提供一个公平、合理、有效的机制，以保证园区社会秩序的稳定、和谐。一方面，园区政府应为园区提供公共产品（包括教育、文化、公共卫生等），特别是制度性公共产品，服务于园区社会；另一方面，园区政府应寓管理于服务之中，更好地为基层、企业和园区成员服务。

第二，推进园区社会服务，要求建立健全园区的中介服务机构，为园区发展提供全方位的社会服务。一方面，园区政府要大力支持中介机构的发展，健全中介服务机构的种类，特别是要促进建立一批适应高新技术产业发展的特殊性和专门需要的专业社会服务机构，为园区社会在融资、人才引进、技术开发、培训、企业战略等方面提供咨询、信息服务；另一方面，规范政府与中介机构的关系，正确定位园区政府的作用和职责，把那些应由中介服务机构承担的社会事务切实交给中介服务机构来管理，同时，中介服务机构也要找准自己的位置，使自己真正成为独立的社会服务机构。

第三，推进园区社会服务，要求群众参与社会服务，不断推进园区社会服务社会化。由于目前园区的社会服务大多由园区政府直接管辖、直接办理，这种格局下的体制制约、机制不活等问题日益暴露。解决这一问题的出路在于扩大园区社会公众的参与，推进园区社会服务社会化。一方面，提高政府信息的公开化程度，畅通民意表达渠道，鼓励园区成员参与园区社会公共事务，确保及时了解园区群众的意见和建议；另一方面，为园区成员参与园区社会服务创造宽松自由的舆论公共空间，使园区政府在积极宣传自己政策、方针的同时也使政府决策获得更多的合法性支持，促进和保障园区成员有效地参与社会服务。

---

① 刘熙瑞：《服务型政府——经济全球化背景下中国政府改革的目标选择》，《中国行政管理》，2002年第7期。

第三章 园区社会运行与创新文化建设

高新技术园区作为高科技产业的基地，其发展不仅需要高科技及其产业发展来支撑，而且需要文化力量强有力的支撑。文化建设是高新技术园区建设非常重要的方面，是影响园区社会运行的重要因素。世界各国高新技术园区的运行发展状况与园区文化建设、园区的文化力量息息相关。园区社会文化是一个复杂的系统，包含着很多文化元素，其中创新文化是园区文化建设的核心，也是园区发展最根本的内在动力。

第一节 园区社会文化建设的特征

文化建设是园区环境建设的核心，适合园区发展的具有园区特点的文化建设为园区发展提供了强大的精神动力、智力支持和价值坐标。正如吴敬琏所说：决定一个国家、一个地区乃至一个企业高新技术发展状况的最主要的因素，不是物质资本的数量和质量，而是与人力资本潜力发挥相关的经济组织结构和文化传统等社会因素。

一、文化及园区文化的内涵

（一）文化的内涵

文化是一个宽泛的、有着多种含义的概念，不同学者对文化做出了不同界定，而且文化的含义可以因社会的发展、知识的增长以及观察角度的不同而存在差异。作为一个发展的概念，文化至今尚无统一的定义。最早给文化以明确定义的是英国人类学家泰勒,他在 1871 年出版的《原始文化》一书中指出:"文化或文明是一个复杂的整体,它包括知识、信仰、艺术、伦理道德、法律、风俗和作为一个社会成员通过学习而获得的任何其他能力和习惯。"泰勒的文化定义侧重于精神领域。马林诺夫斯基在 1930 年出版的《文化论》一书中指出:"文化是就那一些传统的器物、货品、技术、思想、习惯及价值而言的,社会组织是文化的一部分。"他明确将文化分为物质的和精神的。

综合学者对文化做出的定义可以看出,文化有广义的文化和狭义的文化之分,广义的文化是指人类创造的一切物质财富和精神财富的总和。狭义的文化则是指语言、文学艺术、意识形态等精神财富的总和。

就形式来看,包括以下几个方面:一是精神文化。精神文化是文化中最有活力的部分,它是人类创造活动的动力。精神文化主要指科学知识、宗教、艺术、伦理道德以及价值观念等,其中价值观念是精神文化的核心。二是语言和符号。语言和符号是文化积淀和存储的手段,是社会成员互动的基本工具。三是规范。规范是人的行为准则,规范有约定俗成的,如风俗;也有明文规定的,如法律条文。四是社会关系和社会组织。社会关系是文化的基础,社会关系的确定,要有组织保障。五是物质文化。物质文化是指经过人类改造的自然环境和由人创造出来的一切物品,它凝聚着人的观念、需求和能力。

(二) 园区文化的内涵

园区文化是园区人在科技创新和产业化发展中创造出来,并在人们的学习、继承和运用中而不断积累和发展起来的。园区文化是根植于园区发展,以高新技术成果转化实现高新技术产业化、商品化、国际化服务为主要性质的新兴的地域文化。它表现为园区成员所共同遵循的价值观念、思维方式和行为准则,以及共同营造的与高新技术产业相吻合的工作环境等。

按照功能结构的不同,园区文化分为精神、行为、制度和器物四个层次,这四个层次相互联系、相互作用,共同构成园区文化的有机系统。尽管不同的园区处在不同的地域和社会环境下，不同的园区在体制、规模、发展方向、发展速度上也存在相当大的差异性，但园区智力密集、高技术产业比例较大、创新能力强的共性使园区文化呈现一些价值观上的共性。诸如：勇于探索、艰苦奋斗、勇于承担风险、竞争与合作、宽容与开放、以人为本、追求卓越等。园区的文化构成了园区人共同的信仰和价值，同时也引导着园区成员的行为和生活习惯。

我国高新技术园区文化，在借鉴、继承、创新和发展优秀人类文化的过程中，逐渐形成了面向现代化、面向世界的开放和发展格局，不仅创造了新技术、新产品，而且创造了新的园区容貌、新的园区文化以及园区人的精神，并使之成为我国园区发展的巨大财富。园区文化一旦形成，就会在方方面面潜移默化地影响园区的建设和发展。园区文化的繁荣为园区注入了新的活力，它所构成的强大凝聚力，极大地推动了园区产业的发展。目前，园区发展已进入"二次创业"阶段，更需要加强园区文化建设，创新先进文化，为园区经济与社会发展提供强大的精神动力和智力支持。

二、园区文化的个性特征

园区文化是适应园区发展、促进园区发展而产生的地域文化，它有自己的生长土壤和发展环境，有自己的目标任务，相较于其他文化，自然具有自身的特殊性和个性。主要体现在以下几个方面。

（一）创新性

创新是高新技术园区文化建设的主体，这是由园区本身的特性所决定的。园区是以研究、开发和生产高技术产品，培育高技术企业和产业为内容的，在此过程中如果没有创新意识的火花迸发，就没有园区的发展与进步。同时，园区作为高新技术企业的集聚区，面临的竞争异常激烈，需要通过持续不断的创新行为来加以支撑。创新是园区健康持续发展的生命线，因此，园区文化的首要特征是创新性，园区文化崇尚创新、鼓励创新。

(二) 人本性

园区的第一资源是人才资源，园区文化只有以人为本，为人的发展提供良好的环境才能对各类人才形成吸引力。园区文化的人本性主要体现在：一是造就激励人、鼓舞人、引导人和完善人的软环境。二是形成鼓励冒险，宽容失败，尊重劳动、尊重知识、尊重人才、尊重创造的创业氛围。科技成果在其孵化与产生过程中不可避免会出现失误，中小型企业和个人在创业探索过程中也难免出现失误，宽容失败、尊重创造，才能更好地促进创新活动的开展和新成果的产生。三是为员工营造宽松的工作环境。高新技术企业的员工学历高、智商高、知识水平高，从事的是创造性的劳动，因而对于他们的管理不能采用对一般生产工人那种"纪律约束""物质激励"等简单的管理办法，必须坚持以人为本，采用知识管理模式，营造宽松的工作氛围和生活环境，以充分调动员工的积极性和创造性。

(三) 开放性

园区文化是开放的文化，是对中西文化、古今文化兼收并蓄、继承创新、融会贯通、互动整合，适应于园区发展的文化。我国高新技术园区是在借鉴国外创建高科技园区经验的基础上，结合我国的具体国情而发展起来的。所以园区文化在形成过程中，借鉴了世界园区文化的有益的东西，同时结合自己的特色而不断发展。随着世界经济一体化步伐的加快，高新技术产业的国际化趋势日益明显，需要对外来文化兼收并蓄。

(四) 竞争性

园区作为市场经济发展的实验区，竞争早已为园区各主体所接受。园区与园区外其他行政区的竞争，园区内企业间的竞争，管理人员的竞争上岗，以及园区内产品以竞争的方式抢占市场等，都体现了园区是一个充满竞争的新区域。园区是中国高新技术与世界各国高新技术进行激烈竞争的平台和主战场。园区文化的竞争性是园区得以在激烈的竞争中生存和发展的力量之源。

第二节　建设创新型园区的创新文化

园区企业成长是以创新为核心的,它既离不开创新人才、创新技术的培育,也离不开创新组织、创新机制的支持,这就决定了园区企业成长中所需要的企业文化应该是以创新为核心的企业文化。创新是高新技术园区永恒的追求,创新文化建设是园区文化建设的核心,是园区发展最根本的内在动力,最能突出园区的文化特色。

一、创新文化

尽管园区创新包括方方面面,但鼓励创新的文化始终是创新的源头活水。因为不论是技术创新、组织创新还是其他方面的创新,其前提都是没有文化障碍和束缚。

所谓创新文化是科技活动中或组织活动中产生的与整体价值准则相关的群体创新精神及其表现形式的总和。从动态上说,创新文化是组织成员开拓进取、锐意改革的"心态"与企业宽容自由、开明开放的"生态环境"反复协调、不断融合产生的成果;从静态上说,创新文化是企业内、外部多种社会关系的总和,包括企业管理者对创新的支持、保护,企业员工对创新的推崇,对新事物的热爱,对变革的热衷与积极投入,强烈的自我实现需求以及组织整体对创新行为的理解、对失败的宽容,等等。[1]

二、园区创新文化建设

推行创新文化建设,营造良好的园区创新文化环境,是园区持续发展的根本所在。就园区创新文化建设来看,主要包括以下六个方面。

(一)构建园区创新文化环境

为创新主体营造一种创新欲强、敢于探索冒险、勇于标新立异、善于

---

[1] 林淑:《高技术企业创新文化发展模式初探》,浙江大学硕士论文,2002年。

开拓进取的环境；一种创新主体之间乐于团结协作、既竞争又能共享信息和成果的环境；一种能够容忍失败、能够给创新者自由的创新空间的环境。

（二）确立有园区自身特色的文化定位

每个高新园区的成功无不得益于创新文化的培育，但文化是不能复制和模仿的，每个园区所处的地域不同、社会环境不同、发展的阶段不同、发展的目标和任务不同，决定了其构建的创新文化也不同，适合自己、适合环境的创新文化就是好的。比如深圳高新区倡导"敢于冒险、勇于创新、宽容失败、追求成功、开放包容、崇尚竞争、富有激情、力戒浮躁"的创新文化。中关村科技园区大力弘扬"科学民主、与时俱进"的理念，"勇于创新、不惧风险、志在领先""自主创新、产业报国"的精神，以及"鼓励创业、宽容失败""科技创造财富"的文化。根据园区自身的特点确立的创新文化才能发挥引导作用，进而推进园区创新活动。

（三）培育沟通网络，促进非正式交流

随着社会发展，非正式交流正以其自由宽松的氛围、高频率、多渠道、传播内容的多样性等优势促进创新活动的发展。研究表明：创新欲望与创新活动大多源于人们的非正式交流和沟通。只有通过增进人与人之间的交流，尤其是提高不同学科背景的人才之间思想碰撞的频率，才能增强创新的活动能力。为此，许多园区通过建立各种协会、学会、沙龙、俱乐部等方式，提供便于交流的物质条件，促进人与人之间的沟通和交流。

（四）强化创业文化建设

园区创业文化包括以人为本的理念、企业家精神、容错机制、竞争合作以及对人才的激励等。创业文化是园区创新文化的一部分，它构成了园区文化的最深层，是园区持续发展的文化基础。很多园区在推进孵化器建设的同时也格外强调与此相关的文化氛围的培养。

（五）培养团队创新和文化联盟

知识经济时代的组织创新是一种整合化、综合性的潜能创新和力量创新，是一种团队协作的结果，最终以整体创新的形式显现出来。因此，高科技园区企业家在组织自身整体创新的基础上，敢于突破原有的组织结构形式，与其他组织建立"知识联盟"和"文化联盟"。诸如组织与客户、供应商、高等院校、科研单位等建立新的团队组织，加强交流与合作，弥补组织自身知识的不足，实现人力资源的"虚拟配置"，推动组织发展。

（六）构建学习型园区

随着现代社会发展步伐的加快，知识更新的速度加快，使"知识老化"周期大大缩短，这就需要树立终身学习观念。学习是创新的动力，学习型组织是知识经济的社会基础，园区作为知识经济的载体，应注重形成学习条件、倡导学习氛围，注重精神面貌和价值观重塑。许多园区针对自身实际情况，提出建设学习型园区的目标和任务，将建立学习型组织作为园区创新文化建设的重要内容。

第三节 创新园区文化的功能价值和意义

一、园区文化的构成

园区文化通常由以下四层构成。

第一层是表层的物质文化。园区文化的物质层也叫园区的物质文化，它是由园区企业员工创造的产品和各种物质设施等构成的器物文化，是一种物质形态的表层园区文化。园区企业生产的产品和提供的服务是企业生产经营的成果，它是企业物质文化的首要内容。其次是园区企业创造的生产环境、企业建筑、企业广告、产品包装与设计等，它们都是企业物质文化的主要内容。

第二层是幔层的行为文化。园区文化的行为层又称为园区行为文化。园区行为文化是指园区企业员工在生产经营、学习娱乐中产生的活动文化。它包括企业经营、教育宣传、人际关系活动、文娱体育活动中产生的文化现象。它是园区企业经营作风、精神面貌、人际关系的动态体现，也是企业精神、企业价值观的折射。

第三层是中层的制度文化。园区文化的制度层又叫园区的制度文化，主要包括园区企业领导体制、企业组织机构和企业管理制度三个方面。企业领导体制的产生、发展、变化，是企业生产发展的必然结果，领导体制特别是领导人的管理理念和管理风格对企业文化的影响极大。企业组织机构，包括正式组织机构和非正式组织机构，是企业文化的载体。企业管理制度是企业在进行生产经营管理时所制定的、起规范保证作用的各项规定或条例，需要特别指出的是，具有强制约束力的制度在企业文化特别是行为文化的形成过程中发挥着十分关键的作用。

第四层是核心层的精神文化。园区文化的精神层又叫园区精神文化，相对于企业物质文化和行为文化来说，园区企业精神文化是一种更深层次的文化现象，在整个企业文化系统中，它处于核心地位。园区企业精神文化，是园区企业在生产经营过程中，受一定的社会文化背景、意识形态影响而长期形成的一种精神成果和文化观念。它包括园区企业精神、企业经营哲学、企业道德、企业价值观念、企业风貌等内容，是企业意识形态的总和。它是企业物质文化、行为文化的升华，是企业的上层建筑。

二、园区文化的功能分析

任何文化作为社会发展现象都有其独特的功能，作为园区文化，其功能会对园区人的社会生活和个体或群体发展产生积极的影响作用。如上所述，园区文化是由多要素构成的复合体，表现为不同层面的文化，因而其功能也不是单一的，而是多样的，具体来讲，园区文化的功能体现在以下几个方面。

(一) 导向功能

导向功能就是通过它对园区企业的领导者和职工起到引导作用，主要体现在以下两个方面：一是经营哲学和价值观念的指导，经营哲学决定了园区企业经营的思维方式和处理问题的法则，这些方式和法则指导生产经营者进行正确的决策，指导员工采用科学的方法从事生产经营活动；二是园区内企业目标的指引，企业目标代表着企业发展的方向，没有正确的目标就等于迷失了方向。完美的企业文化会从实际出发，以科学的态度去订立有可行性和科学性的发展目标，企业员工在这一目标的指导下从事生产经营活动。

(二) 约束功能

约束功能主要通过完善管理制度和道德规范来实现。一是有效规章制度的约束，园区企业制度是园区企业文化的内容之一，园区企业制度是企业内部的法规，企业的领导者和企业职工必须遵守和执行，从而形成约束力；二是道德规范的约束，道德规范是从伦理关系的角度来约束企业领导者和职工的行为，如果人们违背了道德规范的要求，就会受到舆论的谴责，心理上会感到内疚。

(三) 凝聚功能

园区企业文化以人为本，尊重人的感情，从而在企业中形成了一种团结友爱、相互信任的和睦气氛，强化了团体意识，使企业职工之间形成强大的凝聚力和向心力。

(四) 激励功能

共同的价值观念使每个员工都感到自己存在及其行为的价值，自我价值的实现是人的最高精神需求，这种需求必将形成强大的激励。他们会加倍努力，用自己的实际行动去维护企业的荣誉和形象。

了解和认识园区文化的功能，有利于最大限度地发挥这种功能的作用，不断推进园区文化建设。在我国现代化发展的关键时期，园区建设及企业健康成长离不开先进文化的润泽。从美国硅谷的创新文化到我国中关村文化的建设表明，创新文化的每一次深化都会有力地促进企业的人才、技术、组织、管理和机制的创新，支撑园区企业的健康发展。

三、园区文化建设的重要意义

我国高新园区作为高科技产业的基地，其发展离不开高科技及其产业发展的支撑，也需要园区文化强有力的支撑。园区文化一旦形成，就会在方方面面潜移默化地影响园区的建设和发展。加快园区文化建设对园区建设有着重要的现实意义。

（一）园区文化的繁荣有助于推动园区经济的发展

一个健全的社会结构，是由经济、政治、文化和社会四个层面构成的，它们之间既相互独立、自成系统，又相互关联、互成系统。经济与文化作为人类的两种基本活动方式，通过与一定历史社会环境中与人的具体活动紧密联系起来，它们互为因果、互为条件、彼此渗透，形成一种共生互动的关系格局。从现代经济的发展趋势来看，经济发展中的文化含量即文化附加值越来越高，呈现出经济文化一体化的趋势。随着经济生活的不断发展，文化因素越来越明显地渗透于经济领域中，人们越来越感受到经济现象总是在直接或间接的层面上，表征着某种文化精神，展现着某种文化特质。文化是经济发展的动力和源头。从世界创办园区成功的经验来分析，繁荣园区文化有助于推动园区经济的发展。园区文化的繁荣为园区建设注入了新的活力，它所构成的强大凝聚力极大地推动了园区产业的发展。目前，我国高新技术园区的发展已进入"二次创业"阶段，需要创造先进的文化为园区经济发展提供强大的精神动力和智力支持，通过经济和文化的协调发展，保证园区持续快速发展。

（二）发展园区文化有助于提高园区人整体素质

高新技术园区发展需要依托创新推动发展，创新需要人才，同时也离不开园区人整体素质的提高。园区人整体素质的提高，离不开文化建设。从文化建设的教育功能来说，加强文化建设，有助于为园区企业培训创造一个良好的文化氛围,有了配套的文化建设可以为园区人力资源开发提供可靠的保证。

(三) 发挥园区文化作用有助于推动园区全面发展

园区文化建设的状况不仅可以体现社会物质生活的质量,而且可以反映园区人精神生活的状况。对于园区这一特别具有现代性的社会实体而言,其文化建设应先行一步。一方面,在园区物质文明建设中,利用先进文化武装人,提高高科技产品的科技含量和文化含量,创造更大的生产力;另一方面,在园区精神文明建设中,用先进文化引导人,形成共同信念和价值观,用正确的价值观来规范人们的思想和行为,不断增强园区人艰苦创业的精神,把园区建设成为社会主义精神文明的先行区。

第四节 依托文化力量促进园区社会良性运行

社会的良性运行是指一个社会的经济、政治、文化以及社会各个方面的相互促进,社会障碍、失调等因素被控制在最小的限度和最小的范围之内。关于文化对社会发展的作用,孙本文曾指出:"文化为人类社会普遍的要素,无文化即无社会。"[①]由此可见,社会的良性运行要求经济、政治、文化和社会各要素的协调发展,相互促进。文化是社会良性运行不可或缺的条件之一。园区作为社会大系统中的子系统,也存在着经济、政治、文化和社会各个方面的相互作用。如前所述,园区文化在园区建设中发挥着重要的功能和具有重大意义,我们可以依托园区文化的力量促进园区的良性运行。具体来讲可以从以下四个方面入手。

一、用精神文化营造和谐的园区氛围,塑造园区和企业荣辱与共的和谐观念

和谐的园区创业氛围有利于促进和谐创业观的形成。营造和谐创业氛

[①] 孙本文:《社会学原理》,全国图书馆文献缩微复制中心,2001年版,第297页。

围与形成和谐创业观与园区和企业的共同努力是分不开的。这取决于两个方面：一方面，营造公平和善治的创业环境和氛围是园区要做出的努力。公平和善治的创业环境和氛围蕴含着两层含义，它既要有恰当的制度安排，也包含一种适应当代社会的现代文化理念。公平和共同管理就是这种文化理念的核心。因此，作为园区政府构建一个公平竞争的政策平台是其必经要义，对于园区内的企业，无论是对大型企业还是中小型企业，对外商企业、国有企业还是民营企业，都要同等对待，为国有资本、民间资本、国外资本打造一个能够平等竞争的创业平台。让企业在竞争中学会适应与合作，在竞争与合作中营造和谐的创业氛围。另一方面，建立荣辱与共的创业观、发展观和价值观是园区政府和企业的必然选择。园区政府不能把支持企业发展仅当作促进某一时期当地经济发展和增加税收的手段，而应当把更多的精力用在真心实意地爱护企业、关注企业和地方经济社会的长远发展上来。企业也应当对园区政府和社会给予的各方面支持心存感激，以更好的发展回报园区，以更好的产品和服务回报社会。当园区和企业形成了长远可持续发展的创业观念时，园区的创业文化才能提升到更高境界，园区的社会、政治、经济才能良性运行。

二、用制度文化培养优秀企业家和培育企业家精神

园区创业理念是创业实践的先导，园区创业精神是创业文化的核心。要培育出真正的企业家精神，第一要务就是培养出大量的优秀企业家。在寻常人的印象中，企业家无不把追求财富作为他们创业的目的，而对于优秀企业家而言，他们虽然把追求财富作为创业的目的之一，但他们更看重的是把创业当作人生的奋斗目标和事业追求，在创业目标上更为明确、在创业态度上更加执着、在创业成败上更加坦然。坦然面对成败并不代表甘心平庸，对成败坦然的前提是"已经经历过、探索过"，而不是碌碌无为、忙碌一生。优秀的企业家向往成功，但也不惧怕失败。敢为人先、敢担风险，这才是企业家精神的真谛。企业家精神在激励自身创业的同时，对周围的创业者也起着指引与导向作用。因此，园区政府有必要对创业者进行

企业家精神方面的教育,并把它形成一种长期的制度,让优秀的企业家"现身说法",以调动周边群体的创业热情,最终产生"凭劳动赢得尊重,让知识成为财富,以创业为事业和追求"的创业氛围,形塑更多的创业者,为培养出更多真正意义的企业家奠定基础,从而促进园区企业家精神的发展。

三、用行为文化引导园区创业者形成诚信为本、尊重规则的价值取向

市场经济的基础是以诚信为本。如果没有诚信作为基石,交易就失去了准则,社会就会乱象横生。因此,逐步建立社会各界对创业者的信用评价机制,促进创业者形成诚信为本、尊重规则的价值取向是非常有必要的。要做到这一点,一方面,园区政府要运用园区行为文化引导,培育园区创业者的社会责任感,培育和弘扬创业者诚实守信的创业文化,使创业者形成诚信创业、"誉从信中来"的创业观念;另一方面,建立有效的园区创业者信用评价机制,调动社会各界的积极性,园区对创业者的奋斗精神给予肯定,对创业者的成功给予赞扬,对创业者的失败给予宽容和帮助,对创业者的失信给予惩罚。这样才能使园区创业者真正形成诚信为本、尊重规则的价值取向,才能真正达到知恩图报、回报社会的境界①。

四、用三种文化共同营造一种吸引人才的文化氛围

整合三种文化即指园区的精神文化、制度文化与行为文化共同作用、相互融合,形成一种有利于人才发展的文化氛围。园区的物质文化固然重要,但如果没有上述三种文化的支撑,仅凭良好的物质文化仍然不能吸引优秀的高素质人才。物质文化只是上述三种文化的外在表现,用精神文化营造出的和谐园区氛围,是园区政府为高新企业提供的一种优秀服务平

---

① 高建设、罗志坚:《江西工业园区创业文化的形成与提升》,《中国井冈山干部学院学报》,2009年第6期。

台，企业也要用这种氛围吸引和留住高素质人才。用制度文化培育出来的企业家精神，既要求企业家自身要有敢为人先、敢担风险的勇气和能力，也要求他们为高素质人才营造一种敢于冒险、支持冒险、容忍失败的文化氛围，以充分发挥高素质人才的工作热情和积极性。用行为文化塑造出诚信为本、尊重规则的价值取向，既是对园区创业者的要求，也是对高素质人才提出的行为准则。

第四章　园区社会城市化与市民化

改革开放以后，中国工业化进程的加快和市场经济体制的建立，促进了经济的快速发展。但是，中国城市化的滞后给中国的经济社会的持续、快速、健康发展也带来了一系列的矛盾。高新技术园区是随着我国高新技术产业的发展而建设起来的新型城区，加快实现园区社会的城市化和居民的市民化，推进园区由"开发区"向"城市"发展，对于促进园区的现代化发展具有重要意义。

第一节　园区社会现代化进程中的城市化

城市化是伴随工业化的自然发展过程，推动城市化是我国社会经济发展和现代化进程的必由之路。园区通过拉动城市区域经济的发展、形成企业集聚、推动产业结构优化等促进了我国城市化的进程。

一、现代化和城市化的基本内涵

（一）现代化的含义

现代化是一个多学科研究的领域，不同的学科曾给予不同的解释。从社会学上看，现代化是一种特殊形式的社会变迁，其含义包括相互联系的两个层面：一是绝对意义上的现代化，是指传统社会向现代社会转化的历史过程；二是相对意义上的现代化，是指落后国家向发达国家转变这一相对关系上的现代化。在这个过程中，人们利用近现代的科学技术全面改造自己生存的物质条件和精神条件，从而使全部社会生活发生整体而深刻的变革。

从历史上看，现代化这个术语开始被学者们广泛使用始于1958年丹尼尔·勒纳发表的《传统社会的消逝》一书。勒纳提出了相互对立的两种社会系统，一是传统社会，二是现代社会。传统社会是指自然经济占主导地位，人们思想观念和生活方式比较落后，生产力较低的前工业社会；现代社会则指市场经济在社会中占主导地位，人们的思想观念有很大的提高，生活方式有很大的改进，生产力较高的工业社会及后工业社会。并且他认为现代化就是从传统社会向现代社会转变的一个过程，是一个从传统的农业社会、农业文明向现代工业社会、工业文明转变的过程。这种理论对人们理解现代化的含义产生了重大影响。

20世纪60年代末、70年代初，美国学者英克尔斯在给现代化下了一般定义的同时，还给出10项指标来明确现代化的状态和发展水平，它们分别是：①人均GDP 3000美元以上；②第一产业产值在国民生产总值中所占比重下降至12%~15%；③第三产业在国民生产总值中所占比重上升至45%；④非农业就业人口在总就业人口中所占比重超过45%；⑤成人识字率超过80%；⑥大学生占20~24岁年龄人口比重10%~15%；⑦城市化达到50%；⑧每千人拥有的医生数为2人以上；⑨平均预期寿命70岁；⑩人口自然增长率1%以下[①]。由此可见，现代化也是一个由低级社会不断向高级社会转化的过程，其实质是由于社会生产力水平的极大提高，出现了产业多样化与高科技化；生产的社会化与集约化；劳动者的文化、科技、健康观念等方面的高素质化；人民生活水平的逐渐富裕化。

现代化包含的内容很复杂，从其普遍意义上看，主要包括以下几个方面内容：以工业化为核心的经济现代化；以民主化为标志的政治现代化；以城市化为核心的社会生活现代化；以自由民主和人性化为价值追求的思想文化现代化；以科层制为起点的组织管理现代化，以及科学技术的高度

---

① 吴永保：《城市现代化及其指标体系的构建与应用》，《城市发展研究》，2001年第1期。

发展等。

(二) 城市化的含义

城市化亦称城镇化、都市化。关于城市化的内涵，各学科从不同角度进行了界定。人口学把城市化定义为农村人口转化为城镇人口的过程。他们所说的城市化就是人口的城市化，指的是人口向城市地区集中，或农业人口变为非农业人口的过程。地理学上所说的城市化是一个地区的人口在城镇和城市相对集中的过程，城市化也意味着城镇用地扩展，城市文化、城市生活方式和价值观在农村地域的扩散过程。从社会学的角度来说，城市化就是农村生活方式转化为城市生活方式的过程。经济学则是从工业化的角度来定义城市化，即认为城市化就是农村经济转化为城市工业化大生产的过程，是工业化的必然结果。人类学则以社会规范为中心，认为城市化就是人类生活方式的转变过程，即由乡村生活方式转变为城市（城镇）生活方式的过程；历史学则认为城市化是人类从区域文明向世界文明过渡中的社会经济现象[①]。可见，城市化是一个复杂的历史过程，是一个多学科研究的领域。尽管各学科对城市化的界定不尽相同，但就其基本内涵而言还是具有一致性的，即城市化就是一个国家或地区的人口由农村向城市转移、农村地区逐步演变成城市地区、城市人口不断增长的过程；在此过程中，城市基础设施和公共服务设施不断完善，城市文化和城市价值观念成为主体，并不断向农村扩散，同时农村中的城市特质也不断增加。具体来说，城市化具有以下五个特点。

1. 城市化是城市人口比重不断提高的过程

城市化首先表现为大批乡村人口进入城市，城市人口在总人口中的比重逐步提高。目前，世界上衡量一个国家或地区城市化水平的重要指标就是城市人口在总人口中的比重。

2. 城市化是产业结构转变的过程

由于城市化的推进，使得原来从事传统低效的第一产业的劳动力转向

---

① 王波、魏忠海：《城市化、农村城镇化和农村城市化辨析》，青岛新闻网，2004年4月3日。

从事现代高效的第二、第三产业，现代工业和服务业快速发展，产业结构逐步升级转换，国家创造财富的能力不断提高。

3. 城市化是居民收入水平不断提高的过程

城市是高消费群体聚集所在。城市化使得大批低收入居民群体转变为高收入居民群体，因此城市化过程又是一个市场不断扩张、对投资者吸引力不断增强的过程，也是越来越多的国民在发展中享受实惠的过程。

4. 城市化是一个城市文明不断发展并向农村渗透和传播的过程

城市化的过程也是农村和农民的生产方式和生活方式文明程度不断提高、不断现代化的过程，也就是城乡一体化的过程。

5. 城市化过程是人的整体素质不断提高的过程

在城市化过程中，由于大部分的国民从事着先进的产业活动，有着较高的生活水平和质量，人们的生活方式、价值观念都发生了重大变化，社会将建立起根本区别于农业社会的城市社会新秩序，社会的民主、法律制度逐步健全，这是现代文明的灵魂，是城市的真正魅力所在。

二、园区社会现代化进程中的城市化

在现代社会，城市是人类文明的标志，是经济、政治和社会生活的中心。城市化的程度是衡量一个国家和地区经济、社会、文化、科技水平的重要标志，也是衡量国家和地区社会组织程度和管理水平的重要标志。城市化是人类进步的必由之路，是人类社会结构变革中的一个重要线索，经过了城市化，标志着现代化目标的实现。虽然城市化过程中也夹杂着许多不和谐之音，但只要正确认识城市化所带来的影响，并采取必要的措施认真地予以解决，那么城市化对社会的现代化发展就有着重要的意义。可以说，没有高度现代的城市化就没有社会的现代化。

高新技术园区是随着社会主义现代化的建设而发展起来的，作为高新技术产业高度集聚的一个社会区域，园区现代化和城市化密切相关，城市化也是园区社会现代化发展的重要内容和标志，在推动园区社会现代化发展中发挥着不可替代的作用。

（一）城市化是园区社会现代化发展不可逾越的过程

从历史上看，现代化起源于工业化，近代工业社会的发展大大推动了社会现代化的发展。与此同时，由于工业化的推动，城市化进程也迅速加快。尽管在前工业社会，城市已经存在，可以说城市化早于现代化，但这时的城市发展是极其缓慢的。正是到了工业社会，通过工业化，使城市化进程与现代化进程紧密相连，世界城市化和现代化进程基本保持一致。一方面，现代化起源于工业革命；另一方面，工业化又推进了城市化。所以，在整个现代化过程中，从区域来看，工业化水平高的地方，城市化水平和现代化程度也较高；从内容来看，城市化是现代化的一个方面；从时间角度来看，城市化是现代化不可逾越的发展过程。从这个意义上说，城市化也是园区社会现代化不可逾越的发展过程，是园区现代化内容的重要方面和标志。只有充分实现园区的城市化，才能不断提升园区社会现代化的水平。

（二）城市化是园区现代化发展的必然要求

从现代化的实现过程来看，最具有革命性的是经济现代化，即社会生产方式的现代化，其中最根本的就是工业化，而生产方式的现代化必然要求人力、资金和土地等资源的集中，城市化正是在这种生产要素高度集中的背景下产生的特定现象。从历史上看，工业革命一开始，城市化也就顺应了现代化发展的要求，促进了两种地域明显的分异：一种是促使现代意义上城市地域的形成；另一种是导致农村地域发生了深刻变化。由于城市化过程中城市产生的巨大凝聚力和辐射力，农村地域的优化要素不断向城市集聚。首先是人口集聚，表现为大批乡村人口进入城市，城市人口在总人口中的比重逐步提高；其次是土地、资金等生产要素的集聚。由于城市的这种巨大集聚效应，使城市的劳动生产率得到了显著的提高，产业开始出现了专门化和多样化，科学技术在生产与生活中的作用越来越大，从而完成了现代化的第一阶段——工业现代化阶段。在这个过程中，随着城市化的不断推进，使原来从事传统低效的第一产业的劳动力逐步转向从事现代高效的第二、第三产业，从而实现产业结构的逐步升级转换，推动了现代工业和服务业的发展。所以说，城市化是工业现代化发展的必然结果，而城市化发展本身又进一步推动了工业现代化的发展，是工业化发展的重要条件。这是现代化过程的重要特点之一。从这个意义上说，高新技术园区作为当代高新技术产业的集聚区，城市化也是园区工业化发展的必然要求，是推动园区高新技术产业化发展的根本条件。只有充分发挥园区城市化的巨大集聚效应，才能不断推进园区工业化的发展，提高园区经济和社会现代化的水平。

（三）城市化是提升园区整体社会文明水平的根本途径

从历史上看，城市化也是一个城市文明不断发展并向农村渗透和传播的过程。特别是当城市发展到一定的程度，随着城市化水平的进一步提高，城市化过程就会开始由要素的集聚走向扩散，城市文明开始向农村扩散和渗透，极大地推动农村和农民的生产方式和生活方式文明程度不断提高、不断现代化，逐步实现城市要素与农村要素融合共生，即城乡一体化，促使城乡居民生活水平都得到大幅度提高，从而使社会文明程度在所有人群中得到共同提高。同时，城市化过程也是人的整体素质不断提高的过程。由于大部分的国民从事着先进的产业活动，有着较高的生活质量，因此，人们的生活方式、价值观将会发生重大变化，社会将建立起根本区别于农业社会的城市社会新秩序。人们按照既定的游戏规则自由地进行更丰富多彩的社会活动。自律、自尊、自强成为社会风尚。这是现代文明的灵魂，也是城市的真正魅力之所在。由此可见，城市化发展过程所带来的各个方面的变化正是现代化建设所要求变革的内容，所以从城市化引导的动力机制来看，城市化的本质就是现代化，城市化的发展过程就是社会现代化不断实现的过程。从这个意义上说，城市化也是提升园区整体社会文明水平和现代化水平的根本途径。尽管我国高新技术园区经过多年的建设和发展，高新区农村的改革和发展取得了许多历史性成就，但从总体上看，农村面临的矛盾和问题仍很突出。其中，农业生产力水平不高、农业生产经营组织化程度低下、发展方式粗放等问题突出，而其中的深层原因就在于我国长期存在的城乡二元社会结构。所以，要解决这些问题，必须走城市化发展的道路，建立城乡一体化发展的格局，推动城乡生产要素自由流动和优化组合。只有坚定不移地推进园区的城市化，不断提升园区社会的城市化水平，充分发挥城市对农村的辐射和带动作用，才能从根本上转变农村、农民传统的生产方式和生活方式，实现园区的城乡一体化发展，不断提高农民的生活水平和生活质量，从而在整体上推进园区社会的文明和现代化水平。这是我国高新技术园区未来创新发展的重大战略目标和要求。

第二节　园区城市化进程中的市民化问题

根据经济和社会发展规律，城市化是一个国家走向现代化的必然选择。城市化必然伴随着农业人口源源不断地向城市流动，在这个过程中，社会生产要素将重新优化配置，利益格局将重新调整，农业生产方式将发生重大变化，农民生活方式也将改变。但从本质上来看，城市化进程就是农民转变为市民的过程，即农民的市民化过程，农民市民化问题处理得好与坏，直接影响着城市化的进程和社会的和谐运行。

一、市民化的基本含义和要求

在现代社会，市民是与农民相对应的概念，所谓市民化，也就是指工业化和城市化进程中农民转化为市民的过程。但从社会学上看，市民化并非一个简单的问题，而是一个非常复杂的过程，包含有丰富而复杂的内涵。社会学意义上的农民市民化理论强调：一方面农民在实现身份与职业转变之前接受现代城市文明的各种因子；另一方面在实现转变之后，发展出相应的能力来利用自身的市民权利，完全融入城市。因此，可以认为，市民化是指作为一种职业的"农民"和作为一种社会身份的"农民"在向市民转变的进程中，发展出相应的能力，学习并获得市民的基本资格、适应城市并具备一个城市市民基本素质的过程。农民的市民化有两项基本的内容：第一，农民群体实现从农民群体角色向市民角色的整体转型；第二，在实现角色转型的同时，通过外部"赋能"与自身增能，适应城市，成为合格的新市民。而从具体的个人层面来看，在这个过程中，农民将实现自身在生活方式、思维方式、生存方式和身份认同等方面的现代性转变。[①] 从这个意义上说，由农民到市民的转变过程，不是一个简单的身份变换、居住状态的变动，而是一个复杂的长期的内置转化的过程。农民市民化，包含了农民的生产、生活方式及理念的现代化的过程。其中最重要的是让转化为市民的农民，在生产、生活方式及理念方面，真正融入城市文明之中，使他们真正成为城市居民。同时，实现农民的市民化也是一个漫长的过程，它要求作为城市生活主体的市民，学习现代科学知识，具有较高的文化修养，掌握适应现代城市生活的劳动、生活技能，熟悉城市生活规范和行为准则，建立适应现代城市生活文化的行为方式，养成良好的生活心理，培养积极的生活精神，以此推动城市化进程。根据我国的具体情况和农村的未来发展趋势，我们可以从两个方面来理解"农民市民化"这一概念：从狭义的角度来看，"农民市民化"主要是指农民、城市农民工等在身份上获得作为城市居民相同的合法身份和社会权利的过程，如居留权、选举权、受教育权、劳动与社会保障权等。在中国，最明显的标志就是获得所在地的城市户口及其相应的社会权利。这些可以被认为是与国家、政府相关联的技术层面上的农民市民化过程。从广义的角度来看，"农民市民化"是指在我国现代化建设过程中，借助于工业化和城市化的推动，使现有的传统农民在身份、地位、价值观、社会权利，以及生产、生活方式等各方面全面向城市市民的转化，以实现城市文明的社会变迁过程。这些可以被认为是与国家、政府相对应的社会文化层面上的农民市民化过程。[②] 从根本上说，完整的农民市民化应该包括以上两个方面的内容。

[①] 郑杭生：《农民市民化：当代中国社会学的重要研究主题》，《甘肃社会科学》，2005年第4期。
[②] 文军：《农民市民化：从农民到市民的角色转型——以上海市郊区为例》，《华东师范大学学报》，2004年第3期。

二、我国城市化进程中的市民化问题

从城市化的本质来看,在城市化的进程中,农村城市化、农民职业的非农化和农民的市民化应该是"三位一体"的,它们之间相互影响、相互作用、相互促进,共同推动社会的现代化发展。城市化是市民化的必然前提,而市民化是城市化的必然结果。在一个市场经济占据重要地位的国家,城市化的进程必然带动市民化进程,城市化的发展不但在土地、人力等资源方面对农民市民化提出了要求,而且也为农民市民化创造了必要的物质条件。因此可以说,没有城市化就没有农民的市民化问题。但从另一方面看,城市化的根本是人的问题,即农民的市民化。城市化的过程是部分农村土地变成城市用地的过程,更是农民转变为市民的过程。城市化的真正标志是进城农民有充分的就业和完全的市民权益。通过市民化过程,把大量进城农民转变为新型市民,不仅可以为城市化的发展提供大量的土地和劳动力等资源,而且也有利于优化城市经济结构,提升产业水平,推动城市现代产业的发展等,由此而促进经济的持续健康发展。同时,通过农民市民化,也有利于从根本上转变农民的生产、生活方式和价值观念,实现农民由传统向现代的转变,从整体上提高农民素质,保障农民的基本权益,增强农民对城市的认同感,这对于促进城市化健康发展、维护社会的和谐稳定具有重要意义。可以说,市民化进程和市民化的程度直接影响着城市化的水平和质量。不能实现农民的市民化,就不是真正意义上的城市化。所以,在加速推进城市化进程的同时,还要加快农民市民化进程。

从我国城市化的实践来看,改革开放40多年来,特别是20世纪90年代以来,随着我国经济发展和工业化的推进,城市化步伐大大加快,城市化水平不断提高,城镇化率已经由1978年的17.92%迅速发展到2019年的常住人口城镇化率60.60%（其中户籍人口城镇化率44.38%）[1]。我们只用短短40年的时间就赶上了西方国家200年的城市化历程。城市化的快

---

[1] 国家统计局:《2019年中国城镇化率突破60%　户籍城镇化率44.38%》(china.com.cn)。

速发展，拓展了经济发展和就业空间，促进了经济繁荣和社会进步，功不可没。但从另一方面来看，我国城市化的快速发展也隐含着巨大的风险和问题，其中最主要的就是城市化与市民化没有同步发展。国家统计局2019年统计的数据显示，我国的常住人口城镇化率为60.60%，而城镇户籍人口城镇化率则为44.38%。这意味着还有16.22%约2.27亿生活在城镇里的人没有真正城市化。另外，目前我国的城镇人口统计的是在城镇生活半年以上的常住人口，存在很多生活在城市中的居民实际并没有享受到市民的权利。特别是一些地方推进城市化的冲动来自对土地财政的依赖，千方百计把农民土地变为建设用地，一些农民"被上楼"，一些村庄成建制地变为城镇，违法拆迁、暴力拆迁时有发生，农民利益受到严重损害。[①] 我国存在的失地农民、农民工等问题就是这一现象的深层体现。因此说，我国的城市化存在着不全面、不彻底的问题，这也是影响我国城市化和谐健康发展的重要因素。所以，如何解决好失地农民和农民工等群体的市民化问题，是目前我国城市化进程中面临的一个重大战略问题。

三、市民化在园区城市化进程中的重要意义

我国高新技术园区经过多年的建设和发展，园区的城市化水平不断提高，目前的城市化率已远远高于全国的城市化水平，许多高新技术园区的城市化率已达100%。但同我国城市化发展的整体形势相一致，市民化也是我国高新技术园区城市化进程中面临的一个重大问题。园区的建立与发展使得大量城郊农民土地被征用，不少农民因此摇身一变成了城市居民。失地农民虽持有城市的"通行证"，但由于缺乏在城市的生活基础，缺乏城市的谋生能力，缺乏城市的认可度，甚至在相当长的一段时间内不能适应城市的生活，被排斥在市民之外。也就是说，这些人的土地被征用后，身份转变为了"市民"，但从社会和文化层面来看，户籍的改变并没有自动带来农民"角色"内涵的完整转型，土地被征用并没有让农民真正过上

---

① 高云才：《城市化不能"大跃进"》，《人民日报》，2011年2月14日。

城市文明生活。① 另外,在高新区发展中也存在一个庞大的农民工群体。如何进一步推进园区失地农民和农民工的市民化,使他们真正成为享受现代城市文明的新型市民,这是困扰园区城市化持续发展的一个新的重要问题。因此,在园区未来的创新发展中,在加速推进园区城市化的同时,必须更加重视农民的市民化,协调推进市民化发展,科学有效地解决好农民的市民化问题,努力实现城市化与市民化的协同发展,这对推进园区城市化和经济社会的又好又快发展具有重大的战略意义。

(一)农民市民化是实现园区社会城市化的必要条件

从城市化发展的过程来看,土地集聚和劳动力资源集聚是城市化发展的重要前提和条件,也是城市集聚效应的最大优势,而要发挥城市的这种巨大集聚效应,离不开农民的市民化。因为农民市民化的结果,是大量减少农民而增加市民,这样不仅可以把大量农民从土地上解放出来,发挥土地集中使用的规模效益,也可以促进农村劳动力向城市转移,为城市工业和服务业的发展提供大量的劳动力资源,从根本上改善城乡资源配置,从而为城市化的发展创造必要条件。但目前,我国大量存在的农民工等现象并不能适应城市化发展的需要,因为他们不能在城市安居乐业,长期奔波于城乡之间,成为介于农民与市民之间的边缘人,这种不彻底的农民转移方式,根本起不到减少农民、使土地集中使用、发挥农业的规模效益的作用,也不能有效地实现农村劳动力向城市转移,这是不利于城市化发展的。从这个意义上说,要推进园区城市化的发展,必须解决好园区农民的市民化问题。

(二)农民市民化是推进园区城市化健康发展的必然要求

根据我国目前的统计方法,是将进城就业、居住半年以上的流动人口(主体是农民工)计入"城镇常住人口"。国家统计局监测调查结果显示,2010 年,全国农民工总数达 2.42 亿人。其中外出就业 1.53 亿人,本地非

---

① 陈林:《城郊失地农民市民化问题探析》,《重庆理工大学学报》,2010 年第 9 期。

农就业 0.89 亿人。① 这也就是说，我国每 4 个城镇常住人口中，就有 1 个是外来流动人口。由此可见，近年来，我国城镇化水平的提高在很大程度上主要来源于农民工进城就业。但是，在我国目前的城乡分割二元体制结构下，很多农民工仍被视为城市的"过客"，不能享受与城市居民同等的待遇，没有获得市民身份。这是与城市化的目标背道而驰的。大量农民工不能沉淀在城镇，工业化进程与农民工市民化进程相脱节，这也是目前严重制约我国城市化健康发展的一个突出矛盾。从我国社会发展的趋势来看，随着我国城市化进程的加快，农村劳动力还将继续大量涌向城市，推进农民市民化是大势所趋。因此，我们必须改变将进城农民排斥于城市社会之外的制度环境，促进农民工等农民群体由农民群体角色向市民角色的整体转型。这是推进我国城市化健康发展的必然要求，也是推进高新技术园区城市化健康发展的根本条件。②

（三）农民市民化是促进园区社会和谐发展的重要保障

改革开放以来，随着我国市场经济体制的建立和工业化、城市化的快速发展，失地农民和农民工已成为我国社会中日益庞大的两大弱势群体，虽然他们大多生活、工作在城市，但由于受城乡二元体制的长期影响，他们并没有真正成为城市居民，而是长期处在城市的边缘，不被城市认同、接纳乃至受到忽视、歧视或伤害，融不进城市社会，享受不到应有的权利。长此以往，必然会累积很多矛盾，不仅他们自身的合法权益难以得到保护，也会导致他们对城市社会普遍怀有疏离感和责任意识匮乏，处理不好还会造成重大的不稳定隐患。这也是我国社会发展中面临的一大社会问题。从这个意义上说，农民市民化，不仅是一个经济问题，更是关系到民生的重大社会问题。以开放和包容的胸襟，把进城农民作为城市居民的一部分，对他们做到由排斥到容纳，由以管制为主转向以服务为主，逐步改变进城农民"边缘化"的社会地位，做到权利平等。这不仅有利于农民在

---

① 资料来源：新华网，参见 http://www.nhxxg.com/show.php? contentid =29085。
② 侯云春等：《农民工市民化：我国现代化进程中的重大战略问题》，《中国经济时报》，2011 年 4 月 21 日。

城市安居乐业，同时对促进城市社会安定和谐、健康发展，也有着毋庸置疑的重要作用。① 因此，要保障园区城市化进程中社会的和谐稳定发展，促进进城农民的市民化是其中的重要条件。

（四）农民市民化对园区经济的发展具有重要影响

其主要表现为以下几个方面：一是市民化会带来消费行为的变化，从而增加国内需求，有效减少对外需的依靠，促进需求结构更加合理。例如，如果农民工能够落户城市，像城市居民那样大量消费家电，则会促进家电业内需的发展。二是农民市民化后需求增加，会带动相关行业的发展。特别是农民市民化后，对城市公共服务的需求不断增加，这就要求政府必须投入大量的财政资金来提供公共服务，例如，教育、医疗、社会保障、廉租房、城市基础设施等。这种投入增加本身会推动经济增长。三是市民化会增加有效供给并促进经济结构更加合理。如果农民工等群体能够真正实现市民化且可以自由进入各种行业，那么城市短缺的服务业就可以更快地发展。这种根据市场需求增加的供给，会促进经济结构更加合理。另外，农民市民化过程的本身还包括对进城农民及其子女的教育与培训，使他们由从事简单的劳动向更为复杂的劳动分工转变。这种转变对于一个从劳动力无限供给到有限供给的国家来说意义十分重大。目前，我国正在面临向刘易斯人口拐点过渡的挑战。届时，劳动力会出现短缺，劳动工资与劳动力成本将会大幅度上升，经济结构也会相应地发生变化，经济增长的源泉也会从简单的要素投入的贡献向生产率提高的阶段过渡。在这一过程中，全社会范围内人力资本的增加和劳动者素质的提高将会起到至关重要的作用②。从这个意义上说，农民市民化也是优化城市经济结构、促进经济又好又快、持续发展的重要前提和动力源泉。目前，高新区经济的发展也面临同样的问题与挑战，实现农民的市民化，对于优化园区经济结构、提升产业水平、促进园区经济的持续快速发展具有重要意义。

---

① 侯云春等：《农民工市民化：我国现代化进程中的重大战略问题》，《中国经济时报》，2011年4月21日。

② 宋立刚：《农民工市民化将推动中国城市化》，FT中文网，2011年2月28日。

第三节　影响园区农民市民化的因素

城市化与市民化发展严重脱节，市民化发展滞后于城市化发展，是目前我国城市化进程中存在的一大问题，严重地制约着城市化的持续健康发展。影响农民市民化的因素是多方面的，从我国目前的城市化发展实际来看，主要有以下几个方面：

一、户籍管理制度不科学，导致城乡分割

城市和乡村是社会结构中的重要组成部分。在我国，由于长期实行严格的城乡分割的经济社会政策，使得我国经济和社会的发展呈现典型的二元特性，这种二元结构不但带有经济性质，而且带有明显的社会性质。也就是说，在我国城市和农村是两个不同的世界、不同的社会、不同的发展阶段，人也是不同的人。在这种体制下，拥有农村户籍和城市户籍的人口，即通常所说的农民和市民，不仅表现为职业和居住地域的差别，更是一种身份的象征，其背后隐含着巨大的享有社会基本权利的差别，城市居民在收入、就业、教育、医疗卫生、社会保障等社会权利和地位方面存在着明显的优势，而农民则处于明显的弱势地位。特别是随着我国工业化和城市化的推进，农村土地、资金、人力等资源和要素更是大量流失，使城市和农村在生产和生活水平上表现出极大的差异。国家工业化运动的快速推进并没有将中国带入现代化国家的行列，相反，由于过度剥夺农业，实行城乡隔离，城乡之间缺乏正常的市场联系，工业化完全没有惠及农民，造成工农业发展的严重失调和城乡发展的严重失衡，更是对农民的基本权益造成极大的损害。改革开放以来，随着我国市场经济体制的建立和工业化、城市化的快速发展，虽然使城乡联系显著增强，城乡关系逐步改善，但从整体上看，我国城乡关系中面临的一些根本性矛盾和问题并没有解决，城乡二元的经济社会结构、城乡分治的户籍管理制度还没有从根本上发生转变。"农民工"就是我国这一特殊体制下产生的一个特殊社会群体。

他们大多工作、生活在城市，主要从事非农性的职业，但他们的户籍在农村，身份还是农民，享受不到城市市民应有的福利待遇和基本公共服务，难以实现向市民的转变。

二、城市化观念落后，缺乏现代化的城市发展理念

长期以来，由于受传统发展观的影响，我国的经济增长方式主要是以追求 GDP 的增长为目标，在实际中表现为粗放型的外延扩张，高投入、高能耗、高污染、低效益，缺乏以人为本的现代发展理念。受这种发展观影响，在我国城市化发展中，各地也是盲目追求城市的外延扩张，求大求高求洋，把土地城市化、建高楼大厦作为城市化的主要标志，乐此不疲，完全忽视了城市的内涵发展，缺乏以人为本的现代城市发展理念，从而导致农民市民化严重滞后于土地城市化的不协调现象。目前，我国各地出现的所谓"鬼城""空城"，以及城市土地的大片荒芜等现象，就是这种片面城市化发展的明显体现。特别是一些地方推进城市化的冲动本身就来自对土地财政的依赖，它们千方百计把农民土地变为建设用地，使一些农民"被动上楼""被城市化"，一些村庄成建制地变为城镇，违法拆迁、暴力拆迁时有发生，严重损害农民的合法权益。其根本目的是追求 GDP 的增长和财政收入的增加，而不是真正意义的城市化和市民化。尤其是在我国现有的户籍制度下，同户口相连的是一套完整的福利体系，农民市民化就意味着迁入地需要增加大量的财政支出来为其提供公共服务，这无疑增加了当地政府的财政负担。因此，就更难以调动地方政府在农民工市民化中的积极性和能动性。

三、农民的整体素质低，难以适应城市生活

农民市民化的进程是一个农民超越传统、获得现代潜质的过程。其中既包括农民文化观念的现代化，也包括农民在城市就业、生活等能力的提高。但是目前，许多进城农民身上仍然表现出与现代城市文明格格不入的落后、狭隘、封闭的价值观念与行为方式，小农意识明显。其主要表现是

法制观念淡漠;对城市中的一些制度法规、市民准则等视而不见,自行其是;缺乏公民意识,对城市公共事务漠不关心;合作意识缺失,自治能力较弱等。这些都在很大程度上影响着农民融入城市、向市民转变的进程。从另一方面来看,进城农民只有进入了现代职业体系,成为城市产业中的生产经营者,才能真正融入城市。这是他们市民化进程的起点。他们正是通过在城市的职业获得和社会交往中体验并理解工业文明,学习和扮演市民角色,因此,就业转化是农民市民化的首要表现。这就需要农民具有进入城市现代产业体系的素质和能力。但从目前的情况来看,进城农民要通过市场化就业和自主择业来解决就业问题,还面临着许多困难。一是城市就业机会非常有限,技术素质要求高,就业竞争激烈。由于农民缺乏相应的职业技能培训,大多只能从事简单的强体力劳动,而且职业不稳定、收入少,现行制度不能保障其充分就业。二是农民人力资本和社会资本的缺乏使他们较难就业。有学者指出,城市劳动力的平均受教育年限为12.2年,而农村劳动力的平均受教育年限为7.7年,人力资本存量低,他们在城市的就业就会受到影响。[1] 农民的社会资本存量不足也给其就业带来了不利影响。农民交往圈小,大多是在血缘、地缘关系的基础上进行交往,由于其交往对象的同质性较强,多是一些拥有相同信息与资源的亲戚、邻里,这些同质化的强关系网络不能为其就业提供更多的帮助。三是许多进城农民,尤其是失地农民群体,他们实际上是被城市化和市民化的,没有更多的选择余地,因此自身并没有心理上和物质上的充分准备,使许多不愿意离开土地的农民面对高度紧张的城市就业市场显得很脆弱[2]。由于农民进城后就业面临诸多困境,使得许多农民在城市的交往圈主要限于内部,导致他们很难建立起来以业缘关系为主体的现代的新型社会关系。可以说,业缘关系的建立是农民融入城市社会、实现角色转变的必由之路。农村文明和城市文明的融合是通过微观层面的人与人之间的互动来实现

---

[1] 雷寰:《北京市郊区城市化中失地农民利益问题研究》,中国农业大学博士学位论文,2005年,第176页。

[2] 李锐:《农民市民化的障碍与对策思路》,《前沿》,2004年第10期。

的,农民向市民的实质性转变依赖于现实的社会关系变化①。因此,就业难在很大程度上也影响着农民市民化的进程。

四、市民身份认同不清晰,市民心理归属感不强

目前,许多人对农民市民化的理解过于简单,认为只要把农民户籍转变为城市户籍就是实现了市民化,农民在形式上似乎就是"市民"了。但现实待遇的不一致又让他们无法清楚地认同自己的市民身份,从而处于一种混乱状态。市民身份认同的混乱,必然带来其对市民权利、责任、社会角色、社会行为规范等各种认知的混乱,这种混乱不利于"新市民"的精神健康和生活质量的提高,阻碍了其市民化进程。市民身份认同不清晰也导致了市民心理归属感不强,特别是许多失地农民被征地后由于现实的需要不能得到很好的满足,从而使他们内心很难接受现实而眷恋以往的生活,这就会引发他们内心的冲突和矛盾,这种情况不利于他们对城市生活的适应,也会影响其市民化的进程。

五、城市对进城农民的歧视和排斥,不利于市民化的实现

传统文化形成的等级观念在人们心中是根深蒂固的。这种价值观念直接导致了至少两方面的后果,一是泯灭了社会的平等意识,二是造成了"身份"意识。这种价值观念不利于维护社会的公正和整体和谐。在我国,受在计划经济条件下形成的以二元户籍制度为核心,包括二元就业制度、二元福利保障制度、二元教育制度、二元公共事业投入制度等在内的传统社会管理体制的长期影响,使得城市市民和农民之间存在一条巨大的鸿沟,在教育、医疗卫生、住房、劳动就业和社会保障等公共服务方面,农民和市民享受着不同的待遇和权利,由此使得市民滋生出一种对农民的心理优越感,进而导致市民对农民的歧视和排斥。农民被一些城市市民看作"二等公民",甚至导致农民强烈的自卑感。这种排斥现象有心理的,更是

---

① 王慧博:《失地农民市民化社会融入研究》,《江西社会科学》,2011年第6期。

制度性的，其存在不仅进一步加剧了农民与市民之间的对立，也降低了社会对农民市民化的认同，在很大程度上制约着农民市民化的发展。

第四节　推进园区农民市民化的途径

积极推进园区农民的市民化发展，实现农民向市民的根本转变，是推进园区城市化和现代化发展的根本要求和重要保障，而农民市民化是一个长期而复杂的历史过程，需要社会多方面共同努力，进一步更新发展观念，转变政府职能，创新管理体制，完善管理制度，不断拓宽农民市民化的途径。根据我国目前城市化进程中农民市民化的实际和影响因素，在园区城市化过程中，要真正实现农民的市民化，重点应做好以下几个方面的工作。

一、进一步转变发展观念，树立现代化的城市化理念

传统的以物为本的发展观念和城市化理念，是制约我国农民市民化发展的根本因素。因此，在园区创新发展的新时期，要真正实现园区农民的市民化，就必须从根本上创新发展观念，转变传统的经济增长方式，以新的城市化理念推进城市化发展。特别是各地政府应以科学发展观为指导，牢固树立以人为本的发展观念，在推进城市化过程中，也应坚持科学发展、以人为本的城市化理念。应该明确，城市化并不是简单的土地城市化，也不是简单的高楼、大道的建设，而是人的城市化，即农民的市民化。这既是现代城市化的本质，也是城市化的难点所在。可以说，农民市民化的程度和质量，直接关系到城市化的水平和质量，以及城市可持续发展的能力，同时也影响着社会的和谐与稳定。为此，在推进城市化过程中，各级政府部门首先要转变观念，从战略高度认识农民市民化的重要性，高度重视并解决好农民的市民化问题，转变过去那种对城市化的片面化、简单化观念，努力实现土地城市化与农民市民化的协调发展，推进城市化的全面、健康发展。

二、进一步深化户籍制度改革,实现城乡一体化发展

城乡分割的二元户籍制度严重限制了农村人口流动,也限制了农村人口在城市就业、生活和发展的机会,这是制约农民市民化的根本因素。因此,在今后的发展中,必须进一步推进制度创新,完善政策,为农民市民化创造有利的制度环境。其中的关键就是采取积极有效措施,不断深化户籍制度改革,打破城乡二元分治的户籍管理制度,加快推进园区新型城市化,实现城乡一体化发展。要加快落实允许进城农民落户的政策措施,让有强烈离农愿望和符合条件的农民优先转变为城镇居民,加快其市民化进程。同时,还应建立有利于农民市民化的新体制,从根本上保障农民市民化后利益不受侵害。政府应进一步转变职能,不断加大对公共服务的投入,努力实现城乡公共服务的均等化发展,使转变户籍农民在就业、教育培训、医疗卫生、社会保障、子女入学等方面享有与当地城镇居民同等的权益,实现公共服务的全覆盖,让进城农民在城市安居乐业,真正融入城市。

三、加快劳动就业制度的改革创新,解决好农民在城市的就业问题

农民市民化的重要前提是农民就业的非农化、市场化和充分化。同时,实现顺利就业也是解决进城农民生活来源,加快其生产生活方式转变和市民化进程的重要保证。因此,要解决好园区城市化进程中农民的市民化问题,进一步创新劳动就业制度,完善就业政策,努力实现进城农民充分就业。为此,各地应从实际承受能力出发,尽快完善市场机制,形成连接城乡的就业服务网络,制定城乡统一的劳动力就业政策,逐步取消劳动者的各种身份界限,组织和引导劳动力在城乡之间合理有序地流动,逐步建立城乡统一的劳动力市场和公平竞争的就业制度,实现城乡统筹就业。一是要不断优化经济结构,完善产业政策,加快经济发展,多渠道、多形式扩大就业需求。应鼓励、引导各级政府尽快制定有利于失地农民和农民

工就业创业的专门政策，广开就业门路。二是要建设体系完善、多层次的就业服务网络，加快建立完善的就业公共服务体系，为促进农民就业提供多方面的服务。特别是要打破城乡"藩篱"和所有制界限，取消对农民在城市就业的种种不合理限制，变"户籍门槛"为"素质门槛"，把失地农民和农民工等纳入城镇就业体系，使其与城镇居民一样平等地享有就业培训、择业指导、职业介绍等方面的就业服务，实现就业的城乡一体化。三是要加强教育培训，提高农民的就业能力。各地政府要加大对进城农民工的培训的投入，实行技能培训，将就业前培训、转岗培训及在职培训制度化。对有子女的农民工而言，子女教育问题是他们难以融入城市社会的重要原因。应保障农民工子女的受教育权益，提高农民工市民化的能力。

四、进一步完善社会保障制度，保障农民市民化后的基本生活

目前，我国城乡分割的社会保障制度难以保障进城农民的基本生活需要，使农民转为市民后缺乏必要的生活安全感，这是影响农民市民化的一个重要因素。因此，要顺利地实现农民的市民化，就需要进一步完善社会保障制度，加快建立城乡一体化的社会保障体系。特别是应加快封闭型的城市社会保障制度向为进城农民提供社会保障的开放型社会保障的转变步伐，逐步建立覆盖失地农民和农民工的养老、医疗、失业、工伤等社会保障体系，并不断完善社会保险关系转移接续办法。应将在城市就业的农民纳入城镇职工社会保险制度，通过强化征缴扩大覆盖面，努力实现应保尽保；应不断提高统筹层次，逐步实现基础养老金的全国统筹，并降低社会保险缴费水平；应从实际出发，建立多层次的农民工社会保障制度，在应急救助、贫困救助、教育救助和法律援助等方面，都应给予同等待遇。

五、加强先进文化建设，为农民市民化创造良好的文化环境

农民市民化不仅仅是职业的非农化、居住的城市化和身份的市民化，更重要的是生产生活方式和价值观念的转变，是由传统的农村生产生活方式和价值观念向适应城市现代文明的生产生活方式和价值观念的转变。因

此，农民市民化不仅是一个经济、政策问题，更是一个社会文化问题。需要通过文化建设和文化创新，消除传统文化对农民市民化的影响，创造有利于农民市民化发展的文化氛围。第一，应加强对进城农民进行现代文明教育。这种教育应该是全方位的，包括文化、法律、道德观念、思维方式、行为方式等，通过现代文明教育，使其认同城市文明，真正融入城市文明，成为真正的市民。应通过多种形式、多种途径，引导农民破除小富即安、小打小闹的小农经济思想，树立进城干大事业、求大发展的创业精神；破除封闭保守、急功近利的思想，树立开放兼容、可持续发展的观念；破除随心所欲、自由散漫的思想，树立遵纪守法、依法办事的法制观念；破除陈规陋习，树立体现城市文明的规则意识、交通意识、卫生意识、生态意识以及城市人际关系意识、城市公共生活意识、城市文化意识；等等，使思想跟上城市发展的步伐。第二，要加强对城市市民的教育和引导。应通过各种方式和手段，教育引导城市市民树立平等、博爱和互助的新观念、新风尚，增强包容性，转变历史上形成的对农民的片面认识，消除对农民的歧视，以宽容、博大的胸怀接纳进城农民。第三，应充分发挥社区的教育、引导和服务功能，增强进城农民的城市适应能力。社区是人们生活、居住、休闲、社会交往甚至情感寄托的场所，也是实现农民融入城市的独特场域和"新型社会空间",① 可以通过社区教育引导进城农民去除陋习、接受城市文明与城市生活方式，培育与城市生活相适应的生活习惯和思想情感，在潜移默化中改造其思想意识和生活方式。通过社区帮助他们解决生产和生活上遇到的一系列困难，增强他们生活的信心和城市适应能力。通过各种丰富多彩的社区活动满足进城农民多方面的需求，加强进城农民和城市市民的沟通和交流，促进进城农民新型的交往方式和人际关系的形成，形成新的社会关系网，有利于增强其心理归属感和身份认同感。

---

① 蓝宇蕴:《都市村庄共同体——有关农民城市化组织方式与生活方式的个案研究》,《中国社会科学》,2005 年第 2 期。

第五章 园区社会民主化与法制化

在社会主义社会，民主法制是维护人民权益的重要保障，也是实现社会公平正义的基本途径。我国政府历来重视民主法治建设，并把民主法治置于构建社会主义和谐社会诸要素中的首要地位。我国在创建高新技术园区之初，就把它纳入我国现代化建设和经济发展的总体目标之中。园区社会发展的实践表明，无论是维护园区社会的正常运行，还是促进园区社会的和谐，都离不开园区的民主法治建设。

第一节 我国高新技术园区民主化与法制化建设

在全社会民主化与法制化建设中，高新技术园区作为一个相对独立的社会体系是整个社会的组成部分。同一般和谐社会建设一样，民主和法制也是园区建设的重要目标。这决定了我国高新技术园区民主化与法制化建设同构建社会主义和谐社会之间的内在一致性和协同性。

一、园区社会民主化与法制化建设的必要性

早在中国改革开放之初，邓小平同志就明确指出："为了保障人民民主，必须加强法制。必须使民主制度化、法律化。"[①] 改革开放40多年来，中国民主政治建设及其法制化进程始终是在宪法制度下循序渐进向前推进的，社会民主的法制化建设也是在体制创新中不断得到加强的，尤其是在

---

① 《邓小平文选》(第2卷)，人民出版社，1994年版，第146页。

依法治国的执政理念引导下，建设社会主义法治国家已逐步成为当代中国社会进步和民主政治建设的普遍共识。在依法治国方略下建设社会主义法治国家，在国家宪法制度下，借助各种法律、法规，集中人民的意志，通过完善立法、严格执法、确保守法、建设社会主义法律秩序，为构建社会主义和谐社会提供强有力的法律保障。

从法律社会学的视角审视改革开放以来中国的现代化建设，需要具有双重的问题意识，一方面，要在依法治国理念下参与变革时代的社会主义法制建设；另一方面，要从制度建设层面思考中国现代化建设进程中，因社会转型所带来的社会建构和制度安排等问题。

随着高新技术的飞速发展，以其为基础的高技术产业群逐渐成为各国经济增长的重要源泉。为了尽快发展高新技术产业，我国制定与实施了"863计划"（1986年）和"火炬计划"（1988年），并颁布了相关的产业政策。在此背景下，我国的高新技术园区为适应世界经济一体化和现代化建设的需要而创建发展起来了。经过多年的发展，高新技术产业已成为推动我国国民经济发展的重要力量。

在高新技术产业快速发展的背后，园区作为我国现代化建设的社会实体，无论是园区现代化建设的路径选择，还是园区社会体制的建构，都需要通过制度创新和体制建设为新的社会要素成长提供保障。从这个意义上说，以加强园区民主法制建设的方式协调园区社会发展与社会稳定的关系，用法律规范、协调、分配公共资源的规则和运行机制，不仅有助于保障园区社会人的基本权益、维护园区社会的正常秩序，而且有助于促进整个社会的和谐发展和现代化建设。

反思园区社会的现代化进程，关注高科技产业化的作用，思考园区社会现代性的发展问题，推进园区科学发展、社会和谐、良性运作，都必须具有探索性思考的意识，从依法治国到"依法治园"，从社会主义民主到园区社会民主化，要逐步建立和完善与科学发展相配套的法制、法规，使快速发展的园区建设走向民主化、法制化轨道。

社会主义法制是通过完善立法、严格执法、确保守法建立起来的社会主义法律秩序,而园区作为整个社会的缩影,园区社会的法制化要求园区各个参与主体都能依法享有法律所赋予的权利,要有法可依、有法必依、执法必严、违法必究。同样,社会主义民主要求,保证全体人民真正享有通过各种有效形式管理国家,特别是管理基层地方和各项企业事业的权力,享有各项公民权利。园区社会民主化就是指整个园区的建设、管理、生存、发展都要贯彻民主精神,从人到事、从实践到理论全面着眼,使园区社会群体从头到尾、从里到外都充满、弥漫、浸透真正的民主。

依法管理社会、管理城市、管理社区,是现代文明水平提高的标志和必然归宿。实际上,改革开放40多年发展所形成的中国社会发展的总体态势,已在客观上为园区社会依法治理的全面发展提供了强大的现实支撑和丰富的动力资源。作为一种园区居民直接参与的制度,园区社会依法治理已形成其一定的制度架构。因此,园区社会民主化、法制化建设的主要任务是如何在现有的制度架构下协调关系、完善体制、开发功能,从而使其适应园区社会发展和依法治理的要求。

二、建设民主化与法制化园区的社会功能

我国高新技术园区作为改革发展的产物,是在社会急剧变革条件下顺应现代化建设的发展要求而生的,其中为数众多的高新技术产业、个人及各种组织,既是利益主体,又是园区社会主要的行为主体。相对园外社会发展的其他社区而言,园区内的经济、政治、文化和社会建设更具有现代性,因而,它对民主法制化建设的要求不仅更为迫切,而且其社会功能价值和意义也更为凸显。具体来说,园区民主化与法制化建设在园区发展中的特殊作用主要有以下几点。

(一) 有利于园区管理和服务方式的民主化、科学化

在当前,建设服务型政府,一方面,要求园区管委会更加注重管理中的服务,在服务中管理;另一方面,依法管理园区社会,改变过去单纯依靠行政手段来实现园区社会控制的局面。园区管委会作为园区社会的管理机构,承担着园区社会内相关的管理服务工作。园区相关法律、法规确定

了管理机构必须遵守的依法行政程序和规章制度，同时鼓励园区各个组织机构广泛参与监督行政行为，在一定程度上转变了管理机构传统的管理意识，培养新型的服务意识，有利于促进园区管委会管理和服务的民主化、科学化。

（二）有助于园区高科技产业化、市场化和规范化

高新技术园区是我国发展高科技、实现产业化的重要基地，园区内各高科技企业是参与园区建设最为重要的行为主体。以高科技为主要竞争力的园区企业作为市场经济中的活动主体，其权利和地位要依靠法律确认与保护，其经济行为和活动要依赖法律规范与维护。在市场经济体制下，园区高新技术企业较其他企业经济活动更为频繁，更需要高水平的法律治理、管理方式与之相适应。园区企业要想获得真正的发展，根本的出路是确立法制理念，建立法制机制，夯实竞争力的合法性基础，通过依法经营，真正走法制化发展的道路。

（三）有助于保障公民政治参与，促进社会公平正义

在民主法制社会，公民政治参与程度是评价一个国家民主化、法制化的重要指标之一。《中华人民共和国宪法》第二条规定：中华人民共和国的一切权利属于人民，人民是国家的主人，是社会政治生活、经济生活的主人，法律保障人民参政、议政的权利。园区社会成员文化素质较一般社会成员的文化素质更高，成员自身的民主参政意识更突出，其参政能力也更强。园区社会建设需要园区各方积极参与园区事务，为园区和谐社会建设提供广泛的力量支持。民主法制是保障园区社会各行为主体依法行使民主权利的制度保障，是广大公民政治参与的机制。仅仅依靠有关管理层的亲民倾向，远不足以保障实现园区社会持续发展的目标。这就需要通过民主法制建设，使园区社会各个阶层都有权利通过制度化的渠道来参与园区社会的各种事务，促进重大问题的决策民主化，更好地实现园区社会的公平正义。

三、民主化、法制化在园区建设中的作用

高新园区作为一个独立的社会体系具有自身的特点,相对其他社区而言,它代表着更多新型经济、政治、社会管理关系,遵从着特殊的运行模式。高新技术园区不是一个简单的生产、交易市场,其各方面的关系、机制、市场主体、市场行为等较以往更为广泛复杂,是新的生产方式和管理方式的代表。这就决定着高新技术园区在遵守国家法律的前提下,还要探索在新的生产技术方式、新的社会关系背景下立法所面临的问题与解决办法。因此,民主法制在高新技术园区中的作用比在其他地区发展中的作用更为明显和直接,也更为迫切。具体来说,民主法制在园区建设中的特殊作用表现在以下三个方面。

(一) 民主法制创造了园区建设中所必需的诚信的社会环境

园区的和谐发展必须有诚信的社会环境,没有各利益主体之间的诚信就没有相互之间的合作,更谈不上园区的和谐发展。和谐园区要求园区各利益主体之间和睦相处,共同发展。诚信是民主法制社会永远的追求。民主的发展使得园区的规章制度兼顾到了多数人的正当权益,规范了人们的行为,减少了产生矛盾冲突的可能性。

(二) 民主法制激发了和谐园区建设必不可少的社会活力

高新技术园区建设的初衷是为实现高技术产业化、促进科技创新创造一个良好的环境。创新创造的活力是高新技术园区生命力的源泉。民主法制通过法律的形式确认和维护劳动者的创业动力、经济利益和创造成果,调动劳动者的积极性和主动性,形成鼓励社会成员创新的良好氛围,营造平等竞争与共谋发展的社会环境,进而激发园区的社会活力。

(三) 民主法制为维护园区内人与自然的和谐提供了制度支持

高新技术园区首先是一个产业区,这就存在着或多或少的环境污染、生态破坏等问题。事实上,越是高新技术对自然的改变越大,园区中的生产经营不可避免地产生的消极效应,是一个园区和谐发展的最大障碍。要

控制好这些消极因素，必须靠民主法制。以民主法制的形式确立人与自然和谐共处的基本原则，抑制与制裁破坏自然环境的行为，是建设生产可持续发展、生态良好的和谐社会的必由之路。

第二节　园区建设中的民主政治建设问题

自1988年中国第一个高科技园区——北京中关村成立以来，高新区管委会作为一种新型行政管理组织，积极探索行政管理体制与管理模式的改革与创新，坚持"小政府，大服务"的管理模式，按照市场经济规则和高科技产业发展规律进行运作和管理，取得了显著的经济、社会效益。然而，在新的经济形势下，进一步研究探索市场经济条件下园区建设中的民主政治建设仍是一个十分重要的问题。

一、国内外高新技术园区管理体制中的民主政治建设

高新技术园区作为社会的一个子系统，其运行与发展离不开社会民主政治的完善。园区社会民主政治建设的重要内容便是园区的管理形式、管理机制的民主实现程度。

（一）国外高新技术园区管理体制

从1951年世界上第一个高科技园区——斯坦福科学园（俗称"硅谷"）诞生至今，"高科技园区"已遍布世界各地。但不同国家或地区园区在具体管理模式和体制的选择上不同。按管理体制来分可以将高新技术园区划分为政府管理型、大学管理型、公司管理型和基金会管理型四种模式。

第一种，政府管理型，其主要形式是由政府设立专门的园区管理机构以便直接进行全权管理的体制。基本上由政府一手操办高新技术园区的一切事宜，实行"单一窗口"的一站式管理和一条龙服务。该管理体制的最高决策机构是中央或地方政府的有关部门，具体的管理执行机构也是中央

或地方政府组织设立的专门机构，这一管理模式主要适用于发展中国家和地区举办的高新技术园区。

第二种，大学管理型，即由大学或研究机构设立专门机构和人员对大学校园内的科学园或孵化器来进行管理的体制。只有为数很少的一些设在大学校园内的科学园或孵化器采用这种类型的管理模式。

第三种，公司管理型，是指采用由各方组成的董事会领导下经理负责的企业管理的体制，即以非营利性的公司作为高科技园区的开发者和管理者，负责区内的基础设施开发建设、经营区内的各项业务、管理区内的经济活动和提供区内企业所需的各种服务。公司多为国有或合营企业，一般由政府控制的董事会或理事会来领导，董事会负责有关园区发展的重大决策，园区的日常管理和经营业务由公司管理层负责。英国、澳大利亚的科学园，美国、德国的孵化器多采用此种管理模式。

第四种，基金会管理型，是一种综合管理体制，即由政府、企业、大学分担义务，通过组建基金会（协会）来共同承担管理职能的综合管理体制。国外一些规模较大的高科技园区均采用此种管理模式。

从参与管理的主体性质来看，政府管理型和大学管理型属于一元管理体制，而公司管理型和基金会管理型属于多元管理体制。从管理机构的层次看，以上管理体制基本上都包含三个层次：最高决策机构、具体管理执行机构和服务机构。在一元管理体制中，最高决策机构的职能通常由地方政府或校董会承担，具体管理执行机构多为政府或学校设立的专门行政机构，服务机构一般以公司或事业机构的形式出现。多元管理体制中，最高决策机构多为由多方成员组成的董事会、协会、管理局；具体管理执行机构为公司、基金会或专项职能部门，它们对园区内的企业、研究机构的具体业务不予干预，但又能体现政府对园区的影响和引导，如通过注入资金、制定政策、出台法律法规、派出董事会代表等方式来体现。这种体制以资金管理牵头，带动行政管理和科技管理，使管理权力和利益风险挂钩，使责、权、利三者统一，既有利于各参与主体积极性的发挥，也便于协调各方面的关系。目前，这是世界高新技术园区管理模式的发展趋势。

(二) 中国高新技术园区管理体制模式

30多年来,伴随高新技术的发展,我国高新技术园区形成了具有中国特色的管理体制。根据政府和企业参与的程度不同,可具体分为政府主导型管理体制、企业主导型管理体制和政企混合型管理体制[①]。

首先,政府主导型管理体制。所谓"政府主导型管理体制",就是特别强调政府在高新区管理过程中的重要作用,由园区所在地的政府或政府的职能部门对园区进行直接管理。这种管理体制根据园区管委会权力的大小,可以分为"纵向协调型"与"集中管理型"[②]。"纵向协调型"管理体制是由园区所在城市的政府全面负责园区的管理工作,所在城市政府设置开发区管理委员会,人员由原政府行业或主管部门的主要负责人组成,园区的各种管理仍由原行业主管部门进行,园区管委会只负责各部门之间的协调,组织有关部门处理园区重大问题,监督各部门的日常工作,审查监督建设规划的制订、实施及政策的执行情况,不直接参与园区的管理。"集中管理型"管理体制又称为"封闭型"或"半封闭型"管理体制,它是在城市中与其他行政区相对隔离,经济、行政管理相对独立的特殊区域,由地方政府授权组建专门派出机构——园区管委会,与"纵向协调型"管理体制相比,它对区内事务行使管理权限,但在工作上要受原地方政府各行业主管部门的指导。

其次,企业主导型管理体制。这种管理体制主要是以企业作为园区的发展者与管理者,通过设立独立的经济贸易开发总公司来具体规划和管理园区。经济贸易开发总公司作为经济法人,组织区内的经济活动,同时经济贸易开发总公司还承担部分政府协调职能,譬如,土地开发、项目招标、建设管理、企业管理、行业管理和规划管理等职能。园区的各种社会性和行政性事务则由城区政府统一负责管理,其他的管理事务,如人事、税收、工商等还是由政府的相关职能部门来负责,经济贸易开发总公司直

[①] 闫国庆等:《开发区治理》,中国社会科学出版社,2006年版,第59—68页。
[②] 雷霞:《关于我国开发区管理体制的类型及其改革的思考》,《齐鲁学刊》,2007年第6期。

接向所在地政府负责。

最后,政企混合型管理体制。政企混合型管理体制是介于政府主导型和企业主导型之间的一种管理体制,也可以说是采用政府和企业相结合的方式来运作的一种管理体制。根据园区管委会与总公司的关系,政企混合型管理体制又可以分为"政企合一型"与"政企分离型"两种具体的管理体制。"政企合一型"就是在园区管委会下设一个总公司。管理委员会负责决策和其他服务性职能,发展总公司负责区内的基础设施建设,虽然发展总公司是经济实体,但在管理上仍然具有很大的行政性质。"政企分离型"就是园区管委会作为地方政府的派出机构来行使政府管理职能,不直接运用行政权力干预企业的经营活动,而把重点放在协调和监督方面,园区的发展总公司和专业公司作为独立的经济法人,实现企业内部的自我管理,从而使政府的行政权和企业的经营权相互分离。①

二、我国园区民主政治建设特点及存在问题

(一) 园区社会民主化的特点

较之一般社会的民主化,园区社会民主化呈现出较为独特的特点,其具体表现在以下方面。

第一,园区社会的民主化程度明显高于一般社会。

园区社会的经济增长较一般社会更快,经济发展水平更高。罗伯特·达尔(Robert A. Dahl)认为,市场经济条件下的经济增长及其导致的社会变迁,非常有利于发展和维持民主制度②。马丁·李普赛特(Martin Lipset)指出,一个国家越富裕,它准许民主的机会就越多③。西方的经验表明,不断发展的工业化、城市化,财富与教育或识字率有利于建设民主制度,其中公民社会自治是民主化最重要的社会基础。

---

① 雷霞:《我国开发区管理体制问题研究》,山东大学博士学位论文,2009 年。
② [美]罗伯特·达尔:《论民主》,李柏光、林猛译,商务印书馆,1999 年版,第 167 页。
③ [美]摩西·马丁·李普赛特:《政治人:政治社会的基础》,张绍宗译,上海人民出版社,1997 年版,第 25 页。

我国是一个缺乏民主和法制的国家，建立社会主义民主制度的基础比较薄弱。在保证社会主义民主平等实现的经济基础还没有完全建立起来的情况下，社会大多数人对政治权力的需求还没有像对经济、社会、文化的需求那么迫切，社会主义的平等意识和法制权威还在形成过程中，公民的政治人格还不完全独立，民主实现的真实性还得不到保证。我国高新技术园区是改革开放的成果与经验的结晶，是社会主义市场经济快速发展的产物，我国高新技术园区从开始创建就有着很好的经济基础，而且自成立以来多数园区承担着本地区经济发展的重任，高新技术园区的超常发展已经成为我国经济建设的重要组成部分，并在经济建设中发挥着越来越重要的作用。

高新技术园区的经济发展可以通过以下几组数据来体现。2000年53个国家级高新技术园区技工贸总收入达到9209亿元，是1991年的105倍，税收达到460亿元，出口创汇186亿美元，是1991年的103倍。2000年高新区工业增加值达到1979亿元，较上年增加503亿元，占全国工业增加值新增部分的24%[1]。2010年，27家省级高新区升级为国家高新区，国家高新区总数达到83家，国家高新技术产业总产值年均增长17%以上，2010年达到7.6万亿元，居世界第二位[2]；高新技术产品出口达到4924亿美元，是2005年的2.3倍，居世界第一位[3]。高新技术园区经济的快速增长，直接促使园区社会民主化的高度发展。

第二，园区自身的民主化要求相对于其他社会更为强烈。

相对于由政府推动民主化的一般社会，园区对民主化的要求更加强烈。园区社会成员文化素质较一般社会成员要高。高新技术园区吸引了优秀人才，园区内人员文化水平普遍较高，尤其是私营企业中的人员素质更是明显高于其他地方，其中大专以上的占40%，中高级职称的占25%，研

---

[1] 郑凌云：《产业集聚视野下的高技术园区发展》，《产业经济研究》，2003年第2期。
[2] 中华人民共和国科学技术部：《国家"十二五"科学和技术发展规划》，http://www.most.gov.cn/mostinfo/xinxifenlei/gjkjgh/201107/t20110713_88230.htm。
[3] 张晓强：《增强科技创新能力 加快促进高技术产业发展》，《科技日报》，2011年8月16日。

究开发人员占14%，远远高于其他企业人员的素质。文化水平高使得成员自身的民主意识较强，相应地，成员的民主化诉求就会更强烈。同时，由于园区成员具有的平均文化水平高于一般社会成员，这就决定了园区成员在社会上有较多的就业机会。也就是说，园区社会成员不仅有强烈的民主化意识，成员自身还有较强的民主化能力。

第三，园区社会民主化形式更加多样。

这一特点是由园区社会特有的文化环境决定的。园区社会成立的历史很短，它是现代文明的产物，现代文明的一大标志就是民主精神的张扬。具体到我国高新技术园区的成立，它是在社会主义市场经济体制确立、经济体制改革、政府职能转变等一系列大变革背景下产生的，这样的历史文化背景使得民主的意识渗透到了社会的每一个角落，同时极大地提升了园区社会的自主化程度，而社会自主化程度的高低又直接决定着现代民主政治的深度和广度。

（二）园区社会民主化存在的问题

我国高新技术园区主要有政府主导型、企业主导型和政企混合型三种管理模式，无论哪种类型的管理模式，都有其自身的优势，但也不可避免地存在一些问题。

第一，有些方面政企没有真正分开。

现在有少数高新区管理体制趋于僵化，个别园区甚至旧体制复归，机构臃肿庞大，效率低，官僚主义严重，这样下去，如果不对高新区进行改革，将失去生命力。通过多年来政府管理体制的探索性改革，从效果来看，行政效率的确得到了提高，但如果真正按照建立市场经济体制的要求，中国高新技术园区的管理体制改革还有一定的差距，在某些方面，政企还没有真正分开，政府还没有完全从企业活动中脱离出来，其重要表现之一就是行政审批制度。尽管政府已多次出台政策规定，减少审核程序，但在传统的政府主导型管理体制中这类问题仍较为突出。

第二，社会中介组织的建立和完善有待进一步加强。

目前，中国园区中介组织体系刚刚建成，在发展过程中，还存在许多突出问题,现有的中介组织经营行为大多都不规范,执法人员整体素质不高,规模小,投入不足,许多领域和行业的中介组织一直处于空白,培育和发展的任务十分艰巨。这就要求园区管委会充分发挥各类中介组织和行业协会的桥梁和纽带作用,把政府管不了、管不好的事情交给社会中介组织去完成。管委会自身要坚决做到不与企业争权力、争资源、争利益,不以权谋利,而要积极创造条件,吸引和扶持各种社会力量,建立和完善与政府完全脱钩、自主经营的各种中介服务组织,在园区内营造一个良好的区域市场经济环境①。

第三,体制回归压力增大。

一些上级政府和职能部门对园区的指导和领导方式,逐渐与一级行政区"趋同"。要求园区像其他行政区一样,参加统一开展的各种社会活动,承担与园区工作无关的社会事务,增设相应的对口工作机构,接受统一组织的各种检查评比活动。国家和省市还先后对税务、工商、技术监督、社会保障等管理机构实行了垂直管理,园区管委会作为派出机构所拥有的经济管理权、财税统筹权由相对集中转为"软性分解"。园区《条例》——地方性法规与行政规章赋予管委会的权限被各部门的行政规章和红头文件所强调的纵向集中管理所分解,一些原本下放给园区管委会行使的职能权限上收,有些虽未上收,但须逐事逐项上报"确认""审核"。权限分解所导致的必然结果,就是办事环节增多,协调难度增大,工作效率降低,工作主动性减弱,管理机构和管理人员增多,统一、效能的行政运作机制受到制约。园区行政工作运作由相对自主、主动变为随从、被动②。

第四,行政管理方式趋于封闭保守。

建区初期,园区曾经把大量的社会事务和经济开发权限下放给企业和社会中介机构行使或代理,这本来是符合市场经济发展要求的好办法,是政府职能转变的好趋势。现在,园区把曾经下放的权力和职能又逐步上

---

① 丁福浩:《中国经济技术开发区的管理模式研究》,华中科技大学博士学位论文,2004年。
② 丁福浩:《中国经济技术开发区的管理模式研究》,华中科技大学博士学位论文,2004年。

收,管理部门设置越来越多,而且管了许多不该管也管不好的事。一些职能部门仍习惯于微观经济管理和具体事务性管理,行政审批项目多、环节多;政企不分、政事不分、政社不分的情况在不少园区仍然存在。行政部门似乎整天忙忙碌碌,却没有忙在点子上。导致管理职能错位,机构、人员难以精简,行政效率不高,形式主义、文牍主义滋生,也为少数行政工作人员"寻租"提供了体制条件。①

三、提升我国园区民主政治建设的对策

基于以上我国高新技术园区中存在的问题,我们提出如下相关对策,以进一步推动我国高新技术园区的协调发展。

(一) 构筑精简、高效、协调的行政管理体系

高新技术园区要想健康良性发展,行政管理体系就必须与市场经济相适应,与国际惯例相接轨。按照"小政府、大服务"的管理模式,构筑精简、高效的新型行政管理体系,是园区行政管理体制创新的发展方向。而要实现这一目标,必须突出解决好以下三个问题:一是明确园区的功能定位。即明确规定开发区的形式和具体功能,建设发展的总体目标和主要任务。二是明确园区管理体制的法律地位。这就要求国家制定一部统一的高新技术园区法,为园区的法律地位提供法律支持。三是积极推行机构改革。按照"精简、高效"的原则,合理划分职能,尽快建立起重点突出、运转协调、精简高效的全新行政管理体制,更好地发挥政府的规划协调和监督服务作用。此外,要理顺开发区管委会与市直各职能部门的关系,要求市直各职能部门要下放权力,以提高开发区的办事效率。

(二) 构筑与市场经济体制相适应的社会中介组织体系

高新技术区行政管理部门要学会按照市场经济规律办事,把不该管、管不好的事交给市场、企业与中介组织,行使好自己的监管职责。为此,

---

① 丁福浩:《中国经济技术开发区的管理模式研究》,华中科技大学博士学位论文,2004年。

要做好三个方面工作：一是理顺政府部门与中介组织的关系。即把那些原来由政府承担的大量具体琐碎的有关落实政策的职能、行业管理的职能以及社会监督的职能等逐步交由中介组织行使。二是加大对社会中介组织的监管力度。园区管委会的职责是加强行业协会建设，引导行业管理组织制定行业的执业准则、技术标准及后续教育等制度，担负起监管责任，确保中介组织健康有序发展。三是不断提高社会中介组织的从业者素质。这就要求在健全用人机制的基础上，有计划、有步骤地对执业人员进行培训，同时，利用高薪、高位等政策，适当引进一批高级管理人才和权威型执业人才。

（三）构筑权责明确、管理科学的现代企业运行机制

高新技术园区体制创新的一个重要方面是企业制度的创新，企业是园区经济有机体的细胞，是园区活力的微观经济基础，企业制度的创新对于园区的经济发展有着直接的影响。开发区的企业制度创新应从产权制度、资本组织形式、企业内部治理结构、激励和约束机制等方面同时着手，分类型、分阶段实施改革。为此，首先要以产权关系为纽带，调整直属国有企业的管理架构；其次要勇于面对市场，鼓励区内外各种所有制企业参与国企改革；再次要以机制创新为动力，组建高素质的职业企业家队伍；最后要以经济职能为重点，强化经济功能在体制中的作用。构筑权责明确、管理科学的现代企业运行机制的目的在于避免体制回归压力的增大。

（四）构建适宜园区发展的人文环境体系

要构建适宜园区发展的人文环境体系，就要坚持"以人为本"的管理理念，建设高素质的园区行政管理人员队伍，在社会大环境短期内难以改善的情况下，园区要尽可能实现"事业留人""待遇留人"的小环境，使园区既出"建设成果"，又出"人才成果"。这就要从以下几个方面入手：一是定岗定编、精简机构。按照"小政府、大服务"的模式，遵循"精简、统一、效能"的原则，着力解决机构臃肿，效率低下的弊端，定岗定编、精简机构,以推动和促进园区全面发展。二是全面推行政务公开。向社会公开各部门的职权范围、办事程序、有关要求及条件、办事时限、收费标准和责任人员等,及时向群众公布政务信息,提高行政行为的透明度,提高工作效率。三是改革人事制度。要改革用人机制,建立择优录用、能上能下、能进能出的用人机制。坚持靠机制选人,用制度管人,凭业绩用人。四是建立选优用优、效率优先的激励机制。要充分体现"效率优先、兼顾公平"的原则。在财力允许的条件下,逐步提高管理工作人员的收入水平,搞好生活福利,恰当体现"待遇留人"。[①]

综上所述,高新技术园区的民主政治建设,从短期看,集权式管理机构可以取得较高的经济增长效率;从长期看,制度规范和开放式的管理机构才是真正能够保证长期经济发展的至关重要的因素。

第三节　园区建设中的民主法制建设问题

高新技术园区作为20世纪中期出现的新的经济形势,其产生和发展对我国科技、法律、经济、管理和政府职能带来了巨大影响和变革。随着科技的进步、社会的发展,大量的高新技术不断涌现,我国的高新技术园区面临着更为复杂的风险、机遇和挑战,法律制度作为园区社会整合和社会控制的重要手段,对于调节、规范和引导园区社会的良性运行及协调发展具有重要意义。

一、我国高新技术园区民主法制建设的现状

改革开放以来,我国在健全法律制度、维护社会主义法制的统一和尊严、树立社会主义法制权威、加快构建与社会主义市场经济体制相适应的法律、法规体系方面取得了巨大进展。这不仅为高新技术园区社会法制化建设奠定了重要的法律基础,而且为高新技术园区的健康发展创造了良好

[①] 丁福浩:《中国经济技术开发区的管理模式研究》,华中科技大学博士学位论文,2004年。

的法制环境,主要体现在以下三个方面。

(一)园区管理机构的法律地位得到确认

早在1996年,国家科委发布的《国家高新技术产业开发区管理暂行办法》第二章,就国家高新技术园区的管理问题做出了规定,明确了国家科委、省(市)科委及国家级高新技术园区管委会的管理职责和权限;同时,在各地制定的相关政策法规中,也都不同程度地对园区的管理问题做出了规定。例如,《中关村科技园区条例》的第六章"管理体制"中,园区管委会被确定为园区的直接管理机构;《沈阳高新技术开发区管理条例》第八条规定,"沈阳市人民政府设立沈阳高新技术产业开发区管理委员会(以下简称管委会),管委会享有市级经济管理权限,代表市人民政府对开发区实行统一领导和管理"。通过一系列法规政策,园区管委会作为园区管理机构的法律地位得到一定的认可,园区依法管理有了基础保障。

(二)园区企业组织的各种经济活动有了法律规范

高新技术园区是我国高科技产业发展的重要载体,而高科技企业又是园区建设的市场主体。加快园区高科技产业发展,离不开良好的法制环境。从企业组织层面审视园区法制建设,这方面的法律、法规主要集中在:一是高新技术企业的认定,二是高新技术产业的管理,三是高新技术企业的劳动人事等内部关系,四是知识产权的保护。代表性的政策法规主要有《科技部关于印发〈国家高新技术产业开发区高新技术企业认定条件和办法〉的通知》《国家高新技术产业开发区管理暂行办法》等。这些法律、法规为园区企业在日益成熟的市场经济体制中的各种经济活动提供了基本的规范原则。

(三)法制已成为园区社会组织发展的内在要素

在"863计划""火炬计划""产学研工程科技产业计划"等宏观政策、法规的支持与指导下,我国的高新技术园区经历了从无到有、从弱到强的发展历程。在此基础上,与园区现代化进程相伴随的是园区社会组织法制化建设的日趋规范，在完善保障公民权利、推进社会事业、提高社会保障水平、规范社会组织、加强社会管理等法律、法规建设方面进行了有益的探索。一方面，法制逐渐成为园区社会运行的"秩序"和社会组织的行为规范，从而具有激励和约束功能，在降低交易成本、调整园区社会关系、推进和谐园区建设等方面发挥着重要作用；另一方面，法制建设的重点是保障民主、科学决策，随着园区社会经济的不断发展，法制作为一种制度安排，已逐步成为园区社会组织发展的内在要素。

二、我国高新技术园区社会法制化建设存在的问题

高新技术产业是一个新兴的知识密集型产业，高风险、高技术等特点使其不同于传统产业。从国家到地方所出台的政策法规，对规范园区的运作、维护园区内企业的合法权益、推动高新技术产业的发展壮大都起到了极大的推动作用。但是，随着社会环境的改变，园区的法制建设难以满足新时期我国园区建设的现实，总体来看，目前我国园区社会法制化建设存在的不足和缺陷主要集中在以下几个方面。

（一）园区高科技产业化的发展缺乏专门法的有力支持

一些国家对高新技术园区的建设和发展制定了专门法，如新加坡有《新兴工业法令》，日本有《高技术密集区促进法》等；而从我国园区现有情况看，真正属于法律层面的控制依据只有《中华人民共和国科学技术进步法》，但它也只对高新技术研究和高新技术产业做了规定，未对高新技术园区做出实体规范。因此，我国高新技术园区的专门立法方面还存在很大缺失，难以满足园区可持续发展的需要。

（二）地方主导型的立法模式不利于园区整体的宏观调控

我国目前还没有出台一部总揽全局的"高新技术园区法"，现行关于高新技术园区的立法主要是地方主导型的立法模式。例如，2001年1月1日，《中关村科技园区条例》颁布实施，奠定了地方高科技园区立法范例；2001年5月1日，《深圳经济特区高新技术产业园区条例》也正式推出。

这种地方主导型的立法模式为园区建设提供了一定支持，但由于各地往往根据自己的情况和需求确定法律、法规的内容，其结果难免顾此失彼，因此造成了一定混乱，导致各个地区在政策优惠方面的恶性竞争和重复建设，严重影响高新技术园区应有功能的发挥，而且分散的法规容易导致操作的成本过高，也不利于我国园区整体的宏观调控。

（三）园区现有法律、法规实施的时效性缺乏有力保障

园区有关的政策、法规需要相应的强制措施保证其严格执行，而执行的过程离不开政府工作人员的参与。但实际上，目前绝大多数政策和法律、法规对园区内各种人员的违法行为，尤其是国家工作人员的渎职行为如何处罚尚无较为科学、全面的规定。例如，园区管委会未能按规定如期批复有关申请，导致企业的重大损失，有关行政人员是否应受处罚、如何处罚等都没有规定。这在无形中埋下了政策、法规实施过程中的隐患，可能造成法律、法规的实施在实践中遭到各种手段的抵制和排斥，不利于园区政策法规的良性运行。

三、促进我国高新技术园区法制化建设的思考

在园区法制化建设方面，完善法律规范，以及引导内在制度是政府在高新技术园区发展中经济职能的重中之重。"一个国家、一个地区高新技术产业发展的快慢，不是决定于政府给了多少钱，调了多少人，研制出多少技术，而是决定于是否有一套有利于创新活动开展和人的潜能充分发挥的制度安排、社会环境和文化氛围。"[①] 吴敬琏的这一论述指明了促进高新技术产业发展的关键所在——制度保障。民主法制为当前园区社会生活的良性运行提供了必需的制度保障，园区民主法制化建设离不开权力机构的大力推进，同时更需要园区社会各行业主体的积极监督与参与。当前，推进园区法制化建设应突出以下几个重点。

---

① 吴敬琏：《制度重于技术》，《新华文摘》，1998年第6期。

（一）加强立法，完善园区企业发展的专项法律、法规

园区企业是园区社会最为重要的经济活动主体，促进园区法制化建设，需要针对园区企业发展中面临的共同突出问题加强立法工作，制定相应的法律、法规，以作为园区企业发展的法律、法规支撑，使园区经济发展的各个方面有章可循、有法可依。从目前园区企业发展的实际情况看，可以从以下方面考虑。

第一，完善知识产权相关法律，保护企业创新成果。高新技术的迅猛发展，使得高新技术知识产权保护势在必行。高新技术的创新性决定了高新技术知识产权保护更迫切需要法律的规范。一方面，将分散于诸多经济法律、法规中有关的高新技术知识产权的法律形成一个统一完整的整体，构建一个逻辑严密、互为补充的法律、法规体系；另一方面，随着高新技术的不断创新，知识产权保护的法律应该更为合理和详细地体现创新的发展与需求。

第二，落实企业社会责任制度，维护园区和谐发展。有关部门应规范和完善园区企业社会责任的相关法律，通过法律程序，制定适合我国园区发展实际的企业社会责任标准，完善企业社会责任制度。同时，在执行层面，要形成刚性的企业不承担社会责任的监督惩处制度，加强企业社会责任的监督检查工作和执法力度，对有法不依、执法不严、违法不究的现象严加惩处；对行政不作为、司法不作为建立问责追究制度；对造成严重后果的，通过司法程序追究企业的刑事责任。

（二）促进法制创新，建立科学的园区社会管理模式

政府管理园区经济的模式，直接影响着园区社会发展的速度。现代园区经济的发展，要求通过依法行政、规范决策、权力约束、职能转变等诸多法制化行为，实现政府对园区经济发展科学有效的管理。园区社会管理机构的设立、机构职能、基本工作程序、政策的制定与实施都有规范的法律法规可依，这在一定程度上避免了地方政府因权责不明而带来的管理无序、一拥而上、滥用政策等弊端。

促进园区法制创新，使园区管理机构的管理和服务更加科学化与民主化，为构建和谐园区提供可靠的制度和机制保障。一是进一步增强园区管委会工作人员的法治意识和服务理念，充分发挥管理机构内部监督部门的作用，努力提高监督工作的质量和水平。二是发挥大众传媒表达公民意愿、执行社会监督的重要功能，支持并鼓励报纸、杂志、广播、电视、网络等大众传媒发挥舆论监督的作用，揭露行政过程中的一些不正当行为。三是建立和完善巡视制度，形成监督的整体合力，使管理机构内部监督与社会组织，如科协和工商联的监督结合起来，努力在园区建立健全结构合理、职能明确、运行有序、相互协调、效力明显的监督机制，为从根本上制止权力滥用探索有效的途径。

（三）积极推进非正式制度创新，大力培育园区现代法律文化

随着我国现代化进程的推进，各种非政府组织和民间组织得到长足发展，其参与社会事务的愿望也日益强烈。园区有关管理部门社会各阶层、各行业的特殊利益则完全可以先由民间组织讨论表达出来，再通过社会协商的方式加以协调解决。推进园区法制创新要求积极加强非正式制度创新，为正式制度创新营造良好的环境，减少正式制度创新的摩擦和阻力。例如，科协、工商联等非政府组织充分发挥纽带和桥梁的作用，适当时机组建园区产业技术联盟，通过这些平台，保证园区各行业主体依法行使民主管理、民主监督的各项权利，使园区的决策、执行、监督等工作更好地体现企业的意志，维护企业的利益。

积极推进非正式制度创新，必须大力培育现代法律文化，增强园区各类主体对法律的需求，促进园区法制化建设。一是树立法律信仰，形成崭新的法律态度。通过激发居民对法律的信任、信心和尊重，使公民普遍形成一种崭新的法律态度，并把法律的要求内化为自己从事一切社会行为的前提，积极主动地参与园区法制化建设。[①] 二是加强法制宣传教育，增强园区社会法治意识。通过法制宣传教育，提高居民，特别是各级领导干部

[①] 盛洪：《为什么制度重要》，郑州大学出版社，2004年版，第56页。

的法律素质,由注重依靠行政手段管理向注重运用法律手段管理转变,因势利导,积极搞好服务和保障工作。组织居民参与健全园区法制的民主化进程,在参与民主政治中学法,在参与法制实践中用法,并充分利用现代媒体,建立法制宣传平台,更多、更好地提供园区公众法律教育方面的服务。

在国际竞争日趋激烈的今天,民主法制越来越成为高新技术园区保持核心竞争力和可持续发展的有效制度与法律保障。针对我国园区民主法制化进程中暴露的一些问题与弊端,贯彻科技部关于发展高科技的法律、法规、条例精神,对高新技术园区的法律支持进行有针对性的改革与完善,在建设实践中规范园区的良性运行,对于推动我国经济、社会、环境的可持续发展,保证我国在世界经济一体化的浪潮中立于不败之地,具有十分重要的现实意义。①

第四节 加快园区民主化与法制化建设的对策

园区民主法治意识的增强、民主法治文化的培养、民主法治制度的建设,为园区社会提供了人文环境、制度支持与法制保障,有利于促进园区社会各构成要素的协调发展,有利于推进园区社会的良性运行。

一、园区民主化法制化建设的必要性、可能性与带动性探析

(一) 加快园区民主化与法制化建设有其必要性

我党历来重视民主法制在现代化建设中的重要地位,从民主法制建设的历史来考察,经历了以下几个阶段:一是党的十一届三中全会,总结了中华人民共和国成立以来的历史经验,特别是"文化大革命"的惨痛教训,做出了要把全党工作重点转移到社会主义现代化建设上来的重大决

---

① 纪德尚、樊慧静、王晓博:《我国高新技术园区法制化建设系统思考》,《黄河科技大学学报》,2010年第4期。

策,同时强调为了保障人民民主,必须加强社会主义法治建设,使民主制度化、法律化,使这种制度和法律具有稳定性、连续性和权威性,做到有法可依、有法必依、执法必严、违法必究。二是党的十五大提出依法治国是党领导人民治理国家的基本方略,提出要建设社会主义法治国家,明确到 2010 年形成有中国特色的社会主义法律体系的立法任务。这是以江泽民同志为核心的第三代中央领导集体对中国特色社会主义民主法制建设思想的丰富和发展[①]。三是党的十六大明确提出发展社会主义民主政治,建设社会主义政治文明,是全面建成小康社会的重要目标,强调发展社会主义民主政治,最根本的是要把坚持党的领导、人民当家作主和依法治国有机统一起来,要求不断促进社会主义物质文明、政治文明和精神文明的协调发展。同时重申了到 2010 年形成中国特色社会主义法律体系的目标[②]。四是党的十七大强调要"坚持依法治国基本方略,树立社会主义法治理念,实现国家各项工作法治化,保障公民合法权益"[③]。园区民主法制是整个社会民主法制现代化建设的重要组成部分,我党对民主法制的重视与目标为园区民主法制建设提供了有力保障和支持。

(二) 加快园区民主化与法制化建设有其可能性

园区民主法制建设在我国已具备最基本的制度和政策保障。改革开放 40 多年来,在邓小平理论和"三个代表"重要思想的指引下,在党的正确领导下,我们在不断推进经济体制改革的同时,积极稳妥地推进政治体制改革,社会主义民主法制建设取得了巨大成就。我们在国家领导制度、立法制度、行政管理制度、决策制度、司法制度、干部人事制度、基层民主制度和监督制约制度等方面进行了一系列改革,并将其成功的经验制度化、法律化。到目前为止,除现行宪法和四个宪法修正案外,全国人大及

---

① 王久高:《改革开放以来我国城市社区民主自治建设的历史考察》,《中国特色社会主义研究》,2009 年第 1 期。
② 陈红太:《中国民主政治建设的基本共识和民主现代化的实现》,《中国特色社会主义研究》,2009 年第 1 期。
③ 胡锦涛:《高举中国特色社会主义伟大旗帜 为夺取全面建设小康社会新胜利而奋斗》,《羊城晚报》,2007 年 10 月 25 日。

其常委会制定了200多部现行有效的法律，国务院制定了650多部切实有效的行政法规，地方人大及其常委会制定了7500多部地方性法规，民主自治地方制定了600多部自治条例和单行条例。现在，我国以宪法为核心的中国特色社会主义法律体系已经初步形成，国家政治、经济和社会生活的主要方面基本上做到了有法可依。民主法制建设取得的这些成就，为改革开放和社会主义现代化建设提供了重要保障，为园区民主化法制化建设提供了后盾。

（三）加快园区民主化与法制化建设有其带动性

园区和谐发展离不开民主法制，加快园区民主化与法制化建设相对于整个社会的民主法制建设具有很好的推动效应。这表现在以下四个方面：一是促进了园区社会的和谐与稳定发展。园区内社区民主建设调动了居民的积极性，充分发挥了他们当家作主的热情，有效化解了居民内部的矛盾，整合了社区建设的各种资源，改善了社区的环境，提高了居民生活质量，因此，有利于促进园区的和谐发展与社会稳定。二是孕育和培养了中国民主政治的主体。民主的发展首先要提高公民的民主意识、民主素养和民主能力。由于生活在园区的居民主要是城镇居民，其主体数量较大，另外还有1亿多名流动的农村精英阶层，无疑，社区民主的发展会使民主、自由、平等、公正、法治等社会主义核心价值观不断深入人心，提高社会居民的民主意识、民主素养和民主能力。三是有益于开辟中国特色的民主之路。中国国情决定了中国的民主不能照搬西方模式，由于中国园区发展的不均衡，中国的基层民主建设在基本原则一致的前提下各具特色。国家民主制度层面的代表制和基层社会层面的直选制交相辉映，形成了颇具中国特色的民主制度。四是有助于推动中国的政治社会改革。民主法制的发展更有利于建设有效政府，一种相对民主、高效、科学的"小政府、大社会"的管理机制将成为中国社会的发展趋势。

二、加快园区民主化与法制化建设的途径

民主法制建设是当前园区社会生活中必不可少的一部分，从构建和谐

园区的现实需求来看，应做好以下工作。

一是积极推进社会主义民主的制度化、规范化和程序化，保证园区企业的主人翁地位、构建和谐园区的政治基础。要充分发挥科协、工商联等组织的纽带和桥梁作用，适当时机组建园区产业技术联盟，通过这些平台，保证企业依法行使民主管理、民主监督的各项权利，使园区的决策、执行、监督等工作更好地体现企业的意志，维护企业的利益。要完善和加强基层民主建设，从企业最关心的问题入手，保证上情下达、下情上传渠道的畅通。特别要建立健全社会矛盾纠纷处理的预警机制和应急处理机制，不断增强做好群访工作的能力，正确处理人民内部矛盾。

二是贯彻落实《全面推进依法行政的实施意见》，提高依法执政水平，为构建和谐园区提供有力的法制保障。要加强党对行政执法工作的监督，支持和保证园区管委会等机关依法行使职权，抓紧制定和完善反腐倡廉等监督制度。要牢固树立法制观念，坚持在宪法和法律的范围内活动，两委机关干部要带头维护宪法和法律至高无上的权威。

三是决策过程的科学化、民主化，妥善协调各方面的利益关系，为构建和谐园区提供有力的政策支撑。要坚持把促进高科技产业集群向创新集群转型作为制定政策、开展工作的出发点和落脚点，正确反映和兼顾不同阶层群众的利益。要完善重大决策的规则和程序，对涉及园区经济社会发展全局的重大事项，要广泛征询意见，对与企业利益密切相关的重大事项，要通过公示、听证等制度，扩大企业的参与度。

四是加强对权力运行的制约和监督，保证把人民赋予的权力用来为人民谋利益，为构建和谐园区提供可靠的制度和机制保障。要进一步加强党内监督，认真贯彻党内监督条例，努力提高监督工作的质量和水平。建立和完善巡视制度，要形成监督的整体合力，要把党内监督与国家专门机关的监督、科协和工商联民主的监督、党员和人民群众的监督、社会舆论监督等结合起来，努力在园区建立健全结构合理、职能明确、运行有序、相互协调、效力明显的监督机制，为从根本上制止权力滥用和贪污腐败探索有效途径。

综上所述，高新技术园区是 21 世纪国家、地区竞争的新模式、新焦点，完善的法律支持、依法的行政管理是保障高新技术园区建设顺利进行的必由之路，在国际竞争日趋激烈的今天，针对我国民主法制进程中暴露的一些问题与弊端，贯彻中共中央、国务院关于改革开放和发展高科技的法律、法规、条例精神，对高新区的法律支持进行有针对性的改革与完善，以期在建设实践中规范高新区的运作，对于推动我国经济、社会、环境的可持续发展，保证我国在世界经济一体化的浪潮中立于不败之地，具有十分重要的现实意义。

第六章　园区社会服务与新型社区建设

在现代化的园区社会中，维系园区社会运行以及保障园区社会成员的生存安全和社会福利，不仅需要从制度层面建立一个社会化的社会保障体系，更重要的是以建设新型社区的方式为园区居民提供广泛而有效的社会服务。园区社会新型的社区建设，是园区社会建设的一项重要内容，也是推动园区社会发展的一项重要的社会性基础工程，对推动园区社会发展具有重要意义。

第一节　园区社会建构与社会服务创新

园区社会建构与运行离不开满足社会成员需要的社会服务活动。从历史上看，社会服务是在工业社会文明发展中形成的，它一经产生便在社会建设中发挥着越来越重要的作用。我国园区社会日趋现代化的发展，需要有一个具有现代化特征的社会服务与之相匹配。所以，创新社会服务就成为园区社会发展的应有之义。

一、社会服务发展的历史进程

社区服务的概念最早在英国被称为社会服务。社会服务实践起源于产业革命，迄今已有100多年的历史。西方早期的社会服务以社会福利服务的形式出现，主要为城市中无收入或低收入的贫困群体、老年人等提供社会救济服务，具有济贫的性质，比较单一。自1884年在英国伦敦成立了世界上第一个正式的社会服务中心——"汤恩比馆"之后，其服务范围便有所扩大，不仅包括对贫民的生活救济服务，还包括心理服务、文化辅导及公民教育等。其后，此类社会服务机构在其他欧美国家相继出现，如美国纽约的"邻舍辅导处"、芝加哥的"邻舍会馆"等。

第二次世界大战后，西方国家偏重经济的高速发展，而忽视了社会发展，从而带来了一系列的社会问题，使社会不堪重负；同时，随着物质生活水平的提高和生活方式的转变，人们新的需求不断增长，原有的社会服务体系不能与之相适应，于是促使西方国家的社会服务迅速发展。这一时期，与以前的自发性和民间性的社会服务相比，开始朝着健全机构、完善组织的方向发展，目前已经形成比较完善的社会服务体系。在组织形式上，西方国家的社会服务采取政府机构和民间组织相结合，专业服务和志愿服务、互助服务相结合；在资金来源上，采取政府资助、民间捐助、社会集资与对服务对象的适当收费相结合；在服务方式上，采取福利性服务与营业性服务相结合。[①] 1945年以后，社会服务在西方国家已经成为社会政策构架中的一部分。社会服务在金融投入、组织管理、生产程序和控制过程的增长程度上都已经变成了公共事业中一个独立负责的部分。

二、园区社会服务的特征

园区社会服务一般包括生活福利性服务、生产性服务和社会性服务。生活福利性服务是指直接为改善和发展园区居民生活福利而提供的服务，如衣、食、住、行、用等方面的福利服务；生产性服务是指直接为园区企业的发展提供的服务，如原材料运输、能源供应、信息传递、科技咨询、劳动力培训等；社会性服务是指为整个园区社会正常运行与协调发展提供的服务，如公用事业、文教卫生事业、社会保障和社会管理等。园区社会作为一种新型的区域社会，不同于传统的农业社会和工业社会，其社会服务不仅限于生活福利性服务供给，还包括生产性服务和社会性服务的全面跟进，这样才能促进园区社会的和谐运行。那么作为一种新型的社会，园

---

① 黄序:《城市发展中的社区建设》,中国城市出版社,2002年版,第54页。

区的社会服务就具有了以下独有的特征。

(一) 现实性

在园区社会中,无论是园区里的高新技术人才还是一些高新技术企业,面临的生存风险不仅是多样的,而且是系统的,要抵御这些风险,仅靠资金和物质资料是远远不够的,还需要有各种服务和帮助的介入。如一个拥有充裕养老金的领取者,当他独自卧病在床时,如没有医疗和生活照料等服务,养老金对他来说便失去了意义。同样,园区里的一些高科技人才和一些高新技术企业,如果没有相应的人才培训和人才中介服务机构,人才就有面临失业的可能,企业则有面临人才枯竭的危险。这就需要社会服务为需要帮助的人或企业提供现实性的服务,它有着资金和物质不可替代的地位和作用。

(二) 服务性

服务性是社会服务区别于其他社会保障方式和手段最显著的特征。在现代社会中,服务已经发展成为独立的产业部门和覆盖广泛的社会事业。园区的社会服务主要是为了满足仅靠资金和物质而无法满足的种种保障需求,即以活劳动的形式,运用服务的方式和手段,为满足园区居民或企业的某种需要而进行某种活动,表现为一种运动形态的客观使用价值。比如无论在人才与企业之间、企业与企业之间,还是在企业与研究机构之间,往往通过社会服务中介机构寻觅合作伙伴,并建立起技术合作、项目开发、产品生产的紧密共同体。同时,园区社会的发展还离不开社会上诸多服务机构的有力支撑,包括科技咨询服务机构、人才中介机构、管理咨询机构、信息服务机构以及法律、工商、金融、财务等方面的服务机构。社会服务机构构成了园区正常运作的支撑服务平台。

(三) 社会性

园区社会服务的社会性特征突出地表现为一种公共服务。公共服务就是使用公共权力或公共资源向公民提供的各项服务。在园区内使用公共服务的园区居民或企业不能轻易地排除他人使用同样的服务,而是共同使用这类服务，其使用价值在社会成员之间不可分割。比如，园区优越的办公环境是园区内的所有居民共享的，而国家制定的一系列的优惠政策和措施，如鼓励合作的直接和间接财政资助政策、鼓励合作的信贷和税收优惠政策、人才交流与流动政策、推动合作的组织创新政策等，园区内居民或企业也都是共享的。园区社会服务本质上就是实现社会保障功能，而由社会向其成员提供的一种具有社会性的公共服务。凡是具有合法的社会保障需求的成员都可以使用这种服务，以满足自身的保障需求。

（四）保障性

保障性是园区社会服务的基本功能特征。园区社会服务的保障性功能主要体现为针对园区居民可能面临的生活或事业危机以及企业可能面临的发展危机等生存风险所提供的保障性服务。这种服务与其他资金和物质保障措施相配合，帮助遭遇生存风险的园区居民或企业克服困难，以保障园区居民的基本需求和企业的可持续发展。比如，为园区居民创造创新创业的条件，营造良好的居家生活环境，构建园区居民之间的人际交往平台，有助于人与人、企业与企业等互通信息、交流产品技术，拓展研究与开发的广度和深度；有助于园区居民获得友谊与支持以及心理上的安全感，增强他们解决问题的信心和力量。政府通过建立健全法律、法规、政策、措施等管理手段，在制度和政策层面上引导产业化活动的方向，以保证企业的可持续发展。

三、园区社会服务现状与创新

相比西方发达国家，由于我国的高新技术园区发展较晚，发展水平存在一定的差距，园区社会建设也比较落后。仅就园区社会服务而言，虽然刚起步，但在一些方面也取得了一定进展。当前，我国园区的社会服务主要集中于园区教育、医疗卫生、生活福利、文化服务及中介机构服务等方面。

（一）园区教育服务体系

教育作为一种准公共产品，同时具有私人产品和公共产品的特性，因此不能像私人产品那样仅靠个人来提供，还需要发挥社会的作用，由社会来发展教育服务。因此，把文化教育服务体系的建立作为园区社会服务体系的一个重要内容是十分必要的。我国自创建高新技术园区以来，随着科教兴国战略的实施和精神文明建设步伐的加快，教育事业取得了令人瞩目的成就。一是教育观念更新，对教育的重要性认识大大提高；二是高度重视高等教育的发展，许多地方创办了由地方投资的服务园区经济建设的综合性大学；三是中等职业教育和各种各样的培训中心迅速发展，很多园区或独资或和相关中等职业院校联合建立了针对性很强的各种人才培训中心；四是对教育的投入保持了较大的持续增长。

据统计，中关村是我国科教智力和人才资源最为密集的区域，拥有以北京大学、清华大学为代表的高等院校近40所，以中国科学院、中国工程院所属院所为代表的国家（市）科研院所200多所；拥有国家级重点实验室67个，国家工程研究中心27个，国家工程技术研究中心28个；大学科技园24家，留学人员创业园29家。[①] 中关村的发展实践证明：人才资源是推动高新技术园区持续发展的主要动力。

但是目前我国园区教育也存在诸多问题：一是培养的人才创新能力不强，综合素质较弱。通常教育只重视专业知识的传授，忽视了能力的培养，造成专业知识与实践应用脱节，人才缺乏创新意识和创新能力，远不能适应园区社会发展需要。二是教育投资缺口很大，教育规模远不能满足社会发展需要。虽然高等教育扩招很多，但是由于投资不足，在高等教育的人才培养质量上大打折扣。特别是对于园区社会的发展来说，高科技人才是关键，而受过正规高等教育的人才本就有限，再加上人才素质的限制，能够适应园区社会发展的高新技术人才就更为匮乏。这也将成为园区社会可持续发展的一个"瓶颈"。

（二）园区医疗卫生服务体系

园区作为一个全新的区域性社会，大多远离市区，园区内的居民无法

---

① 数据来源：中关村科技园管委会，园区概况，http://www.zgc.gov.cn/sfqgk/56261.htm。

像其他市民一样便捷地共享市区医疗卫生服务。然而，健康问题作为个人发展的首要问题，不仅影响到个人的生活质量，更直接影响到工作效率。因此，园区内居民的医疗卫生保障情况将直接影响园区社会的可持续发展。目前，对于大多数的园区来说，医疗卫生服务方面存在很多问题。一是园区周围一般医疗卫生服务站较少，难以提供日常的医疗卫生服务，更没有能力应对一些突发的医疗卫生事件。二是大多数园区尚未建立起集预防、医疗、保健、康复于一体的社会卫生服务网络。三是药店大部分是个体经营，规模较小，药品与服务质量均难以保证。可以说，医疗卫生服务的滞后是园区各项社会服务中比较突出而又与园区居民生活工作最密切相关的问题，亟待解决。

（三）生活福利服务

目前园区的生活福利服务主要有为改善园区居民物质、文化、教育、卫生等生活条件所采取的多种措施以及依托园区社区服务体系而开展的成员间有偿或无偿的服务。园区的生活福利服务体系的建设，从一开始就在走一条符合市场经济体制的有园区特色的道路。园区的福利设施包括：老人福利设施，如保健中心、老年人活动中心；儿童福利设施，如幼儿园、中小学；一般居民福利设施，如运动场、公园；住宅福利设施，如小区、住宅楼；教育福利设施，如培训中心；便民服务设施，如餐饮服务、宾馆等。这些硬件设施是构成园区社会保障体系不可缺少的一部分。园区开展了形式多样的社会化服务，为园区居民提高生活质量和福利质量起到了积极的作用，但是，商业、饮食业、服务业等部门，大部分还处于小规模的个体经营阶段，大型商场贸易公司很少，很难满足园区居民的一些现代性很强的需求。

（四）文化服务

文化环境对园区的发展起着思想导向和提供精神动力的作用，营造一个适应园区社会运行的文化环境是园区发展的关键。它直接关系着园区的存在和发展，有助于激励人们对发展高新技术的迫切感受和参与要求，促进对高新技术的学习、掌握、研究和开发，从而为园区社会的发展注入生机和活力。鉴于此，园区要有效地吸引、集聚大量的高新技术人才，就必须加强园区文化服务，进一步改善园区文化环境，倡导创新，保护竞争，鼓励人才流动，提倡敢于创新、鼓励冒险、宽容失败、追求成功的创业精神，最终形成创新型的园区文化和人文环境，为园区人才集聚提供良好的文化服务。

（五）中介机构服务

园区作为我国的"科技特区"，实行适应市场经济和国际惯例要求的管理体制和市场运行机制，中介机构在这些方面起着重要作用。中介机构衔接协调政府与园区企业、企业与企业之间的关系；监督、规范市场秩序，培育完善规范的市场体系和运行机制，为园区企业提供各种服务，加速科技成果转化，推动高新技术产业的快速发展。我国园区发展一开始就非常重视培育中介服务机构，从政策上给予扶持，从资金上给予支持，基本上形成了适应园区企业发展的中介服务体系和框架。特别是一些园区还建立了适应高新技术产业发展的特殊性和专门需要的行业协会、科技评估机构等服务机构。中介服务机构的建立和发展使企业可以把精力集中于高新技术产业发展上，节省了企业的大量人力、物力和财力，推动了科技兴国步入产业化的快车道和高新技术产业的快速发展。

第二节　园区社会聚集与新型社区建设

高新技术园区是高新技术产业发展的重要基地，通过提供技术研发基地、成果孵化环境、产品流通市场、人才培训场所以及便利的生活娱乐设施，形成产业集聚效应，已经成为我国自主创新、高科技成果转化、人才培养及形成新产业价值链的重要阵地。[①] 每一个园区在区位和面积上都有

---

① 上海浦东产业经济研究院：《国内外软件园区发展比较研究》，2008年，第1页。

一定的规划，但是由于高新技术的集聚，导致产业的集聚，进而提供了大量的就业机会，这就使大量高新技术人才和各种服务人员聚集到园区，形成了园区的社会聚集性特征，而且人口规模相对较大。这就对园区的新型社区建设，尤其是园区社会服务提出了新的挑战。

一、改革开放以来我国的社区服务

在我国，一般直接用社区服务指称社会服务。我国现代意义上的社区服务是从20世纪80年代开始兴起的，发展历程大致可以分为三个阶段。

20世纪80年代中期至80年代末期为社区服务的起步阶段。由于我国的改革开放，使得城市社会福利服务需求发生了一系列新的变化，如经济体制改革要求企业的社会职能还原于社会；多种经济成分并存导致无单位归属人员大量增加；城市化导致农村人口涌入城市；老龄化社会的到来导致养老服务需求增加等。这使得原先一直实行的民政福利性社会服务难以与之相适应，于是民政部开始提出实施社区服务的构想和措施。1987年9月"全国城市社区服务工作座谈会"的召开标志着全国性的社区服务工作进入起步阶段。

20世纪80年代末至90年代初为社区服务的推广阶段。1989年9月，民政部在杭州召开全国城市社区服务工作经验交流会，提出在全国广泛开展社区服务的要求。此后，社区服务工作在全国范围内全面推开，社区服务朝着规范化方向发展。

20世纪90年代初至今，为社区服务的深入发展阶段。1992年党的十四大确立了建立社会主义市场经济体制的目标，在此背景下党和政府开始探索在市场经济条件下实现社区服务可持续发展的途径。1993年底，民政部联合14个部委制定并颁发了我国第一个关于社区服务的政策性文件——《关于加快发展社区服务业的意见》，推动社区服务从单纯的福利性服务向福利性服务与有偿性服务相结合转变。此后，我国的社区服务进入健康发展的时期。

二、社会服务与园区新型社区建设

社区建设的概念最早是由民政部前部长崔乃夫于1991年提出来的,他认为社区建设是一个社区内的整体建设,包括社区服务、社区文化、社区卫生、社区道德等。可见,社会服务是社区建设的一个重要抓手。"硅谷之父"斯坦福大学教授弗雷德里克·特曼(Frederik Terman)认为高科技产业园区是一种新型的"技术专家社区","他一直致力于创造一个具有社区特点的科技园区"[①]。因此,研究高新技术园区的社区建设,就要强化社区概念,从建设社区角度来进行园区规划和设计,构建以人为本的园区环境。同时,更要依照园区产业发展的基础理论,指导园区的社区建设。产业集聚的基础是园区企业的地理接近,增长极的基础是园区集聚的高新技术企业群的迅速发展。因此,对于园区的社区建设,归根结底就是以建立完善的社会服务体系为手段,达到吸引企业、留住企业、凝聚人心的目的。

高新技术园区是高新技术产业发展的重要基地,园区为加速技术研发、生产及其成果推广应用,满足国际或本国软件市场的需要而设立的高技术产业开发基地,其实质是知识产业密集区和技术产业密集区。高新技术园区不同于传统的农业社区和工业社区,它是一种正在崛起的科技型社区,一种特具现代性的新型社区。依据社会发展历史进程的结构性逻辑分析,以及园区社会发展的特殊性,我国高新技术园区作为一种新型社区,在体现科学发展观要求方面,具有以下几个特征。

(一)园区社区发展的动态性

我国园区作为一种区域性的社会,是现代化建设的社会载体。园区为了适应新科技革命的挑战和全球经济的发展,在改革开放的推动下应运而生。在这个背景下,如果说高科技产业化造就了园区社会,那么园区社会

[①] Sandra Blakeslee. Want to develop a world center of innovative technology? It is simple. Get yourself a Fred Terman [J]. P. 3. The Stanford Observer, November 1977.

发展就是对外部环境动态变化的一种适应。园区以产学研结合的紧密组织方式，以成功的市场开辟为目标导向，以高新技术成果的引入为起点，经过创新决策、产品设计、二次开发、中间试验和批量生产、售后服务等环节，在较高的层次上实现技术和各种生产要素的重新组合及其社会化过程，并最终达到园区发展高新技术产业的预期目标。在这一过程中，由于园区内部各组织要素之间的相互作用，以及园区内外部因素之间的相互影响，由此构成了适应、变革、发展的园区社区动态的发展模式。

（二）园区社区发展的开放性

我国园区作为改革开放的产物，一开始它就注入了开放性发展的社会基因，以开放的社会形态不断与外部进行物质、能量和信息的交换，促进高科技产业化和信息化经济的发展；以开放的国际视野不断提高园区社会的国际竞争力，积极参与国际竞争；以开放的创新创业理念不断促进园区社会变革，创造出特具现代性的社会生产和社会生活。园区社区发展不是封闭式的自我发展，而是开放式的全面发展。

（三）园区社区发展的协同性

我国园区作为一种特具现代性的社会实体，其社会运行和协调发展是建立在社会协同运作基础上的，它不仅包括社会运行构成条件的协同，而且包括运行机制的协同。具体包括高科技产业化中产学研一体化协同，工业经济与信息经济协同，社会运行的物质条件与精神条件协同，以及园区经济发展与社会、生态环境协同等。

（四）园区社区发展的整体性

我国园区社区是以系统的方式存在和发展的，因此系统的整体性是它的基本特征。我国园区的社会建构是以社会整合的方式，通过人口、产业、资本等的集聚，使其具有了知识密集、技术密集、人才密集、产业密集的显著特点。在园区社区运行中，通过对构成园区社区各个方面要素的耦合和各种广泛关系的调整，使园区社区成为一体化的社会共同体。

第三节 园区社会新型社区建设存在的问题

我国园区社会的新型社区，是以高科技产业为基础，在地域、经济、人口、社会组织形式、社会生活、政府作用等方面与我国城市社区具有不同特点的特具现代性的新型社区。但受园区社会发展时间不长、园区社会文化缺乏应有的文化底蕴、社会关系中的社会交往缺乏应有的认同感等因素的影响，园区新型社区建设、社区服务发展存在不少的挑战和问题。

一、园区新型社区建构的社会因素分析

进入21世纪，我国社区建设在拓展社区服务、强化社区功能等方面有了很大的进展，也为新形势下社会建设提供了实质性的内容。借助于我国社区建设的成功经验，园区社会提出了构建新型社区的设想，并在实践中大力推进园区社会的社区建设。但在园区新型社区建设中，园区社会的现代性与园区社会固有的社会基础存在的差异性，给社区建设带来了巨大的挑战和问题。

（一）新型社区建设缺乏社会性基础

社区是指聚集在一定地域范围内的人们所形成的社会共同体。因而兼有地域和人群两大要素，它作为大社会中的小社会，在某种意义上又是我们研究大社会的基础和起点。同样，如果我们把社区作为一个具有现代性的社会实体，那么园区社会中的新型社区建设又离不开园区社会所提供的社会基础、社会资源的动员和开发。

我国园区在高科技产业化条件下，经济总量持续快速增长，已成为所在城市和地区新的经济增长点；产业结构不断优化，初步形成了不同园区各具特色化、规模化、集群化的产业发展态势；企业技术创新能力不断增强，高新技术企业创新主体地位日趋突出、自主创新成果不断涌现，已成为我国建设创新型国家的先行区；聚集了国内外各类创新资源，尤其在整

合资源创造新的竞争力方面,园区已成为我国区域创新的主战场,涌现出一大批拥有自主知识产权的大企业。

尽管我国园区社会从"一次创业"到"二次创业",在经济社会发展方面取得了巨大成就,但在累积社会基础经验方面发展明显迟缓,社会建设、社会管理、社会事业等各个方面明显滞后于经济发展。其中所取得的丰硕成果的社会支撑,主要来自我国社会改革开放以来所形成的社会制度、民主政治和社会文化优势等所提供的社会支撑,而非园区社会自身发展所创造的稳定发展的社会基础。从这个角度讲,园区自身社会基础相对薄弱,新型的社会关系仍处于建构之中,人与人、人与社会的互动关系还在融合之中,所有这些社会因素的存在,给园区社会新型社区建设带来了不利的影响,同时按园区特具现代性的新型社区建设的要求,也加大了社区建设中社会资源整合的难度。

(二)新型社区建设缺乏社会文化底蕴

文化与人和社会相伴而行,不同地域、人群会形成不同的文化,呈现出社会文化发展的多样性。文化是推动人与社会发展的一种力量,因此文化形态及其先进性又体现社会进步程度和文明发展程度。文化具有传承性,承接文化传统会带来传统文化与现代化理念的冲突,因而存在着一种文化价值意义上的继承与创新关系。园区社会文化及其主流价值观,是我国社会主义文化体系核心理念的具体体现,是我国社会主流文化向园区社会横向传递的结果。因此园区社会的创新发展无不受惠于这种文化的影响。

在园区社会建构中,"一种文化的全体成员构成了一个具有共同利益的联合体",[①] 园区新型社区建设,有赖于园区社会文化的孕育和滋补。在园区社会的现代化建设中,由高科技产业化过程中形成的创新创业文化,为园区的产学研各类组织自主创新,以及高科技产业的创业和发展创造了

---

① [英]杰夫·卡特赖特:《文化转型——企业成功的基础》,郁启标等译,江苏人民出版社,2004年版,第30页。

良好的文化氛围。这种先进的创新创业文化来自园区自主创新和创业实践之中，又以各种方式渗透于园区现代化建设的环境之中，对园区社会的创新创业活动产生影响，成为园区创新发展的重要的文化环境支撑，同时对园区社会新型社区建设产生积极的影响。

但从园区社会文化建设层面分析，社会文化作用于园区社会新型社区建设还存在着两个突出问题。一是对园区社会多年发展所形成的创新创业文化，缺乏更高层次的提炼、凝聚和升华，因而尚未完全形成具有园区特色的社会主流文化，或者说这种园区社会层面的社会文化体系尚未完全建立起来，因而也难以发挥其推动园区社会新型社区建设的作用；二是我国社会主流文化在横向传递中会产生一定的文化堕距，即文化滞后现象，因此在我国主流文化与园区社会创新创业文化之间也会产生一定的文化冲突，由此呈现的文化差异也不利于推进新型社区建设。基于以上两点思考，可以认为园区社会文化底蕴尚不够丰厚，尚未形成对园区社会新型社区建设的有力支撑。

（三）新型社区建设缺乏广泛的社会认同感

社区作为人们共同生活的聚集地，使生活于其中的社会成员有着某种共同的利益、共同的需求，同时在朝夕相处中形成了共同的价值观念、行为规范、生活方式和社区意识。在这个过程中，社会性基础、社会文化都会对社区的存在和发展产生影响。因为社会"文化心理决定我们生存和发展的条件，同时我们共同通过相互的社会影响而发生变化"。[①] 显然，社会文化对发展而言不仅是一种力量，而且从文化心理方面决定着人们的态度、行为、价值取向和归属感。园区社会中新型社区建设，不仅需要借助园区社会文化进行社区整合，而且需要借助文化心理上的认同感增强社会成员对社区的归属感。

在我国园区社会现代化建设中，是依靠科技发展推动社会进步和发展的，其中由高科技产业化创造的科技文明，加快了园区工业化、信息化进

---

① 郑杭生、杨敏：《社会实践结构性巨变的若干趋势》，《社会科学》，2006年第10期。

程，推动了园区经济社会的发展。而"社会发展不管是在物质方面，还是在精神方面，都会对人产生影响"。① 科技文明的外在表现就是一种文化，对这种文化的适应可以看作感染、认同、内化的心理过程，一旦人们适应了这一过程，对园区社会或社区的认同感会逐步形成。同时也要看到，由于同样的社会文化心理过程，因高科技产业化带来的信息化、网络化"提供了使失谐因素被激活的结构性条件，更易形成社会矛盾"，②而使社会成员产生距离感，从而影响人们的社会认同。

在研究中，对园区居民在社区的政治性参与（园区事务管理）和非政治性参与（园区社区活动）分别进行了调查，如图6-1、图6-2所示。

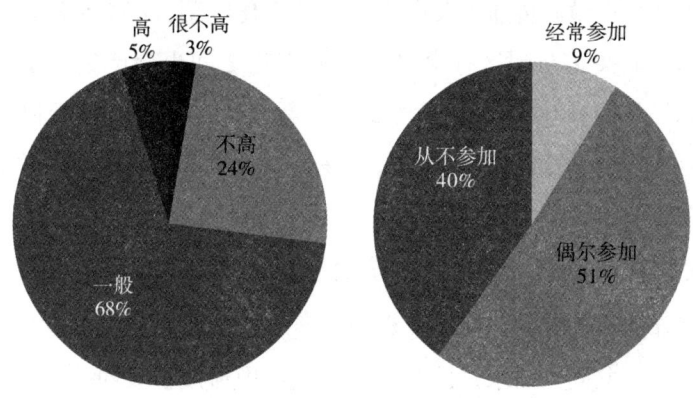

图6-1 居民参与园区社会事务管理程度　　图6-2 居民参与园区社区活动情况

调查表明，在政治性参与（园区社会事务管理程度）上，参与程度很高和很不高的只是少数，大部分认为自己参与积极性一般或不高；在非政治性参与（园区社区活动）上，经常参加的和从不参加的共占了一小半，偶尔参加的占了一半还多。可见，总体而言，无论是政治性还是非政治性的社区参与，园区居民的参与度都不算高，这也从一个角度折射出了其社会认同的缺位现状。

---

① ［英］杰夫·卡特赖特：《文化转型——企业成功的基础》，郁启标等译，江苏人民出版社，2004年版，第28页。
② 赵迎欢：《科技进步与社会发展关系的哲学审视》，《科技管理研究》，2008年第11期。

从社会文化心理角度审视，由于与园区现代化建设相适应的特具现代性的园区社会的社会基础正在形成之中，与此相适应的社会文化的缺失或不足，使园区社会成员的广义的社会认同感尚未完全形成。所以在新型的园区社会与我国城市社会、园区社会文化与我国城市文化、园区社区建设与我国城市社区建设之间，除了共同的社会制度和社会主流文化之外，在所谓的文化心理方面确实存在着社会差异。正是这种社会差异呈现出园区社会运行和社区建设的现代性和特殊性，同时也为我们在差异中如何建设园区新型社区提供了基本线索。

二、园区新型社区建设存在的主要问题

根据对园区新型社区建构的社会因素分析，可以认为，在我国现代化背景下，存在着农村社会、城市社会和园区社会三种社会形态，且在实现现代化过程中呈现出不断递进的特征。在这种社会变迁中，适度的社会差异有助于推进社会进步（但同时要防止过度的社会差异带来失调）。目前，在差异中建设园区新型社区，存在的主要问题表现在以下几个方面。

（一）园区社区建设相对滞后

根据园区社会良性运行的发展要求，构成园区社会的经济、政治、文化和社会建设应该协同发展，这也是社会作为一个有机体存在的必然要求。从这一视角分析，由高科技产业化创造的生产力及其发展，使园区社会具有"需要和满足需要"不断循环向上发展的社会运行动力。但从社会整合角度分析，园区社会在协调社会利益、使社会个体或社会群体相互结合为社会共同体上所具有的社会整合作用体现得不够充分，也就是说目前园区实现的社会整合、社区整合，更多凭借的是外在力量，即我国改革开放后所形成的整合机制，而非在此基础上的内生力量。与此相反，园区社会运行的动力机制，则更多凭借的是内生力量，即由高科技产业所创造的先进生产力，不断满足社会需要。由此造成的反差反映在发展上就是社会建设、社区建设滞后于经济建设。

此外，园区社会发展中，由于粗放型增长方式、重经济轻社会的不良

倾向，以及园区政府在推动社会建设、社区建设方面的力度不足等，园区社会在现代性方面自我提升、自我改进、自我完善的能力从不同角度受到影响。这些因素错综交织，导致了园区社区建设相对滞后的发展现实。

（二）园区社区建设层次不高

社区作为人们共同生活的聚集地，具有与所在区域密切相关的各种社会功能，从农村社区到城市社区再到园区社区，相对于现代化和社会变迁而言，应该是日趋现代性的过程。因此，我们将园区的新型社区，定义为特具现代性的社区，它相对于农村和城市社区应更具现代性。它在适应现代性方面既需要强化社会的激励机制来引导人们的价值观念和行为方式，又需要强化控制机制来规范人们的价值观念和行为方式。因而对园区社区建设的要求更高，使之具有更为现代的基础设施、更强的各类组织之间的结构功能联系，以及更大范围文化差异的包容性。但发展的现实是，园区社区建设同社会建设一样，总体上滞后于科技发展和经济建设。

无论是在社区的结构功能上，还是在社区服务和社区文化建设上，园区社会建设总体而言都与园区现代化不能完全适应，其突出表现是社区建设层次不高，结构联系不完善，功能作用不明显，造成社区建设总体水平层次不高。

园区社区建设层次不高，导致人口聚集或入住人口不稳定。我国大多数园区处于所在城市的城乡接合部，不少园区企事业单位工作人员工作在园区、下班回家到老城区，由此造成园区地域位置条件优越，而社区构成的人群要素的人气不足，其中常住人口的社区，主要是园区城中村改造后，当地失地农民转化身份后的居民。在此基础上形成的循环发展会直接影响园区社区建设和发展，甚至难以与园区社会现代性发展相适应。

（三）园区社区服务功能不足

我国社区建设最早是由社区服务发展起来的。从社会建设的视角分析，开展社区服务有助于促进社会保障制度的健全和完善；有助于解决社会问题、促进社会整合；有助于促进社会公平正义的实现，有助于促进人的全面发展。① 但从功能上讲，社区服务应该具有社会整合、满足需要、增进福利、维护稳定、群众自治等功能。社区服务是社区建设的重要基础，强化社区的服务功能，有助于推动园区社区全面发展。园区社区服务应与园区社区特具现代性的发展要求相适应，即要求在提供社区服务时，服务对象多样化，满足不同社区成员的需要；服务主体专业化，能为服务对象提供专业化服务；服务水平品质化，为社区成员提供优质服务；服务过程高效化，全面提高服务效率；服务效果满意化。但从我国园区社区所提供的社区服务来看，由于园区建设滞后，园区建设层次不高，在很大程度上影响园区社区服务体系建设，导致社区服务功能不强、作用乏力。

应该指出的是，我国园区建设对园区社会化服务有相当高的要求，提高园区建设社会化服务功能，一方面要加强政府的社会化服务的作用；另一方面要加强社区建设，充分发挥社区服务在社会化服务方面的功能作用。园区社区功能不强，一方面与园区政府的重视和支持有关；另一方面是园区社会发展不充分、不完善，具体表现在社会建设、社区建设层面。

第四节　创新园区新型社区建设的政策取向

社区是人们最基本的生活居住环境，也是人们现代化生活的精神家园。在园区社区建设中，最可怕的不是因社会差异带来的人际矛盾和冲突，而是同处一个社区缺乏归属感的社会文化心理产生的离心运动。创新园区社区建设，强化社区服务的社会化功能，需要根据现代化建设对园区社区建设的发展要求，从特具现代性的基本社会形态和社区属性出发，采取相应的政策取向。

一、夯实社区建设的社会基础

根据社区现状，在不同的社会形态条件下，社区建设在形式和内容上

---

① 于显洋：《社区概论》，中国人民大学出版社，2006年版，第256—257页。

都有很大的差别。由此需把农村社区、城市社区、园区社区区别开来。目前，我国园区社会建构和社会运行基础还不够坚实，各园区行为主体之间缺乏紧密互动。从大的方面讲，园区中的多数企业之间缺乏社会子系统之间那种唇齿相依、彼此支撑的社会联系，呈现出一种各自为政、互不相干的状况。而对于身处园区社会中的多数人而讲，园区在某种意义上仅仅是一个工作的空间和场所而已，缺乏坚实成形的社会基础。

基于此，要创新园区社区建设，就应把构建现代性的符合园区社会和谐发展的社会关系环境作为园区发展的社会基础。首先，由于园区每个主体所拥有的信息或资源的规模和性质不同，园区需通过建立起信息资源的共享机制以形成良好的相互合作关系，再使园区行为主体通过从社会关系环境中获取信息资源等发展要素，实现行为主体之间的良性竞争，这样就形成了一种紧密的共生关系。其次，把诚信作为处理行为主体间的关系、协调园区社会生活的行为准则，作为行为主体实现自身及共同利益的基础，把互惠作为行为主体之间建立信任关系的前提。只有在行为主体都得到实惠的基础上才能形成诚信的社会关系环境。最后，积极打造促进园区行为主体之间持续协同的社会关系环境，为园区和谐社会关系的发展提供更加适宜的环境和发展条件，以密切园区行为主体之间的联系，形成有利于发挥整合功能的和谐社会关系网络。

二、培养园区的创新文化

高新技术园区之标志性特征，就在于其从事的领域既是高科技又是新技术。由此可见，园区要想持续健康地发展下去，不断出新是对其自身的根本要求。换句话说，"创新"是高新技术园区所赖以生存与发展的命脉。很显然，在创新园区的新型社区建设过程中，最根本的一点就是培养园区的创新文化。

基于此，园区要着力培育高新技术企业创业文化氛围，弘扬敢于创新的创业文化。可以借鉴学习美国硅谷"竞争、合作、创新、宽容"的独特创业文化，以及日本"以人为本、激励前进"的文化氛围。在以西方发达国家的先进经验与文化作为借鉴,同时又注意避免机械移植的前提下,融合中国传统社会的优秀文化因子,积极培育高新技术产业园区"支持创业、勇于创新、鼓励冒险、允许失败,鼓励竞争、崇尚合作,献身职业、成就事业,守信得利,失信吃亏"的创新创业文化,建立竞争机制、开放机制和激励机制,构筑有利于优秀人才发挥潜能、开创卓越事业的人文环境。

三、强化社区的社会认同

对于社区而言,其"最关键的因素是它传递着一种归属感"①。而在高新技术园区中,因为缺乏一种园区内部各企业之间的社会联系与交流,因此,对于园区居民而言,最缺乏的就是对于园区这一社区的归属感。更多的时候,这种归属感是指向了各自所属的企业或部门。这就使得园区作为社区存在的心理基础出现了缺位。

因此,要强化社区的社会认同,首先应打造园区作为整体存在的形象。在个人层面上,应积极为居民之间的学术交往、研发协作、技术服务等搭建互动平台,维护园区居民之间的社会互动,调动居民的社会参与热情。在企业层面上,要加强企业间的联系与合作,促进团体协作和良性竞争,体现作为高新技术园区整体实力的一面。在政府层面上,为创新园区社区建设提供体制和政策上的支持。应完善园区的社会保障制度,增强园区居民心理上的安全感;各种社会服务体系及时跟进,积极出台各种创新人才的激励机制,激励个人和团体勇于创新,充分发挥人的智力因素和非智力因素的积极作用。总之,在园区社区建设中,要强化个人、企业、园区与政府之间的相互依存和相互作用,进而产生心理上的认同感和归属感,强化社区的社会认同,形成园区的群体意识和园区内聚力。

四、加强园区的配套建设

照目前情况来看,高新技术园区同普通意义上的社区还有一定差距。

---

① 纪德尚:《我国高新技术园区社会发展问题研究》,陕西人民出版社,2003年版,第391页。

这个差距是双向的：首先，园区拥有其他社区无可比拟的先进技术和智力优势，并享有政府政策、资源、信息等方面的倾斜；其次，不可否认园区的公共物品、公共设施等配套设施相较普通社区而言确实相差甚远。这使得高新技术园区的新型社区建设显得更加特殊，也更为困难。

在此情况下，对有助于园区社会健康成长和发展的配套建设的强烈要求浮出水面，并日益影响到园区的新型社区建设进度与成效。故而，政府要以优惠的政策引导对园区产业群发展有重要影响的公共物品或准公共物品的投资，加强基础设施建设，特别是与产业发展相配套的基础设施建设。加强园区内信息交流、信息服务和信息网络的建立，打造完善的各类中介服务体系，打造宽广开阔的信息平台、社会服务平台，建立和完善与之相配套的担保机构准入制度、资金资助制度、信用评估和风险控制制度以及行业协调与自律制度等服务体系，通过种种配套建设，为园区社区建设提供良好的政策与环境支持。

第七章 园区社会建设与社会管理创新

加强社会建设与社会管理,是解决社会问题、化解社会矛盾、促进社会公平正义、维护社会稳定发展的重要举措,对于构建社会主义和谐社会具有根本意义。园区社会的和谐稳定发展离不开社会事业的发展和社会管理的创新。只有不断加强高新技术园区的社会建设与社会管理,才能使园区的各项工作走上正规化、秩序化轨道,使园区社会充满生机与活力。

第一节 加强园区社会建设与社会管理的重要意义

"社会建设"和"社会管理"可以说都是颇具中国特色的概念,是近年来随着我国构建社会主义和谐社会目标的确立而逐步提出和形成的理论,具有丰富而深刻的内涵,加强园区的社会建设与社会管理,具有十分重要的现实意义。

一、社会建设与社会管理的含义

我们现在所说的"社会建设"概念是在 2004 年党的十六届四中全会上提出的,简单地说,就是在社会领域从事的各项建设。但在此之前,我们并没有使用"社会建设"这一说法,而是通常把社会领域的建设统称为社会发展,是与经济发展相对应的概念。实际上,社会建设与社会发展是既有联系,又有区别的。当然,"社会建设"这个概念提出之后,在后来各个阶段的重要文献中被使用时,其含义也一直发生着微妙的变化。在 2004 年党的十六届四中全会上,第一次提出了"社会建设",当时的提法是"加强社会建设与管理,推进社会管理体制创新",属于"提高构建社会主义和谐社会的能力"中的一个部分。具体而言,就是要"深入研究社会管理规律,完善社会管理体系和政策法规,整合社会管理资源,建立健全党委领导、政府负责、社会协同、公众参与的社会管理格局"。在2006年的"十一五"规划纲要中,提出要按照民主法治、公平正义、诚信友爱、充满活力、安定有序、人和自然和谐相处的要求,从解决人民群众最关心、最直接、最现实的切身利益入手,推进社会主义和谐社会建设。在这里,"社会建设"和"社会主义和谐社会建设"可以说是成了同一个或者是极其相近的概念。在2006年党的十六届六中全会上,又提出了"推动社会建设与经济建设、政治建设、文化建设协调发展"的目标要求,"社会建设"与"经济建设、政治建设、文化建设"被放在同一层次上相提并论,将社会主义经济建设、政治建设、文化建设"三位一体",发展为社会主义经济建设、政治建设、文化建设、社会建设"四位一体"的总体布局。2007年,胡锦涛同志在党的十七大报告中提出,社会建设与人民幸福安康息息相关。必须在经济发展的基础上,更加注重社会建设,着力保障和改善民生,推进社会体制改革,扩大公共服务,完善社会管理,促进社会公平正义,努力使全体人民学有所教、劳有所得、病有所医、老有所养、住有所居,推动建设和谐社会。至此,形成了比较完善的社会建设的基本理论。

从社会建设这一概念的演变可看出,社会建设有着十分丰富的内涵。其中,社会建设的主体,主要是政府、社会组织与民众的参与等;社会建设的原则是公平与公正;社会建设的目标是促进社会公平正义,实现社会和谐与社会进步;社会建设的重要手段是扩大公共服务,加强和完善社会管理,主要是在社会运行方面科学管理,保证社会良性运行;社会建设的主要领域包括基本民生建设、社会安全建设和现代社会管理模式建设,三者共同构成一个相对完整的系统,其中的核心和重点是保障和改善民生。

社会管理是与社会建设密切相关的概念,是社会建设的重要手段和途径。从某种意义上说,社会建设中就包含了社会管理的内容,社会建设的关键也在于加强和完善社会管理。就其基本含义来说，社会管理主要是政府和社会组织通过一定的社会规范以及与之相适应的方式和手段，对社会成员的社会行为和价值观念进行指导和约束，对社会系统的组成部分、社会生活的不同领域以及社会发展的各个环节进行组织、协调、监督和控制的过程。其根本目的是促进社会系统的协调运转，满足公众的社会需求，维护社会的秩序稳定。社会管理的基本任务包括协调社会关系、规范社会行为、解决社会问题、化解社会矛盾、促进社会公平正义、应对社会风险、保持社会稳定等方面。

二、加强园区社会建设与社会管理的重要意义

将社会主义经济建设、政治建设、文化建设"三位一体"，发展为社会主义经济建设、政治建设、文化建设、社会建设"四位一体"的总体布局，并强调加快推进以改善民生为重点的社会建设，创新社会管理，可以说是对中国特色社会主义事业的新认识、新概括，也是构建社会主义和谐社会的重要内容。在市场经济条件下，社会利益分化、价值多元、矛盾复杂、风险加大，社会整合和社会管理的任务非常繁重。加强社会建设和社会管理，对于实现有效的社会整合，激发全社会的创造活力，协调各方利益关系，促进社会稳定，推进社会的全面、协调、有序发展都有极其重要的作用。对于高新技术园区来说，加强社会建设与社会管理，对于坚持科学发展观、实现经济与社会的协调发展、激发园区社会的创造活力、促进园区社会的协调可持续发展等都具有重要的意义。

（一）加强社会建设与社会管理是深入贯彻落实科学发展观的必然要求

科学发展观第一要义是发展，核心是以人为本，基本要求是全面协调可持续，根本方法是统筹兼顾。发展是当前的第一要务，只有抓住机遇实现又好又快发展，才能不断增强综合国力，推动社会全面进步，提高人民生活水平。离开发展，一切无从谈起。但科学发展观所要求的发展必须是全面协调可持续的发展，要求全面推进经济建设、政治建设、文化建设、

社会建设，统筹城乡、区域、经济社会发展，统筹人与自然和谐发展，统筹国内发展和对外开放，兼顾和协调好改革发展过程中的各种利益关系，促进现代化建设各个环节、各个方面相互协调。其中一个重要方面，就是全面推进社会建设。因此，加强社会建设与社会管理是贯彻落实科学发展观的重要体现。目前，我国高新区正处于创新和发展的新阶段，坚持以科学发展观为指导，是园区在新时期发展的根本要求，这就必然要求园区在新时期的发展中，也必须在经济发展的基础上，注重以保障和改善民生为重点的社会建设，积极推进社会管理创新，推动经济和社会协调发展。

（二）加强社会建设与社会管理是构建社会主义和谐社会的重要前提和基础

构建社会主义和谐社会是我国建设和发展中面临的长期历史任务，也是园区在创新发展的新时期面临的重要任务，它既是在发展的基础上正确处理各种社会矛盾的历史过程，又是十分重要而紧迫的工作。其基本要求，就是以解决人民群众最关心、最直接、最现实的利益问题为重点，着力发展社会事业、促进社会公平正义；扩大公共服务，逐步实现基本公共服务均等化；理顺分配关系，增加城乡居民收入，处理好公平和效率的关系；完善社会管理，增强社会创造活力，维护社会安定团结。这样，才能形成全体人民各尽所能、各得其所而又和谐相处的局面，充分发挥人们的积极性、主动性、创造性，不断推进园区经济社会向前发展。加快推进以改善民生为重点的社会建设，加强社会管理，可以说是抓住了维护和实现社会公平正义的关键，抓住了解决经济社会发展不平衡和影响社会和谐安定问题的关键，体现了构建社会主义和谐社会的根本要求。一是促进社会公平正义的有效途径。公正与平等是现代社会的基本理念和基本价值准则，更是社会主义的本质和基本精神。社会主义和谐社会是公正、平等的社会。妥善协调好各方面的利益关系是实现社会公平正义的根本要求，而加强社会管理则是实现这一目标的有效途径。只有建立完善的社会管理体制和机制，不断完善和加强社会管理，才能把各方面的利益协调好、处理好，把各种人民矛盾处理好、解决好，避免各种矛盾的激化，做到既满足不同社会阶层、不同群体的公共利益，又兼顾不同社会阶层和群体各自特殊的具体利益，从而实现社会的公平和正义。二是不断增强全社会活力的制度保障。一个充满创造活力的社会，一个使全体人民能够各尽其能、各得其所而又和谐相处的社会，既是社会主义和谐社会的基本特征，更是高新技术园区社会发展的根本要求。而加强社会管理，是增强全社会创造活力的必要条件。在发展过程中，只有建立科学、公平、充满生机和活力的社会管理体制，构建有利于人人干事创业的优良社会环境，形成朝气蓬勃、昂然向上的社会氛围，从制度上保障竞争机会的平等，坚决破除束缚人们创造活力的体制性障碍，才能充分调动一切有利于社会的积极力量，激发全社会创造活力。三是探索维护社会安定团结的有效方式。稳定是和谐的前提和基础。社会主义和谐社会是安定有序的社会。在构建和谐社会的进程中，能否妥善处理人民内部矛盾、维护社会稳定，事关和谐社会建设的大局。在促进经济发展的同时，加强社会建设和管理，提高以社会风气、公共秩序、生活环境为主要标志的城乡文明程度，提倡团结互助、扶贫济困的社会风尚，努力构建程序规范、科学公正、广泛参与的多元利益诉求机制、社会利益协调机制，正确处理人民内部矛盾等，这些都是实现社会稳定的有效途径。

（三）加强社会建设与社会管理是全面建成小康社会的根本需要

全面建成小康社会是当前我国发展中面临的一项艰巨任务。党的十六大以来，我国全面建成小康社会的伟大事业取得了重要进展，无论是经济还是政治、社会、文化等方面都取得了巨大成就，但同时也面临不少问题和挑战，其突出的问题主要是：城乡、区域、经济社会发展仍然不平衡；农民持续增收难度加大；劳动就业、社会保障、收入分配、教育卫生、居民住房、安全生产、食品安全、司法和社会治安等方面关系群众切身利益的问题仍然较多，部分低收入群众生活比较困难。这些问题如果解决不好，就会严重影响社会和谐稳定和全面建成小康社会的大局。同时，人民群众在新的发展阶段，期待过上更加美好的生活，对教育、卫生、社会保障、公共服务、生活环境以及个人全面发展等方面提出了更高的要求，全社会的公共需求快速增长，也更加需要加快社会事业发展。要完成这样的历史任务，就必须在发展经济的基础上，加快推进社会建设和社会管理创新，坚持经济建设、政治建设、文化建设和社会建设协调发展，任何一个方面都不能偏废，否则，就难以实现建成全面的更高水平小康社会的目标。同样，这也是高新技术园区社会创新和发展面临的重要任务。

第二节 园区社会建设与社会管理发展中面临的问题与挑战

改革开放以来，随着我国市场化、工业化和城市化的快速发展，在社会建设和社会管理创新方面也取得了巨大成就。社会建设和管理的政策法规逐步完善、法制化水平明显提高；农村村民自治、城市社区建设和民间组织管理得到加强，基层民主政治建设取得明显进展；社会治安综合治理成效显著，有效维护了社会稳定；应对各种突发事件的社会预警体系和应急机制正在建立，保障公共安全和处置突发事件的能力大大提高等。但同时，我们必须清醒地看到，随着我国改革的进一步深化和现代化建设步伐的加快，目前我国的社会建设与社会管理中也出现了很多新情况和新问题，面临着许多新的形势和挑战，迫切需要建立与市场经济体制相适应的现代化的社会建设和社会管理制度，加强社会建设与社会管理还面临着诸多艰巨的任务。

一、社会管理方式难以适应社会结构的新变化

随着我国改革开放的不断深入和社会主义市场经济体制的逐步建立，我国的经济结构、城乡结构、产业结构、阶层结构发生了重大变化，经济成分、就业方式、分配方式、组织形式日趋多样化。公有制为主体、多种所有制经济共同发展的局面基本形成；城市化、工业化水平不断提高；新经济组织和新社会组织大量涌现，并出现了民营科技企业的创业人员和技术人员、受聘于外资企业的管理技术人员、个体户、私营企业主、中介组织的从业人员、自由职业者等新的社会阶层；就业方式日趋灵活，已有

60%以上的城镇从业人员在新经济组织和新社会组织中工作，越来越多的"单位人"变成了"社会人"。我国社会结构的剧烈变动，一方面有力地推动了经济社会发展；另一方面也带来了一系列社会矛盾和社会问题，给社会管理带来了新的要求和挑战。特别是对于建立在高新技术产业发展基础上的高新技术园区来说，民营高科技企业更是占绝大多数，新型经济组织和新型社会组织普遍存在，新的社会阶层不断产生，社会的流动性强，社会结构更加复杂多样，因此，面临的社会管理问题也更加突出。传统的管理方式根本不能适应新形势下创新型园区社会管理的要求，但由于新的社会管理机制还很不完善，这就使社会管理中的"缺位"现象十分严重。特别是由于单位体制发生变化和没有相应管理机构的新单位不断增多，越来越多的"单位人"游离于单位体制之外，转为"社会人"，这就给社会管理带来了许多亟待解决的新问题。

二、社会管理制度不能适应社会利益多元化发展的新形势

随着社会结构的深刻调整，社会生活多样、多元、多变的特征日益凸显，社会利益关系多元化发展越来越快，不同的社会阶层与利益群体必然产生不同的价值观念、不同的利益诉求、不同的利益表达和利益维护方式。利益关系多样化导致了社会矛盾不断增多，行业之间、地区之间、城乡之间、阶层之间、群体之间的利益差异扩大；价值取向多样化造成的不同价值观念之间的碰撞乃至冲突难以避免。另外，在推动经济发展和社会进步的过程中，也出现了大量比较复杂的社会问题。例如，人口、就业、社会保障、教育、医疗卫生和环境等问题。如何协调和兼顾各方面利益，这是给社会管理带来的新课题，传统的以行政计划为主导的社会管理制度已不能适应新形势的需要，需要以新的思路、新的措施去解决。

三、社会建设和社会管理体制不能适应社会事业发展的新需要

长期以来，由于种种原因，相对我国经济的快速发展，社会事业的发展显得非常缓慢，经济与社会事业发展"一条腿长、一条腿短"的矛盾日

益尖锐，不能有效地满足人民群众对社会事业发展的需要。"上学难、上学贵""看病难、看病贵"的现象突出，社会保障缺失、就业压力大，人们的基本生活不能得到有效保障；公共服务资源的配置不合理，严重失衡，过分向城市倾斜，对广大的农村和农民重视和关心不够。这些问题和矛盾严重地制约着我国社会的和谐发展。之所以如此，其中的一个重要原因就是我们的社会管理体制落后、机制不活。从国际经验和现代社会事业发展的规律来看，解决这些问题的一个有效出路在于扩大社会和公众的参与，大力发展民间性的社会组织，推进社会服务社会化。但目前，我国的社会服务大多由政府直属、直管、直办的总体格局尚未从根本上改变，体制制约、机制不活的问题越来越明显。当前，我国社会服务类的民间组织和社会中介机构正处于发育阶段，设施、资金和人力都很有限，参与社会服务的能力不足，而政府扶持社会力量从事社会服务的政策措施还不够完善、不够有力，在一定程度上制约了社会资源进入社会服务领域。这也减缓了社会服务社会化的进程。如何在新形势下实现社会事业发展的社会化，这是今后必须解决的问题。

第三节 加强社会建设，推动园区社会事业快速发展

社会建设是现代化建设的重要组成部分，具有十分重要的战略地位。保持经济与社会事业的协调发展，也是构建和谐社会的根本要求。社会事业发展滞后，一方面阻碍经济的发展，另一方面也会妨碍社会的和谐。因为社会事业的发展为经济的发展提供着强大的精神动力、智力支持和必要的条件；没有社会事业的充分发展，经济就不可能获得又好又快的发展。同时，随着经济的发展和物质生活水平的提高，人民群众对精神文化、健康、社会安全、福利保障等的需求也日益增长，这就更加需要加快社会事业的发展。但目前，园区发展中存在着社会事业发展滞后于经济发展的突出问题，不能有效满足人民群众日益增长的公共服务需求。因此，在园区创新发展的新时期，必须在大力推进经济发展的同时，更加注重社会建

设，加大对社会事业的投入，深化社会领域的各项改革，为社会事业发展提供良好的体制、机制和政策，加快社会事业的发展，努力实现全体人民学有所教、劳有所得、病有所医、老有所养、住有所居的目标。应重点做好以下方面的工作。

一、进一步实施积极的就业政策，发展和谐劳动关系

就业是民生之本。在我们这样一个人口众多、劳动力资源十分丰富的大国，实现社会充分就业是我们必须长期面对的重大民生问题。目前，在加快工业化、城镇化和现代化进程中，劳动力供求总量矛盾与结构性矛盾并存，城镇就业压力加大与农村富余劳动力转移速度加快同时出现，新增劳动力的就业与失业人员再就业问题相互交织，再加上就业质量不高，就业环境差、劳动关系紧张，使得我们在当前及今后一段时期面临着严峻的就业形势。实现充分就业与发展和谐的劳动关系，保持经济发展与扩大就业良性互动，既是经济社会发展的重要目标，也是社会和谐的重要指标。这就要求在今后园区的发展过程中，必须把扩大就业放在经济社会发展更加突出的地位，抓住机遇，创造劳动力充分就业的条件，加快经济发展，坚持实施积极的就业政策，发展和谐劳动关系。

（一）进一步实施积极的就业政策，实现充分就业

近年来，党中央、国务院高度重视就业问题，把就业和再就业纳入国民经济和社会发展的宏观调控目标，实施积极的就业政策，不断扩大就业，取得了显著的成效。今后，我们必须在总结经验的基础上，根据实际中出现的新问题和新情况，进一步加大积极就业政策的力度，提高就业工作的战略地位，坚持劳动者自主择业、市场调节就业和政府促进就业的方针，不断完善就业政策，探索建立促进就业的长效机制，加强失业调控，把失业率控制在社会可承受的限度之内，实现社会的充分就业。一是从经济社会发展的全局把握就业问题，把扩大就业作为经济社会发展和调整经济结构的重要目标，在制定产业政策、调整经济结构、引进投资项目、规划教育培训等时，将能否扩大就业作为重要因素加以考虑，实现调整经济

结构和扩大就业的有机结合，实现经济发展和扩大就业的良性互动。应积极调整产业结构，优化就业结构，扩大就业需求，提高经济发展的就业含量，大力发展就业容量大的服务业、非公有制经济和中小企业，实现就业人员在产业间的大量转移，千方百计扩大就业，多渠道、多方式增加就业岗位。二是进一步完善公共就业服务制度，强化政府促进就业的职能。园区政府要制定完善的政策、增加就业投入、创造公平的环境、提高管理服务水平；进一步完善促进就业的财税金融政策，积极支持劳动者自主创业、自谋职业，促进多种形式就业；要扩大再就业政策的扶持范围，健全对困难行业和困难群体的就业援助制度和再就业援助制度，建立促进扩大就业的有效机制；进一步完善失业保险制度，充分发挥失业保险在保障失业人员基本生活、促进就业方面的职能。三是健全面向全体劳动者的职业技能培训制度，加强创业培训和再就业培训。培训是提高劳动者技能素质、改善劳动力结构的根本出路。应健全就业服务体系，加快建立政府扶持、社会参与的职业技能培训机制；要整合培训资源，完善培训制度，努力使每一个进入劳动力市场的人都能够接受技能培训，特别是要加强对愿意创业、敢于创业人员的培训，加强失业人员的再就业培训，全面提高劳动者的就业能力和技能素质。四是健全就业市场机制。应深化户籍、劳动就业等制度改革，逐步形成以市场为导向、城乡统一的人才市场和劳动力市场，完善人员流动政策，规范发展就业服务机构；必须充分发挥市场在劳动力资源配置中的基础性作用，遵循市场规律，完善政策法规，引导就业服务机构规范发展；要在就业市场中基本消除城乡、身份、性别等各种歧视行为，实现就业公平。五是进一步加强政府的调控职能，统筹做好城镇新增劳动力就业、农村富余劳动力的转移就业和失业人员的再就业工作，加强对高校毕业生、复员转业军人的就业指导和服务工作，努力控制失业规模。

（二）完善劳动关系协调机制，发展和谐劳动关系

劳动关系是现代社会最基本的社会关系，没有劳动关系的和谐也就没有整个社会的和谐。目前高新区劳动关系总体上是稳定、和谐的，但也存

在着许多不和谐的因素,有的问题甚至比较突出。主要表现在:一是劳动合同签订率低、期限短、内容不规范,违反劳动合同法的现象时有发生,特别是中小型企业问题更突出;二是有一些企业缺乏社会责任感,管理不善,劳动条件和职业卫生状况差,劳动保护措施不健全,超时加班现象严重,严重威胁着员工的健康;三是企业分配制度不合理,重资本、轻劳动现象突出,劳动者的工资、福利、社会保障等合法权益不能得到有效保障;四是与市场经济相适应的劳动关系协调机制不健全,难以有效调处劳资争议和纠纷。这些问题的存在,导致劳资之间的冲突不断,群体性事件经常发生,成为影响园区社会稳定与和谐发展的重要因素。因此,必须在发展经济的同时,重视构建和谐的劳动关系。这里的关键是要建立科学的劳动关系协调机制,进一步完善政府、工会、企业三方协调机制,全面实行集体劳动合同制度和集体协商制度。企业必须根据《中华人民共和国劳动法》《中华人民共和国劳动合同法》等法律的要求,依法建立健全企业内部的各项劳动管理制度,切实保障员工的基本权益。应建立科学、合理的劳动工资报酬制度,实现企业收入分配的公平、公正和合理,形成既有利于激励员工,又不会导致劳资关系和员工关系紧张的分配体系,特别是要通过完善企业的收入分配机制,建立员工工资的正常增长机制,努力实现企业利润增长与员工收入增长的均衡发展;应进一步加强企业的安全生产管理,不断加大安全生产的投入,建立完善的劳动保护制度,努力做好伤亡事故和职业病的防治工作,为职工创造一个安全、健康的工作环境,以保障劳动者的职业安全;应依法建立健全企业员工的社会保障和福利制度,保障员工的基本生活安全;应逐步建立完善的管理沟通和民主参与机制,保障劳动者的知情权和参与权;应建立完善的社会责任评价制度,建立符合高新技术企业实际并能与国际劳工标准基本接轨的劳动标准认证制度,在企业发展中形成保护劳动者、善待劳动者、尊重劳动者的长效机制,切实保障劳动者的合法权益;应不断加强政府的监督管理职能,健全劳动保障监察体制和劳动争议调处仲裁机制,进一步加强劳动力市场监管、劳动保护和劳动执法监察,从建立健全国家劳动标准制度入手,针对安全生产、职业卫生、劳动保护等方面的问题，督促各类企业严格执行国家劳动标准，加强劳动保护，积极维护劳动者的合法权益。

二、大力发展教育事业，努力促进园区教育公平

加快教育发展，是在知识经济条件下提高我国社会生产力水平的重要基础，是把我国人口数量转化为人力资源、把人口压力转化为人才优势、建设人力资源强国的根本途径，是促进经济社会协调发展的必然选择。特别是对于高新区社会来说，教育更是起着十分重要的作用。坚持教育优先发展，保障人民群众平等地享有接受良好教育的机会，促进教育公平，对推进园区社会和谐发展具有重要意义。自我国高新区建设以来，虽然教育事业实现了历史性跨越式发展，取得了巨大成就。但总的来看，目前许多高新技术园区的教育发展仍面临着许多问题，不能满足广大人民群众对于良好教育的强烈需求。为此，要从以下几个方面入手。

（一）构建完善的国民教育体系，促进教育全面协调发展

一是要进一步普及和巩固义务教育的成果，努力实现义务教育的均衡发展，在更大的范围内高质量、高水平地普及九年义务教育。二是要大力发展职业教育。坚持以服务为宗旨，以就业为导向，深化教学改革，增强职业教育主动为经济社会发展服务的意识和能力；要加大政府的投入和统筹力度，加强职业教育的基础能力建设，切实提高职业教育水平和质量，加快发展职业教育和培训网络，努力为园区经济社会建设培养大批有知识、有技能的劳动者。三是要促进高等教育又好又快发展。应在保持一定量的扩张基础上，把提高质量作为今后发展高等教育的重点，调整学科布局和专业设置，深化高校教育教学改革，建立和完善高等教育质量保证体系，注重增强学生的实践能力、创造能力和就业能力、创业能力，加强创新型人才培养力度。应积极推动高等教育与科技创新、经济建设、文化繁荣和社会进步的紧密结合，提升高校的自主创新能力和水平。四是积极发展继续教育，努力建设学习型社会。应以现代国民教育体系为依托，以现代信息技术为重要手段，统筹全社会各种学习资源，实现普通教育和职业

教育相互沟通，职前教育与继续教育相互衔接，学历教育与非学历教育相互补充，建设完善的终身教育体系，不断满足人民群众多样化的学习需求，形成全民学习、终身学习的理念、环境和氛围。五是建立健全保障教育优先发展的机制和制度。不断加大政府的教育投入，明确各级政府提供教育公共服务的职责；通过教育体制与制度的不断改革与创新，增强教育发展的活力；通过构建全社会参与和支持教育的新体制，引导民办教育健康发展，努力形成以政府办学为主、公办教育与民办教育共同发展的格局。

（二）全面实施素质教育，促进人的全面发展

素质教育是促进人的全面发展的教育。我们要切实增强紧迫感和责任感，把实施素质教育作为我国教育工作的主题，贯穿于各级各类教育。要坚持育人为本、德育为先，把立德树人作为教育的根本任务；要不断更新教育观念，进一步深化教育教学改革，推进人才培养模式、课程体系、教学内容、教学方法和考试评价制度的改革，以提高学生的综合素质为根本，着力培养学生的创新精神和实践能力；要把加强体育作为推进素质教育的重要切入点，强健学生体魄，全面提高学生的健康水平；加强学校教育、家庭教育和社会教育的融合，形成全社会推进素质教育的强大合力。

（三）坚持教育的公益性，大力促进教育公平

教育公平指的是接受教育的机会和接受相同质量教育等方面的公平，这既是构建和谐社会的必然要求，也是我国教育改革和发展不懈追求的目标。一是要推动公共教育协调发展，逐步缩小城乡、区域教育发展差距。二是要健全教育资助制度和助学体系，有效保障每一位公民的受教育权，特别要做好社会弱势群体成员的教育保障工作，努力做到保证每个学生不因家庭经济困难而失去学习机会。三是规范管理，全面推进依法治教、依法治校。建立健全有教育系统特点的教育、制度、监督并重的惩治和预防腐败体系，规范学校收费项目和标准，坚决制止教育乱收费现象；依法规

范学校的办学行为,提高学校管理水平,实现招生的公开、透明、公平与公正。

三、加快园区医疗卫生事业发展,提高人民健康水平

医疗卫生是一种向全社会每一位成员提供健康需求的特殊服务,它涉及公共卫生、疾病预防、医疗保障等多方面,因而医疗卫生服务事业是一种重要的社会公益性事业。从社会发展来看,它也是衡量一个社会文明进步程度的重要标志之一。发展医疗卫生事业,提高人民健康水平,直接关系广大人民的切身利益,也与经济社会发展密切相关,是构建和谐社会、全面建成小康社会的内在要求。我国高新区建立以来,园区的医疗卫生服务事业发展取得了巨大的成就,对保障人民的健康发挥了重大作用。但从总体上看,当前我国高新区医疗卫生服务的发展水平还很低,不能很好地满足人民群众的需要。其突出的问题:一是医疗资源配置严重不合理,区域间差距大,一些高新区医疗卫生基础设施缺乏,"看病难"的问题突出。如郑州高新技术产业开发区,至今还没有一所大型的综合性医院。二是医院的公益性质淡化,公共服务职能减弱,服务水平和质量低。三是药价虚高,加重了患者负担,"看病贵"现象严重。因此,改革医疗卫生体制,发展医疗卫生事业,是当前园区社会建设面临的重大课题。

(一)坚持公共医疗卫生的公益性质,加快公共卫生和医疗服务体系建设

要进一步加大政府对医疗卫生事业的投入力度,落实经费保障措施,建立健全覆盖全体居民的基本公共卫生服务制度,为群众提供安全、有效、方便、价廉的公共卫生和基本医疗服务;要重点加强以社区卫生服务为基础的新型城市卫生服务体系建设,实施区域卫生发展规划,整合城乡医疗卫生资源,大力提高基层公共卫生资源的比重,加强基层医疗卫生人才培养;建立健全突发公共卫生事件的应急机制,提高重大疾病预防控制能力和医疗救治能力;进一步完善医疗保障制度,努力为群众提供公平、有效的基本医疗保障,维护人民群众的身体健康。

（二）深化医疗卫生体制改革，增强医疗卫生事业发展活力

应坚持政事分开、管办分开、医药分开、营利性与非营利性分开的改革方向，建立符合我国国情的医疗卫生体制。不断强化政府在提供公共卫生和基本医疗服务中的责任，建立健全各级政府间规范的责任分担与资金投入机制，逐步建立投资主体多元化、投入方式多元化的办医体制。进一步强化公立医院公共服务职能，完善公立医疗卫生机构运行机制、激励机制和补偿机制，加强医风医德建设，规范收支管理，坚决纠正医院的片面创收倾向。严格医疗机构、技术准入和人员执业资格审核，积极引导社会资金依法创办医疗卫生机构，支持有资质的人员依法开业，方便群众就医。

（三）进一步加强管理，提高医疗卫生服务水平和质量

建立国家基本药物制度，整顿药品生产和流通秩序，保障群众基本用药，避免药价虚高和以药养医，控制医疗费用过快增长。加强对医疗卫生服务行为、服务质量和药品市场的监管，改善医疗服务，规范医疗行为，切实提高医疗质量，维护群众就医安全。加强食品、药品、餐饮等的卫生监督管理，有效保障人民群众健康安全。加强健康宣传教育，改善生活工作条件，提高群众的卫生观念和卫生意识，改变不良生活习惯和生活方式，减少疾病的发生。

四、建立完善的社会保障体系，保障人民群众的基本生活安全

现代社会保障制度是社会市场化、工业化和城市化发展的产物。建立完善的社会保障制度，可以有效地提高社会成员应对社会风险的能力、保障人民群众的基本生活需要；有效调节社会收入分配、缩小收入差距、实现社会公平；增强社会成员的社会安全感、维护社会稳定；促进经济发展，提高社会福利水平。因此，社会保障是民生之基，是社会建设的重要内容。我国高新区建立以来，根据国家社会保障制度建立和发展的要求，已初步形成了与社会主义市场经济体制相适应的社会保障制度框架，社会

保障事业发展取得巨大成就。但从整体上看，目前仍然存在着制度不健全、覆盖范围小、保障水平低、管理体制不合理等问题，不能适应园区经济社会进一步发展的需要，难以保障人民群众的基本生活需要。加强社会保障制度建设、推进社会保障事业发展还面临着艰巨的任务。

（一）加快社会保障制度建设，建立更加完善的社会保障体系

现代社会保障是一个由多方面、多层次制度构成的完整的制度体系。从保障的对象、方式来看，包括社会保险、社会福利和社会救助等制度；从保障的性质来看，包括国家依法为公民提供的基本保障、社会和单位为社会成员提供的补充保障以及社会成员的个人保障；从保障的内容来看，包括基本生活保障、服务保障和精神保障。根据目前高新区社会保障事业发展的状况和园区经济社会发展趋势对社会保障的要求，园区社会保障建设，必须坚持"低水平、保基本、广覆盖、可持续"原则，加快建立更加完善的社会保障体系。要高度重视社会保险制度建设，健全社会保险体系。进一步完善企业职工基本养老保险制度，加快机关事业单位养老保险制度改革，完善城镇职工基本医疗保险，积极推进失业、工伤、生育保险制度建设，加快建立适应农民工特点的社会保障制度；积极探索建立完善的、多种形式的以养老、医疗为重点的农村社会保险制度和城镇居民社会保险制度。要加快建立完善的社会福利制度和社会救助制度。加快社会福利服务设施建设，提高服务水平和质量，大力发展以扶老、助残、救孤、济困为重点的社会福利事业；进一步完善灾害救助制度和城乡居民最低生活保障制度，建立健全以医疗救助、教育救助、法律援助、住房救助等为重点的社会救助体系，加强对困难群众的救助，完善优抚安置政策。要进一步健全法律制度，加强鼓励和引导，促进以职业年金、补充医疗保险、员工福利、慈善事业和个人商业保险等为重点内容的补充保障的发展，加快建立基本保障与补充保障有机结合、相互补充的社会保障体系，提高社会成员的抗风险能力和保障能力。应从满足人民群众多方面、多层次的保障需求出发，加快建立基本生活保障、服务保障和精神保障相结合的社会保障体系，特别应加快建立专业化的社会服务工作制度，发展社会工作事

业，以有效满足人民群众的社会服务需求。以廉租房、经济适用房和公共租赁房建设为重点，加快建立完善的住房保障制度，不断满足人民群众日益增长的住房需求。

（二）加快社会保障体制改革，改善和加强社会保障管理

目前，社会保障管理体制不合理，碎片化现象严重，覆盖面小，缺乏应有的公平性，是我国社会保障发展中存在的突出问题。在新的发展时期，园区社会保障建设必须以体制改革为重要动力，加快建立管理科学、覆盖面广泛、公平合理的社会保障体系。要进一步提高社会保障的社会化水平，在不断加大政府的社会保障投入和责任的同时，调动全社会各方面的力量，多方面、多渠道为社会保障筹集资金；进一步打破城乡、区域、部门间的壁垒，积极探索和推进社会保障的城乡一体化发展，努力实现区域、部门间的均衡发展，促进社会保障公平发展；不断强化保险基金统筹部分征缴，逐步做实养老保险个人账户，提高社会保险金的统筹层次，积极推进省级统筹，增强社会保险跨地区的流动性；健全制度、明确责任，加强基金监管，实现社会保险基金的保值增值。

第四节 积极推进社会管理创新，实现园区社会和谐有序发展

园区社会转型过程中面临的众多新的社会问题对社会管理提出了新要求。只有推进园区社会管理创新，建立与园区经济、政治、文化发展相适应的社会管理体制，才能形成协调、有序的园区社会秩序。

一、创新社会管理体制，形成社会管理新格局

在党的十六届四中全会通过的《中共中央关于加强党的执政能力建设的决定》中明确提出要"建立健全党委领导、政府负责、社会协同、公众参与的社会管理格局"的理论。在党的十六届六中全会通过的《中共中央

关于构建社会主义和谐社会若干重大问题的决定》又重申了这一要求。在这一社会管理格局中，明确了党委领导的核心作用、政府的负责职能、社会组织的协同作用、公众参与的基础地位，这是对我国长期以来社会管理实践的科学总结和完善，也是新时期推进园区社会管理创新、建立新型社会管理体制的基本思路。

（一）党委领导

党的领导是我国特有的政治优势，是构建完善的社会管理体系的政治保障。在社会建设和管理的改革发展中，只有坚持党的领导，才能确保社会建设和管理的正确方向，才能有效地整合各种社会管理资源，团结和凝聚社会各方面的力量。在社会管理的新格局中，坚持党的领导，就要充分发挥党总揽全局、协调各方的领导核心作用。总揽全局，即各级党委应立足全党工作的大局，正确把握时代发展的要求，集中精力抓好具有全局性、战略性、前瞻性的重大问题，把好社会建设和管理发展的大方向，确定正确的大政方针。协调各方，即党委从推进全局工作的要求出发，统筹协调好各部门、各方面的关系，从而形成各方各司其职、各尽其责、相互配合的社会管理新局面，形成社会管理的合力。各级党委应站在全局的角度，支持政府依法行政、管理社会事务；依法加强对社会组织的管理监督，引导人民积极有序地参与社会建设和管理；充分发挥共产党员，尤其是基层党组织和共产党员服务群众、凝聚人心的作用。另外，在坚持党的领导的同时，还要不断改善党的领导，提高化解各种社会矛盾和风险的能力。

（二）政府负责

在社会主义市场经济条件下，政府的主要职能是"经济调节、市场监管、社会管理和公共服务"。在构建和谐园区社会的过程中，加强社会建设和管理，就需要进一步转变政府职能，更加注重发挥政府在管理社会和提供公共服务方面的职能作用。为此，需要切实解决长期以来存在的政府在履行职能时的"越位""错位""缺位"现象，增强政府的服务意识和责任意识，正确有效地发挥政府的职能作用。一方面，改变以往政府职能的"越位""错位"状况。凡是公民、法人和其他组织能够自主解决的，市场竞争机制能够调节的，行业组织、中介组织通过自律能够解决的事项，除法律、法规另有规定外，政府可不过多介入；要适应世界上公共管理发展的新趋势，牢固树立和不断强化建设责任政府、服务政府、有限政府、效能政府和诚信政府的意识，加快政府从传统的"以经济管理为主"向现代的"以社会管理为主"的转变，不断完善政府的公共管理职能，推动政府从"权力本位"向"责任本位"转变，从偏重行政控制向科学化的公共治理转变，从无限政府向有限政府转变。另一方面，政府也不能"缺位"。在社会管理中，政府要切实担负起应尽的责任。其中主要的，一是建立健全社会建设和管理的政策法规，依法管理和规范各类社会组织、社会事务、社会事业、社会保障等，建立适应社会主义市场经济的社会政策体系；二是实施有效的社会控制，维护社会秩序和稳定；三是为应对自然灾害、事故灾难、公共卫生和社会安全等方面的公共突发事件，建立完善的应急机制，提高保障公共安全和处置突发事件的能力，确保人民群众生命财产安全；四是发展公共服务事业，提高服务质量，满足社会需求。

（三）社会协同

社会协同是形成社会管理合力的有效途径。西方社会学理论曾把整个社会划分为政府、市场和社会三大部门，这也就是人们常说的第一部门、第二部门和第三部门。市场讲效率，是"看不见的手"；政府讲公平，是"看得见的手"。但这"两只手"都有局限性，都有失灵的时候，这就需要寻求社会这"第三只手"的协助调节，以弥补市场和政府的不足，这就是所谓的"社会协同"。从社会管理的发展趋势来看，现代社会的社会管理社会化趋势越来越明显，需要发挥社会各方面力量的作用，才能有效加强社会管理。利用社会组织尤其是民间组织植根于民间的优势，发挥它们在提供服务、反映诉求和规范行为等方面的作用，这是健全社会管理体制、有效配置社会资源、加快发展社会服务、多方满足社会需求的必要途径，也是加强社会协调，化解社会矛盾，维护社会稳定，推动社会文明进步的有效措施。当前,充分发挥各类社会组织的职能作用,加强政府与社会组织之间的分工、协作以及不同社会组织之间的相互配合,是我国社会建设和管理中亟待加强的薄弱环节。因此,在社会管理中要充分发挥社会协同的作用,一方面,坚持培育发展和管理监督并重的方针,完善培育扶持和依法管理社会组织的政策,通过积极培育和有效管理,建立健全各类社会组织,充分发挥各类社会组织提供服务、反映诉求、规范行为的作用,使社会组织成为协同政府开展社会建设和管理,维护社会稳定、促进社会和谐的重要依靠力量;另一方面,全面加强社区建设,建立健全以居民自治为中心的新型社区管理和服务体制。

(四) 公众参与

一切为了群众、一切依靠群众,坚持走群众路线是我党在革命和建设中一贯坚持的基本路线,重视群众工作,善于组织和团结群众也是我们党历来的优良传统和有效的工作方法。在社会建设和社会管理中,发挥人民群众参与社会管理的作用,也是推进社会管理体制创新的重要内容。目前,我国社会管理中的公众参与程度和水平还比较低,不能适应新形势下社会管理的需要。为此,我们必须转变观念、提高认识、健全制度,大幅度提高公众参与社会管理的程度。要通过各种行之有效的方式,对人民群众进行全面的公民意识教育,既要大力培养和牢固树立人民群众参与社会管理的权利意识和主人翁意识精神,又要增强他们对社会管理的责任感、义务感;既要大力培育公众的参与意识,又要不断提高公众的参与能力,提高参与水平。要进一步发挥各种民间组织的作用,不断完善公众参与的机制,拓宽参与的渠道,扩大参与的范围,创新参与的方式;健全民主选举、民主决策、民主管理和民主监督制度,增强政府决策的透明度。同时,还要发挥法律和道德的规范、约束作用,严格规范公众参与的行为,使公众以积极、负责、合法和理性的姿态有序地参与社会管理。

二、建立完善的社会管理机制,维护社会的和谐、秩序

目前,园区社会从总体来说保持了长期和谐、稳定的局面,这是社会

发展的主流。但同时应清醒地看到，当前社会发展中还存在着许多不稳定的现象，如不同阶层、不同利益群体之间利益差距的不断扩大，导致影响稳定的群体性事件增多、社会矛盾增加；市场经济发展过程中大量存在的不确定性因素和风险导致一些突发事件不断发生；危害人民群众生命安全的各类刑事案件、公共安全事件不断增加；等等。因此，在新时期要加强园区社会管理，必须认真研究新形势下社会发展面临的新情况、新问题，及时掌握社情民意变化的新趋势、新特点，进一步加强和完善各种社会管理机制建设，积极探索维护社会稳定工作的新机制、新方法，有效维护社会稳定。为此，应重点做好以下工作。

（一）完善利益关系协调机制，妥善处理社会矛盾

人类社会的进步与发展表明，现存社会不仅是一个伦理共同体，更是一个利益共同体。利益结构是社会结构的物质基础，并且是决定该社会和谐程度的重要因素。同时，在经济社会发展过程中，始终面临着多元利益冲突与整合的复杂情境，人们在争取社会和谐的过程中，完全不可能通过回避"矛盾"和压制"冲突"来谋求多元利益通向一致的道路。从这个意义上说，和谐社会绝不是没有利益冲突的社会，相反，它是一个有能力解决利益矛盾和化解利益冲突的社会，是各方面的利益关系都能得到协调和趋于均衡的社会。

当前，社会矛盾纷繁复杂，但其主要表现就是人民内部不同群体之间利益关系的矛盾，而这大多是由于我们不能有效协调各个阶层、各个群体的利益引起的。所以，加强园区社会管理，目前的关键是适应社会结构和利益格局发展变化呈现出的新特点，建立健全科学有效的利益关系协调机制，妥善处理社会矛盾。一是建立畅通的利益诉求表达机制。当前，社会利益诉求多元化，不同的社会阶层、利益群体有不同的利益诉求。同时，主要针对分配不公、收入差距过大，建设拆迁补偿不足，官员腐败，医疗、教育、住房费用高以及环境污染严重等方面，社会也出现了不少的抱怨和不满情绪。这就需要建立完善、畅通的民意沟通机制、有效的利益诉求表达机制，让人民群众有表达自己诉求的机会和条件，让不同的社会阶层、不同的社会利益群体、不同的社会成员,都能及时、准确地表达和反馈自己不同的利益诉求,满足人们表达利益诉求的需要,使政府及时了解群众的情况和意愿。二是建立完善的利益协调机制。利益分化是现代社会发展的一个重要特征,构建和谐社会,主要是利益关系的协调问题。为此,要通过宣传、教育等利益引导机制,法律和道德等利益约束机制,引导人们树立正确的利益获取观念,以合理、合法的形式和手段表达利益诉求、实现利益目标、解决利益矛盾;要坚持以人为本的科学发展观,将经济发展与人民利益的实现统一起来,坚持把改善人民生活作为正确处理改革、发展、稳定关系的结合点,不断满足人民日益增长的物质文化需要;要正确把握最广大人民群众的根本利益、现阶段群众的共同利益和不同群体的特殊利益三者之间的关系,平等地保护各社会利益群体的利益,妥善协调各方面的利益关系,统筹兼顾各方面群众的关切;要进一步完善社会主义市场经济体制,深化分配体制改革,依法规范和理顺收入分配的秩序,保护合法收入,取缔非法和不合理收入,构建公平、合理的社会收入分配制度;要合理调整国民收入分配格局,努力扩大中等收入者的比重,逐步提高低收入者收入水平,有效调节过高收入,努力缓解地区之间和部分社会成员收入分配差距扩大的趋势,逐步构筑公平、合理的社会分配结构;政府要积极作为,在法律的规范下,利用财政、税收、福利等杠杆,充分发挥政府的再分配职能,加大对社会收入分配的调节力度,减少贫困和低收入群体,缩小贫富差距,解决收入分配不公的问题,实现各社会利益阶层的关系和谐。针对当前公共服务发展滞后、不均衡等问题,要通过加大社会公共事业和福利事业的投入,积极扩大就业,努力完善社会保障体系,健全社会救助体系,加快文化教育、医疗卫生、住房、公共安全等社会事业发展,切实解决困难群体的发展问题,实现公共服务的均等化。三是建立有效的矛盾调处机制。必须建立健全社会舆情汇集和分析机制,完善矛盾纠纷排查调处工作制度,建立党委和政府主导的维护群众权益机制,掌握解决矛盾的主动权;要建立人民调解、行政调解、司法调解有机结合的矛盾处理机制,构建完善的社会矛盾调解体系,更多采用调解而不是压制的方法解决矛盾；应综合运用法律、政策、经济、行政等手段和教育、协商、疏导等办法，把矛盾及时化解在基层、解决在萌芽状态，坚决避免推诿扯皮、激化矛盾的现象发生。同时，还必须着眼于群众最关心、最直接、最现实的利益问题，着力解决群众反映强烈的社会问题，化解社会矛盾的爆发点。四是建立完善的权益保障机制。要进一步加强法律制度建设，不断完善社会公共政策体系，努力建立完善的社会保障制度、最低工资制度、公共财政制度等，保障每一个公民都能够公平地获得基本的生存和发展的权利；同时，还必须解决好诸如土地征收征用、城市建设拆迁、环境保护、企业重组改制和破产、涉法涉诉等领域中群众反映强烈的问题，采取切实有效的措施，规范当事人特别是政府部门的行为，严惩违法乱纪者，坚决制止和纠正损害群众利益的行为。

（二）完善应急管理体制机制，有效应对各种风险

目前，我国改革发展任务繁重，在发展中面临着许多可以预料和难以预料的包括政治、经济、社会、自然等方面的各种各样风险，重大的社会突发事件、公共安全事件频发，这是影响社会和谐、稳定的重要因素。加强园区社会管理，必须适应园区社会发展的新需要、新形势，建立健全应急管理体制，形成统一指挥、反应灵敏、协调有序、运转高效的应急管理机制，有效应对自然灾害、事故灾难、公共卫生事件、社会安全事件，提高危机管理和抗风险能力。应按照预防与应急并重、常态与非常态结合的原则，做好应急管理工作；要建立完善的应急管理法律法规，加强应急预案体系建设和管理，进一步加强应急管理体制和机制建设；要进一步加强对各种风险隐患的普查和监控，切实落实各种安全防范措施，强化突发公共事件的信息报告和预警工作，积极开展应急管理培训，做好各类突发公共事件的防范工作；加强统一高效的应急信息平台建设，加紧建设精干实用的专业应急救援队伍，提高基层应急管理能力，进一步加大应急管理的投入，大力发展公共安全技术和产品，以提高应对突发事件的能力；加强应急管理宣传教育，提高公众参与和自救能力，充分发挥公众在应对各种风险中的作用，实现社会预警、社会动员、快速反应、应急处置的整体联

动；要坚持安全第一、预防为主、综合治理的原则，完善安全生产体制机制、法律法规和政策措施，加大投入，落实责任，严格管理，强化监督，坚决遏制重特大安全事故。

(三) 完善社会治安防控体系建设，增强人民群众安全感

做好社会治安工作，依法打击各种犯罪活动，保障人民群众的生命财产安全，关系到广大人民群众的切身利益，是加强社会建设和社会管理的重要内容。当前，园区社会治安的形势总体上是好的，但也存在不少影响社会治安和社会稳定的因素。一些地方群体性事件时有增加，特别是影响社会治安稳定的一些深层次问题还没有得到根本解决，社会治安的基础还不够稳固，社会治安的形势依然严峻。因此，在和谐社会的建设中，必须积极探索新形势下做好社会治安工作的新思路、新方法、新措施，进一步加强社会治安防控体系建设，加强和完善社会治安的工作机制。要坚持实行专门机关负责和群众参与相结合的原则，强化各级职能部门的责任，充分发动并依靠人民群众，形成社会治安综合治理的合力。坚持打防结合、预防为主的方针，对社会治安进行综合治理。要继续依法严厉打击严重刑事犯罪活动，着力整治突出治安问题和治安混乱地区。要构建完善的社会治安防控体系，大力加强社会治安防范，着力解决社会治安的深层次问题，增强社会的治安防范能力，切实预防和减少犯罪，并通过广泛开展平安创建活动，把社会治安综合治理措施落实到基层，确保社会治安大局稳定。要加强社会治安的基础建设，完善政法保障机制，特别是应加强公安派出所、司法所、人民法庭等基层基础建设，改革和加强社区警务工作，打造服务群众、维护稳定的第一线平台。应以科学发展观为指导，坚持以人为本，执法为民，加强政法队伍建设，确保政法队伍依法、严格、公正、文明执法。

第八章　园区社会风险与社会保障

现代社会是一个充满风险的社会。特别是科学技术迅猛发展和运用中带来的副作用和负面影响日益凸显，使社会面临的各种风险趋于多样化和复杂化。在风险社会中，社会保障可以理解为一种风险的再分配制度，它的建立减少了因个体风险得不到及时化解而衍变为社会风险的可能性。因此，在建设创新型和谐园区的历史新时期，也要更加注重社会保障制度的健全和完善，以增强园区应对各种社会风险的能力。

第一节　园区社会发展中的社会风险分析

随着人们对科学理性的"去神秘化"，人类逐渐认识到，尽管科学技术是推动社会发展的重要力量，但它在给人类带来福祉的同时，也给社会带来大量潜在的风险。同样，以高科技为支撑的高新技术园区也不可避免地面临着种种风险，为此，对园区社会进行风险分析有着重要的现实意义。

一、风险社会和社会风险

社会风险是一种导致社会冲突，危及社会稳定和社会秩序的可能性，更直接地说，社会风险意味着爆发社会危机的可能性。一旦这种可能性变成了现实性，社会风险就转变成了社会危机，对社会稳定和社会秩序都会造成灾难性的影响。现代社会是一个高风险的社会。1986年，德国著名社会学家贝克在《风险社会》一书中提出了"风险社会"的概念，用来解析当今充满风险的后工业社会。① 贝克指出,现代社会的高速发展和日益复杂化,特别是全球化过程和信息化的发展,给人类社会带来了一种前所未有、不断扩散的不确定性。现代化的发展提供了无数的机会,但也制造了无数的风险。贝克以及之后的吉登斯从各个方面指出了风险社会的特征,如技术发展的风险、环境的损害、金融和投资的风险、知识和生活状况的差距与分裂,以及各种可能的突发事件。吉登斯关于"时—空延伸"的分析揭示了现代性向社会控制提出的更为深层的风险基础和挑战。②

贝克认为,风险社会具有不断扩散的人为不确定性逻辑,导致了现有社会结构、制度以及关系向更加复杂、偶然和分裂状态转变。所以,现代风险与传统风险不同,它是社会现代化、现代性本身的结果。从总体上讲,风险是普遍存在、永远存在的,风险是不能根除的,但具体的风险又是可以控制的。风险社会的特征主要在于:第一,现代社会的高速发展和社会的日益复杂化对于人类和社会的发展带来的是利害两重化;第二,相较于传统社会风险,现代社会风险范围是多方面的、全球性的,它涉及的范围是广泛的,既有经济风险也有政治风险和生态环境风险等;第三,造成风险的原因是多方面的,经济的畸形增长、技术的片面发展、社会结构的畸形化、贫富差距的扩大、政治体制的不合理等都可能是风险的形成原因;第四,风险社会在政治上要求对现有的政府体制进行重新调整和整合,以适应社会发展的需要。

贝克依据不同的社会形态区分了三类风险:一是前工业社会的风险,主要是地震、飓风、传染病等;二是工业社会早期的风险,主要是安全事故、劳资矛盾、两极分化、失业、腐败等;三是工业社会晚期的风险,也称现代风险,主要包括经济的、政治的、生态的和技术的,例如环境污染、生态恶化、核技术威胁、化学和基因等。第一类风险,主要是人类遭受的各种自然灾害,大多是由外在因素而非人为因素造成的,是自然力作

---

① 毛振华:《社会学与和谐社会》,社会科学文献出版社,2007年版,第136页。
② 李路路:《社会变迁:风险与社会控制》,《中国人民大学学报》,2004年第2期。

用的结果;第二类风险是资本原始积累的结果;第三类风险是科技进步的产物,是由社会进步和发展所带来的副作用与负面效应所引发的,其根源的实质是现代政治制度和经济制度。由此可见,现代社会的风险是社会现代性发展的结果,是人为的社会风险。风险社会理论为我们研究转型社会提供了重要的理论视角,也为我们构建创新型和谐园区提供了重要的分析工具。

二、园区社会发展面临的主要风险

从总体上看,一方面,目前的中国经济持续快速发展,政治体系运行平稳有序,社会整体发展保持着良好态势。但是,另一方面,当前中国各种问题和矛盾也日益凸显,不少问题和矛盾还呈现出继续恶化的态势,社会风险也在不断聚积。高新技术园区是伴随着新科技革命和知识经济的发展而形成的高度现代性的社会实体,从我国高新技术园区的发展来看,虽然成就巨大,但在发展中也面临着许多问题和矛盾,导致社会风险不断聚积。主要表现在以下方面。

(一)贫富差距与社会不公带来的社会风险

我国高新技术园区经过多年的建设发展,虽然取得了令人瞩目的成就,但是,受传统发展方式影响,园区在发展过程中更多的是注重经济发展,形成了"经济建设型"园区的模式。其突出特点是:政府充当经济建设的主体力量,而一切提供公共产品和公共服务的领域,则主要靠市场化来解决,结果是把本应由政府提供的某些公共产品,如公共卫生、教育、住房、就业服务和社会福利等,推向市场、社会,导致"经济发展和社会发展存在着'一条腿长、一条腿短'的问题"。这种发展模式存在的一大问题就是收入分配严重不均,贫富差距问题日益加重,与人民群众生存、生活和发展等直接相关的一些重大民生问题没有得到很好解决,社会公平问题突出。应该说,适度的差距可以促进经济社会的发展,但是短时间内形成的较大贫富差距会严重影响经济社会的发展和社会关系的和谐。贫富悬殊,收入差距不断扩大,由社会不公引发的"被剥夺感"不断增加,必然增大不同利益主体的碰撞概率和摩擦系数,增加了矛盾激化与表达的可能性,从而产生群体矛盾,引发群体性事件。这会严重影响园区社会稳定,进而产生与社会的对抗行为,甚至导致社会的动荡与冲突,从而影响建设创新型和谐园区的进程。

(二) 生态环境恶化的风险

环境污染严重、生态环境恶化在当前中国社会已是不争的事实。高新技术园区在发展过程中同样面临生态环境恶化的发展问题。一些高新技术园区在发展的初期阶段,为片面促进园区经济发展,采取"招商引资、以地生财"的发展模式,致使一些非高新技术产业且污染大的企业进入园区,对园区环境造成了严重影响。对于生态破坏以及由此产生的生态灾难,人们往往将其归结为"天灾"。但正如英国思想家吉登斯所说的,这更多来自我们自己而不是来自外界,"所谓被制造出来的风险,指的是由我们不断发展的知识对这个世界的影响所产生的风险,是指我们没有多少历史经验的情况下所产生的风险"。① 如果只满足于眼前利益、局部利益,无视长远利益、整体利益,过分追求科学技术的工具性效用,陷入科学技术所带来的经济发展的困境,而忽视和遗忘对社会赖以生存和发展的生态环境的保护,则会使园区社会陷入生态危机等"人造风险"之中。正是这些"人造风险"特别是生态环境恶化的逐渐加剧和增多,必然给园区人们的健康问题带来严重威胁。而园区人们健康问题和园区医疗卫生体系密切相关。一旦人们的健康受到一定程度的威胁,就会给原本就不健全的园区医疗卫生体系带来更为沉重的负担。

(三) 社会成员分化和流动导致社会风险增加

现代社会是高度分化的社会。阶级、阶层发生分化、重组,一些新的阶层和利益群体不断产生,社会成员流动性加大,社会结构重组,呈现多元化利益格局,利益关系更加复杂,是当前社会风险的重要表现。在高新

---

① 安东尼·吉登斯:《失控的世界》,江西人民出版社,2001年版,第22页。

技术园区，这种社会成员分化和流动的过程表现得更为明显：工人阶级内部结构和组成发生了深刻的变化，农民阶层也发生了新的分化、组合和变化，私营经济快速发展，形成拥有相当数量财富的高收入的非公有制企业主阶层。此外，还出现了民营高科技企业的管理技术人员、中介组织和从业人员、自由职业人员等新的社会阶层与群体。不同的阶层有不同的利益需求，那么随着社会成员分化和流动进程的加速，不同阶层的利益需求也相应产生了新的变化，从整体上看就表现为社会整体利益结构的调整。社会整体利益结构的大幅度调整在客观上容易引发一些不稳定的因素，使社会经济领域往往缺乏正常的秩序和健全的规则体系，形成大量的越轨行为。更为严重的是，社会的一些主要群体如工人阶层和农民阶层呈现出一种明显的弱势化趋向，这一现象会严重削弱园区稳定和发展的社会基础，造成社会各个群体之间的隔阂、抵触和冲突，引发社会的不安定甚至动荡，这必然对园区社会的安全运行造成十分不利的影响。

（四）经济高度现代性的风险

高新区经济可以说是高度现代性的经济，在其发展中潜藏着巨大的不确定性。一是城市化的风险。自20世纪90年代以来，我国城市化以空前之势兴起，城市空间迅速扩大。在这个过程中，因征地拆迁引发的矛盾和冲突不断加剧，失地农民大量产生，城市的就业、贫困、住房、交通等问题日益凸显，由此累积了大量社会风险。二是工业化风险。高新区是高度工业化的社会，特别是高科技企业高度集聚。技术的发展和应用，一方面为经济社会的发展提供了不竭的动力源泉，另一方面也给社会带来了许多新的风险，如医学与科技进步使人们寿命延长，也使老年人口的供养问题日益突出；大工业生产使劳动安全问题更为突出。三是市场化的风险。经济市场化的高度发展，虽然带来了高效率，但也给企业发展、居民就业和劳动收入等带来了极大的不确定性，社会风险不断增加。

第二节　防范园区社会风险的社会保障机制

在现代风险社会之中，如何有效地预防和化解各种风险，应对可能出现的社会危机，保持社会的和谐稳定，是现代社会发展过程中必须给予重视的一个重大战略性问题。实践证明，社会保障机制对于预防和化解社会风险起着独特而又重要的作用。因此，建立完善的社会保障体系，对于防范和化解园区各种社会风险有着极其重要的意义。

一、社会保障的内涵

社会保障（social security）一词最早出现于美国 1935 年颁布的《社会保障法》中，后被国际劳工组织所接受，一直沿用至今。虽然世界各国对社会保障的含义理解不同，但目前较为公认的权威性的社会保障定义是 1944 年第 26 届国际劳工大会发表的《费城宣言》中对社会保障的界定，"社会通过采取一系列的公共措施来向其成员提供保护，以便与由于疾病、生育、工伤、失业、伤残、年老和死亡等原因而丧失收入和收入大幅度减少所引起的经济和社会灾难进行斗争，并提供医疗和对有子女家庭实行补贴的方法"。[①] 根据我国的国情和文化传统，我国将社会保障定义为"国家和社会依法通过对国民收入进行分配，形成社会消费基金，对社会成员在生、老、病、死、伤、残、丧失劳动力或因自然灾害面临生活苦难时给予物质帮助，以此来保障每个公民的基本生活需要和维持劳动力再生产而建立的一种制度"。[②]从这一定义看，社会保障概念包含以下几个基本方面。

（一）社会保障的责任主体是国家（政府）和社会，但首要责任主体是国家

在现代社会里，社会保障是由政府管理的一项社会事务，政府本身就

[①] 邹根宝：《社会保障制度——欧盟国家的经验与改革》，上海财经大学出版社，2001 年版，第 4 页。
[②] 杨翠迎：《中国农村社会保障制度研究》，北京农业出版社，2003 年版，第 25 页。

是社会保障关系的重要主体。实施社会保障，既是国家对全体社会成员应履行的社会责任，也是公民根据法律应该享受的一项基本权利。《世界人权宣言》《经济、社会及文化权利国际公约》等人权公约和国际劳工组织的宣言、公约、建议书中，均要求各成员组织保证公民享受社会保障的权利。社会保障从"家庭自我保障"和"慈善救济"发展到现代意义上的社会保障，正是各国政府运用法律手段强制推行的结果。从这个意义上说，社会保障就不同于传统的宗教团体和统治者的施舍与恩赐。

（二）社会保障的对象是全体社会成员

社会保障是一种公共福利计划，它始终在全社会范围内实行，是以全体国民为对象的。它借助整个社会的力量，对每位国民一生中所遭遇的各种损失给予保障和救助，以保证其最低限度的生活水平，并在此基础上通过增加各种公益性服务和津贴制度，提高整个社会的福利水平。当然，在具体实施中，社会保障的对象主要是因各种原因而形成的社会中的弱势群体。

（三）社会保障的目标是满足公民的基本生活需要，是对公民生存权的保护

社会保障是社会成员在不测事故、健康不良、失业等使家庭主要收入中断和减少时，或因家庭特别责任和额外需要，而收入无法应付时，能及时得到社会的帮助和支持，保证了公民的基本生活需要。

（四）社会保障是国家的基本制度之一，是国家通过立法建立起来的

现代社会保障的待遇标准是国家通过立法加以确定和公之于众，国家对需要保护的特殊群体给予的帮助也是通过建立法律制度得以强制施行。从这个意义上说，社会保障就不是简单的慈善事业。

（五）社会保障的手段是对国民收入进行再分配，它是实现社会公平的杠杆之一

社会保障是由国家出面来组织、通过各种具体制度来实施的，社会保

障基金来自用人单位和劳动者个人的缴纳以及政府的财政支持,因此,社会保障实际上是借助国家力量对国民收入进行再分配的一种方式,使国民收入在不同群体之间转移。这种转移既有横向转移也有纵向转移。横向转移即收入在富裕者和贫困者之间、健康者和病残者之间、在职者和退休者以及失业者之间的转移;纵向转移是一种"代际互助",是后代人对前代人的互助。社会保障正是通过这种国民收入的再分配形式,在社会成员之间实现和维持一种互助、公平的状态。

二、社会保障在防范和化解园区社会风险中的功能分析

现代社会保障制度是社会市场化、工业化和城市化发展的产物。建立完善的社会保障制度,可以有效地提高社会成员应对社会风险的能力,保障人民群众的基本生活需要;有效调节社会收入分配、缩小收入差距、实现社会公平;增强社会成员的社会安全感、维护社会和平稳定;促进经济稳定发展,提高社会福利水平。

(一)社会保障是社会公平的调节器

公平、公正、正义是人类所追求的一种理想状态。在政治、经济上,公平是指一种与社会发展的理念相符合,足以保证人们的合理需要和利益的制度。社会公平,是人类社会发展中客观产生的一种需要。社会公平体现在经济利益方面主要是社会成员之间没有过分悬殊的贫富差别。在现代社会,市场经济可以说是一种向社会强势人群倾斜的体制。在市场经济体制下,收入分配机制与竞争机制相联系,有竞争就会有差异,竞争的结果是强者恒强,弱者恒弱。对于每个社会成员来说,由于其能力、背景、拥有的资源和信息不同,在分配领域中必然会出现差异,并出现贫富的两极分化,导致社会分配的不公。为了解决这一社会问题、实现社会公平,就需要运用政府的力量对社会经济生活进行干预,对国民收入进行再分配。社会保障具有国民收入再分配的功能,通过提供社会保障措施,通过社会保障基金的高收入者和低收入者之间的转移支付,使国民收入再分配向低收入者倾斜,从而调节社会成员之间的收入差距,维持低收入者的基本生

活,缩小社会成员之间的贫富差距,弥补市场经济的缺陷,促进社会公平,缓和社会矛盾。其作用主要表现在两个方面:一是通过保障全体社会成员的基本生活,在一定程度上消除社会发展过程中因意外灾害、失业、疾病等因素导致的机会不均等,使社会成员在没有后顾之忧的情况下参与市场的公平竞争;二是通过在全体社会成员之间的风险共担,实现国民收入的再分配,缩小贫富差距,减少社会分配结果的不公平。

(二) 社会保障是维护社会稳定和社会秩序的"稳定器"

社会的稳定、有序是人类赖以生存和发展的前提和基础。没有社会稳定,就没有经济的发展和社会的进步。现代社会发展过程,本质上是社会不断分化、动荡、整合与稳定发展的变化过程。在这个过程中,社会稳定和社会秩序的建立,其根本在于提供一整套人们能够达成共识并能自愿服从的思想观念体系和法律制度体系。这种集体性的社会现实能够消除社会成员的分歧,使社会稳定和社会秩序的建立成为可能。从这个意义上说,要实现社会从分化、失序到整合与稳定的平稳过渡,实现从不平衡到平衡的可持续发展,离不开有效的政府干预。政府通过建立新的机制和制定过渡时期的有关政策、寻求其他替代途径和手段等来使得社会的分化和动荡过程温和化,减小社会的震荡幅度,让社会在相对稳定中前进。社会保障就是政府干预社会过程的有效机制之一,在实现社会稳定秩序方面起着不可替代的作用,它为社会经济的协调发展,提供了一个稳定的社会环境,是维护社会稳定的重要防线。具体表现在以下方面:一是建立和维护社会成员基本正常的生活秩序。生活或生存秩序是一切社会秩序的基础。社会保障以立法形式确立起公民的生活保护体系,当公民在遭遇年老、疾病、伤残、生育、失业、灾害等危险而失去收入或生活来源时,通过提供社会性的物质帮助,实现社会生活秩序的稳定性和连续性。二是促进社会安定和阶级统治秩序稳定。当人们生活安全、安居乐业时,对社会秩序乃至统治秩序的稳定起到积极促进作用,这就是古人"仓廪实而知礼节"的安民术的宗旨,否则"民穷则邪恶生"。因此,社会保障对社会政治稳定具有重要价值。三是促进经济秩序协调稳定。经济秩序涉及社会生产和交换以及社会物质财富的分配和消费领域。社会经济的协调、稳定和有序发展，需要社会稳定为其提供有利的外在条件和社会环境，国际社会已充分认识到社会保障是实现社会经济可持续发展的不可或缺的制度和机制。

（三）社会保障是建立社会信任的"社会安全网"

风险与信任、安全存在密切的关系。在现代性风险环境里，吉登斯把"安全"界定为：把一系列特定的危险或者消除或者降到最低限度，从而把安全的体验建立在对风险的可接受水平上。但是，人们对安全的体验又是与信任密切相关的，如我们对住所感到安全，并不是说住所本身安全，而是体现出我们对住所能够提供安全居住环境的一种信任。对于信任，吉登斯认为信任通常足以避免特殊的行动方式所可能遇到的危险，或把这些危险降到最低的限度。可以说信任在某种程度上表达了对风险的抵抗能力。

人们在日常生活中通过对所熟悉的生活环境的体验，感受到一种生活中的连续性与惯常性，正是这种连续性与惯常性，使得人们在能够对日常生活做出合理预期的同时感受到存在的安全性。如果这种可连续性与惯常性的东西不存在了，一切变得不可预期、不可信赖，焦虑就会袭来，社会就会出现普遍的信任危机。由于人们在现代社会中面临的疾病、工伤、失业等风险的加大使得生活充满了不确定性与不可预期性，因此，个体和社会都需要一种缓解或解除风险的机制。

社会保障制度本身是一种社会安全体系，它把实现社会成员生活安全和整个社会安全作为其重要的基础性价值，社会保障法对社会安全的保障与维持，正是遵循从个人生活安全到整个社会安全的逻辑，通过实现个人生活安全实现社会安全，通过个人生活安全的保证或保障来促进整个社会的政治安全和经济安全；它通过对没有生活来源者、贫困者、遭遇不幸者和一切工薪劳动者在失去劳动能力或工作岗位后给予救助，满足基本生活需要，保证其基本生活需求，消除社会成员的不安全感，以维护社会稳定；通过尽可能地消除贫富之间的差距，创造一个公平合理的社会环境，最终使每个社会成员都能从社会保障制度中获益，并对未来的生活有良好的心理预期，安居乐业，实现社会的稳定和发展。因此，社会保障又被誉为"社会安全网"和"社会减震器"。

社会保障作为一种补偿机制，是为将来可能出现的灾难提供补偿，即只有当风险发生了，社会保障才能发挥作用，从这个意义上来说，社会保障并不能阻止险情的发生，但是它增加了人们对未来是可以控制的确信度。也就是说，社会保障是建立在风险以及人们对风险的态度之上的，当人们购买了社会保障，也就是购买了对未来风险控制的信任，而这种信任使人们从心理上认为一些风险被消除了，从而带来了一种安全感。同时，由于社会保障对原有生活连续性与惯常性的维持，在一定程度上减轻了风险所带来的焦虑，重建了人们对环境的信任。

对园区社会来说，作为"社会安全网"的社会保障可以解除社会成员的后顾之忧，将人生的不确定性与风险因素降至最低。社会保障在社会个体陷入贫困而无力维持最低生活时为其提供救助，避免其因贫困而丧失基本尊严。社会保障通过事先收取一定的费用，在人们面临工伤、失业、疾病、残疾等风险时为其提供一定的补偿，使其不致因风险的到来使生活水平与原来相差过大，这一机制实际隐含尽量保持社会成员原有生活的连续性与惯常性，消除社会成员不安全感的作用。社会保障降低了现代社会风险所带来的消极影响，构筑了社会安全的基础。

第三节　中国园区社会保障发展现状与面临的问题

我国正处于全面建成小康社会、加快推进社会主义现代化建设的关键时期。在这一时期，我国高新园区社会保障制度的发展既面临着难得的机遇，也面临着严峻的挑战。

一、我国高新技术园区社会保障发展的现状

我国高新区建立以来，根据国家社会保障制度建立和发展的要求，已初步形成了与社会主义市场经济体制相适应、有中国特色的、符合高新技

术园区发展规律的社会保障制度框架，社会保障事业发展取得巨大成就。主要表现在以下两大方面。

（一）现代社会保障体系逐步建立

我国高新区建立以来，根据国家关于社会保障制度建立和发展的有关政策法规的要求，适应高新区市场经济发展的实际需要，高新区的社会保障建设取得了令人瞩目的成就，国家基本社会保障制度逐步建立。目前，国家级高新技术园区包括养老、医疗、失业、工伤和生育保险等在内的社会保险制度初步建立，有效地保障了劳动者的基本生活权益；以居民最低生活保障为核心的社会救助制度不断健全，灾害救助制度进一步完善，对保障各类社会困难群体的生存、生活发挥着重要的作用；社会福利事业不断发展，极大地提高了人民群众的福利水平和生活质量。

（二）社会保障覆盖范围逐步扩大，参保人数不断增加

从全国来看，社会保障制度建立以来，社会保障的覆盖面不断扩大，参保人数不断增加。城镇职工养老保险已覆盖到国有企业、私营企业及外资企业等企业以及职工，农村居民和城镇居民养老保险处于探索、试点中，并且有许多地区已经建立；随着城镇职工基本医疗保险、新型农村合作医疗制度和城镇居民医疗保险的逐步建立，覆盖全民的基本医疗保险制度已初步形成；随着农村居民最低生活保障等制度的建立，社会救助制度的覆盖面也扩大到包括城乡居民在内的困难社会群体。同时，针对农民工、失地农民等特殊社会群体的社会保障制度也逐步建立和完善，更多的社会成员正逐渐被纳入国家的基本保障范围之内。

作为我国现代化建设先行区的高新技术园区，在扩大社会保障覆盖率方面更是始终走在前列。例如，近年来，苏州高新区在加快区域开发建设的同时，高度重视民生，着力从四个方面大力度地推进社会保险事业发展，城乡社会保障整体水平逐年稳步提高，辖区实现了人人享有养老和医疗双重保险。一是努力扩大城镇企业职工社会保险覆盖面。把统筹城乡社会保险，作为营造城乡公平就业环境，解决城乡劳动力养老问题的重要措

施和手段，不断加大城镇企业职工社会保险基金征缴力度。二是积极推行高新区特色的农村基本养老保险制度。将辖区内的纯农村居民、农村小城镇人员和部分尚未就业的被征地劳动力全部纳入"农保"范围。高新区农保自2005年实施以来，制度不断完善，保障待遇水平逐年稳步提高，参保率一直稳定在98.5%以上。三是全面实施被征地农民基本生活保障"并轨"工程。高新区在保持被征地人员的保养金标准在大市范围领先的同时，为了让广大被征地农民充分享受高新区开发建设成果，2008年又全面启动了高新区被征地农民基本生活保障"并轨"工程，计划一次性投入16亿元，力争使辖区现有的8万多农村被征地劳动力达到"55后""60后"，人人能够享受城保养老待遇。四是积极实施区域城乡一体的新型基本医疗保险制度。在对高新区范围各类医疗保障制度和办法进行整合的基础上，把辖区内除参加苏州市城镇职工社会保险以外的城乡居民全部纳入城乡一体的区域性新型医疗保险制度范围。

二、高新园区社会保障制度建设存在的问题

近年来，高新技术园区的社会保障工作虽然取得了巨大成就。但随着经济形势、社会结构的不断变化，各种社会问题和矛盾不断增多并趋于复杂化、多样化，社会保障发展中也面临着许多困难和问题。主要体现在以下几个方面。

（一）社会保障制度的立法不健全

从现代社会保障发展的历史经验和基本要求来看，健全的社会保障法律体系，是社会保障有效运行和发展的基础保障。但从目前我国社会保障发展来看，法制化建设非常滞后。尽管《中华人民共和国社会保险法》的颁布使我国社会保障的法制化进程跨出了一大步，但从总体上看，社会保障的专门性法规还很少，更多的是一些行政部门对一些社会保障的具体项目做出规范，大都以"暂行条例""通知""意见"等形式出现，缺乏法律的权威性、统一性和稳定性。社会保障法律的缺失，已经无法满足高新技术园区社会保障发展的需要。

（二）社会保障覆盖率低

社会保障覆盖率的大小，是社会保障制度健全与否的主要标志，也是社会主义市场经济发育和完善程度的重要体现。据相关部门统计，世界各国社会保障的覆盖率平均在 60% 以上，中等收入国家在 70% 以上，发达国家在 80% 以上，而我国仅仅在 40% 左右。社会保障制度的核心和重点是社会保险，因此社会保险覆盖率很大程度上反映了社会保障的覆盖面。人力资源和社会保障部公布的 2019 年统计数据显示，截至 2019 年底，城镇常住人口数 84843 万人，城镇就业人员 44247 万人，同年参加城镇职工基本养老保险人数为 43487 万人。按此计算，城镇职工的养老保险覆盖率达到 98.3%。但是仍存在将近一半生活在城镇中的居民没有参加城镇职工基本养老保险，这部分居民主要是农民工群体。从失业保险看，截至 2019 年底，全国参加失业保险人数为 20543 万人。从工伤保险看，2019 年末全国参加工伤保险人数为 25478 万人。同年，全国就业人员为 77471 万人，按此计算，失业保险的覆盖率和工伤保险的覆盖率分别为 26.5% 和 32.9%。[①]

同全国相似，高新区的社会保障也存在同样问题。依据在郑州、洛阳两地的调查数据统计结果显示，园区参加医疗保险的居民占 19.1%，参加失业保险的占 2.9%，参加基本养老保险的占 10.3%，同时享受医疗保险、失业保险、基本养老保险和生育保险的仅占 1.5%，而 36.8% 的园区居民没有享受到任何社会保障。除此之外，还有 5.9% 的居民对此项没有作答，其中不乏根本不了解社会保障所致。特别是高新区的中小民营企业占绝大多数，社会保险的参保率更低。不只如此，我国的社会保障水平普遍比较低，保障效果有限。特别是我国的最低生活保障制度，不仅保障标准设置过低，覆盖面也比较小，有许多贫困者还没有纳入保障的范围，其生存、生活面临着极大威胁。

（三）社会保障责任模糊

责任模糊是中国现阶段社会保障制度改革与发展面临的又一重大问

---

① 数据来源：《2019 年度人力资源和社会保障事业发展统计公报》。

题。西方发达高新技术园区在社会保障制度逐步成熟的同时，对政府、单位、个人在社会保障体制中的责任与权力做出了比较清晰的划分。由于我国的社会保障制度起步较晚，社会保障制度正处于不断健全和完善的过程之中。在这样特定的历史时期，社会保障的现实责任难免存在模糊不清的现象，尤其是中央政府与地方政府的责任划分不是十分明确，导致社会保障发展缺乏应有的长效机制。社会保障制度安排中的主体各方责任的模糊性，无疑会直接损害社会保障制度的计划性和预见性，同时也会给经济发展和市场竞争中的主体各方带来权利与义务的不确定性，并增加劳动者代际负担的不确定性，进而可能损害市场经济的正常秩序。高新技术园区社会保障制度作为我国社会保障制度的一个重要组成部分，也存在着这样的问题。再加上高新技术园区的创建也相对较晚，社会保障发展的长效机制还很不健全。

（四）社会保障基金管理不善

社会保障基金是社会保障的物质基础，加强社会保障基金管理是社会保障发展的一个重要环节。但是目前，我国社会保障事业发展过程中社会保障基金管理不善的问题非常突出，其主要表现：一是社会保障基金未按实征缴，存在着协议收费的不正常现象，使社会保障基金在"合法"外衣掩盖下流失。二是社会保障基金名义收费率高，实际缴费率低。我国社会保障基金征缴是以雇员工资总额为基数，但一些单位仅以职工基本工资作为计提基数，将各种津贴、经常性奖金和其他工资排除在外，或把工资性开支化整为零，甚至降低工资标准，提高非工资性报酬，使部分工资性报酬逃离计提范围，变相减少工资总额，降低社保费的提取标准。三是由于缺乏必要的强制措施，参保单位拖欠、挪用、拒缴社保费现象严重。一些用人单位故意不与职工签订劳动合同，造成社保部门不能准确核定缴费金额，或以亏损、资金困难等为由拒不按时缴费，长期拖欠。四是社保基金的运营管理不善，基金投资、使用的安全性有待进一步提高，保值增值面临挑战。

（五）财政对社会保障的支出较低

尽管我国财政用于社会保障的经费逐年增大，但与世界上社会保障发展相对较好的国家相比，仍然偏低，还有很大差距，这是造成我国社会保障水平低的一个基本原因。国家统计局局长马建堂在2009年7月的某会议上指出，2008年中国社会保障支出占中央政府支出比重为7.5%，低于德国的55.5%，加拿大的45.6%，美国的30.2%。由此看来，中国要提高政府的公共服务水平还要一个很长的过程。另外，地方政府对社会保障投入极少。财政部统计数据显示，1998—2001年，在财政对基本养老保险基金补贴支出中，中央财政占90%以上，地方财政补助不足10%。这种严重依赖中央财政的机制不仅导致了财政负担不平等，助长了向上要钱、征缴不力的恶性循环。就高新区而言，如何建立长效的机制，保证园区政府对社会保障投入的不断增加，是当前必须解决的问题。

（六）社会保障体系不尽完善

目前，高新区社会保障体系建设取得的最大成就是初步形成了国家基本社会保障制度，但从另一方面看，园区社会保障的发展还很不均衡，体系还不尽完善。其主要表现：一是以职业年金、补充医疗保险、员工福利等为主要内容的补充保障发展缓慢，慈善事业发展水平低，在某种程度上限制了社会保障水平的提高，降低了应对社会风险的能力。二是服务保障和精神保障制度很不健全，难以全面满足人民群众的社会保障需求。三是城乡、群体之间社会保障发展不均衡，社会保障对社会弱势群体的保护力度不够，难以保障社会上困难群体的生存、生活需求。

第四节　构建完善的社会保障制度，促进园区社会的和谐发展

当前，我国正处于全面建成小康社会、加快推进社会主义现代化建设的关键时期。加快建设创新型高新技术园区是推进社会主义现代化建设的

重要组成部分和内容。在这个过程中，不断产生的复杂多样的社会风险，要求我们必须建立完善的社会保障体系，以有效防范和化解社会风险，保持社会的和谐稳定，这对于建设创新型园区，实现全面建设小康社会的目标具有重大的战略意义。为此，应该着力解决好以下几个方面的问题。

一、积极推进社会保障法律制度建设，实现园区社会保障的法制化

立法先行是世界各国社会保障制度建设普遍奉行的原则。加快社会保障立法是关系社会保障体制改革的一个根本性问题，成熟的社会保障制度必须有法制作为保证。加快社会保障立法进程，通过法律的形式将社会保障的措施确定下来，加以规范化，可以依靠法律的强制力，增强社会保障政策的权威性和强制性，保证社会保障政策和措施得到切实落实。为此，应重点做好以下工作。

（一）明确社会保障立法原则

社会保障立法应坚持普遍性保障与重点保障相结合的原则、与社会经济发展相适应的原则、满足社会基本生活需求的原则、权利与义务相一致的原则，做到政府统一管理，城镇与农村一视同仁。通过法律法规来调整和规范社会保障管理关系、资金筹集关系、项目标准确立关系、保障对象确定关系、保障发放关系和保障监督关系等。

（二）理顺社会保障立法体制

在立法体制上，应提高立法的层次，这既是构建社会保障法律体系的必然要求，也是保证社会保障立法的权威性、稳定性和高效性的根本途径。应尽快改变以部门、地方立法为主的状况，形成以全国人大常委会制定的《中华人民共和国社会保险法》为统率，以国务院制定的针对社会保障的条例为主体，以拥有立法权的地方人大及地方政府依法制定的地方性法规和规章为补充的、上下统一的、协调完整的法律体系。

（三）健全社会保障法律体系

在社会保障立法中，应针对不同对象、不同内容和不同的项目，建立

相应的法律制度，努力把社会保障的一切方面都纳入法制化的轨道。同时，还要加大执法力度，保障法律的有效实施。在立法的规划中，应健全社会保障法的实施机制，比如合法的筹措机制、稳定的保障机制、严格的管理机制、有效的运行机制、有力的监督机制和一定的司法机制等。

二、建立完善的社会保障投入机制，增强园区社会保障发展的可持续性

资金是社会保障制度建设的核心。建立完善的社会保障资金投入机制，不断加大对社会保障的资金投入，实现社会保障可持续发展，是园区社会保障创新发展的重要内容。第一，要进一步调整财政支出结构，增加政府对社会保障的资金投入。政府对社会保障的资金投入，是市场经济条件下建立公共财政体系的重要内容，也是政府转变职能、建设服务型政府的重要标志之一。政府要从根本上实现更新观念，转变职能，树立政府是社会保障最后责任主体的意识，不能仅仅从眼前的经济效益来对待社会保障，而是要从改革发展稳定的全局出发，统筹考虑社会保障的资金投入，形成用人单位和职工个人共同负担、财政兜底的社会保障资金筹集新格局。要不断完善公共财政的支出结构，进一步加大对社会保障的投入，并建立科学有效的社会保障资金增长机制。政府在安排、计划年度财政预算的总盘子时，应根据社会保障各个项目的需求，把当年的社会保障资金打入、打足，并与财政收入增长挂钩，列入社会经济发展计划，以确保社会保障资金投入随经济社会的发展而不断增加。第二，要处理好中央政府与地方政府的职责关系，明确责任。强调分级负责、分级管理，让中央政府管理最基本的养老保险制度、军人社会保障制度及重大灾害的救济等涉及全局的社会保障事项，而地方政府成为承担社会保障责任的主要责任主体。第三，明确政府与个人之间的职责，处理好社会统筹与个人账户之间的关系。社会统筹与个人账户之间不能互相挪用，努力做实个人账户，依法保护个人账户的持有、转移、遗赠等。在个人账户做实的过程中，政府在个人账户中的承诺应保证兑现。第四，正确处理政府与社会的关系，充

分调动社会的力量。应充分发挥政府的政策导向作用，充分调动政府、企业、社会组织和个人的积极性，建立政府、企业、社会、个人之间分工合作、责权结合的社会保障机制，大力推进社会保障的社会化，以弥补单一主体力量的不足。

三、改革和完善社会保障管理制度，提高园区社会保障运行的有效性

随着经济社会发展的逐渐深入，社会保障事业的不断发展，社会保障的管理问题日益凸显。建立科学完善的社会保障管理体制和运行机制，提高社会保障制度运行的有效性、安全性，是现代社会保障建设和发展的必然要求。在新时期，我们要在充分借鉴国外社会保障改革发展经验的基础上，结合我国社会保障发展的实际，进一步推进社会保障改革，建立更加完善的园区社会保障管理制度和运行机制。第一，加快推进社会保障管理体制改革，建立统一的社会保障制度。目前，社会保障管理体制不合理，碎片化现象严重，覆盖面小，缺乏应有的公平性，是我国社会保障发展中存在的一个突出问题。在新的发展时期，园区社会保障建设必须以体制改革为重要动力，加快建立管理科学、覆盖面广泛、公平合理的社会保障体系。要进一步打破城乡、区域、部门间的壁垒，积极探索和推进社会保障的城乡一体化发展，提高社会保险金的统筹层次，增强社会保险跨地区的流动性，努力实现区域、部门间的均衡发展和统一管理，促进社会保障公平。第二，加强社会保险基金的征收管理，保障基金的支付。要实现社会保险基金征收的法制化，不断强化保险基金统筹部分征缴，并逐步做实养老保险个人账户。特别应积极探索、研究开征社会保障税的必要性和可行性，逐步实现征收基金税收化。第三，加强社会保险基金的运营管理，提高社会保险基金的安全性。应成立专门的社会保障基金投资运营机构，实行社会保障行政管理与社会保障基金经营管理分开的制度，并不断探索和创新社会保险基金投资的渠道和方式，保证社会保险基金的保值增值；要健全制度、明确责任，严格规范，积极鼓励群众参与，加强对基金使用的

监督管理，杜绝违规行为，保障制度的有序运行。第四，重视社会保障专业人才的培养，提高社会保障管理水平。从根本上说，无论是社会保障的立法、司法还是贯彻执行，都离不开社会保障专业人才的辛勤工作。因此，园区社会保障建设也必须加强这方面人才的培养工作，通过相关政策来吸引和留住社会保障专业人员，为园区社会保障制度的健全和完善提供强大的人才支撑。

四、进一步建立健全社会保障体系，提高园区社会保障抵御社会风险的能力

现代社会保障是一个由多方面、多层次制度构成的完整的制度体系。从目前情况看，国家高新区的社会保障体系还很不完善，根据我国社会保障改革发展的方向和园区经济社会发展趋势对社会保障的要求，新时期园区社会保障建设，必须坚持以"低水平、保基本、广覆盖、可持续"为原则，加快建立更加完善的社会保障体系，进一步提高社会保障抵御各种社会风险的能力，全面满足人民群众的社会保障需求。为此，重点应做好以下工作。

（一）进一步完善国家基本社会保障制度

要进一步完善国家基本社会保险体系，完善城镇职工基本养老保险和基本医疗保险制度，加快机关事业单位养老保险制度改革，健全失业、工伤、生育保险制度；积极探索建立完善的、多种形式的以养老、医疗为重点的农村社会保险和城镇居民社会保险制度；要加快建立完善的社会福利制度，健全社会福利服务设施，提高服务水平和质量，大力发展以扶老、助残、救孤、济困为重点的社会福利事业；进一步完善灾害救助制度和城乡居民最低生活保障制度，建立健全以医疗救助、教育救助、法律援助、住房救助等为重点的社会救助体系，加强对困难群众的保护，完善优抚安置政策；应采取强有力的措施，不断扩大国家基本社会保障的覆盖面，增加参保人数，提高参保率，努力实现基本社会保障全民共享的目标。

（二）加快推进补充社会保障发展，建立基本保障与补充保障有机结合、相互补充的社会保障体系

应进一步健全法律制度，加强政策鼓励和引导，不断强化企业的社会责任，促进以职业年金、补充医疗保险、员工福利等为重点内容的单位补充保障发展，以有效提高劳动者抵御社会风险的能力和保障能力；应不断完善有关法律政策，改革管理体制，优化发展环境，充分发扬中华民族扶贫济困、救危扶难的优良传统，大力推进慈善事业发展；应通过宣传、教育、政策引导等各种措施，不断增强社会成员的社会风险意识和社会保障意识，促进个人商业保险发展。

（三）加快建立完善的社会服务保障制度，有效满足人民群众的社会服务需求

现代社会中人们面临的生存风险不仅是多样的而且是系统的，要抵御这些风险仅靠资金和物质资料是远远不够的，还需要有各种各样的服务和帮助。如一个充裕的养老金的领取者，当他独自卧病在床时，如没有医疗和生活照料等服务，养老金对他便失去了意义。同样一个失业者如果只领取失业救济金没有相应的就业中介服务和必要的岗位技能培训，他的再就业也会变得更加困难。因此在一个健全的社会保障体系中，社会服务保障是必不可少的组成部分，它有着资金和物质保障不可替代的地位和作用。新时期园区社会保障体系的建设，必须把服务保障作为整个社会保障体系建设的重要内容，着力健全专业化的社会工作制度，建立完善的社区服务体系，实现服务保障与生活保障的有机结合。

第九章　园区社会秩序与社会控制

高新技术园区是一个现代化的社会实体，在不断的创新中，园区社会不断地分化和整合，其结构和功能就要随之进行调整。如果其功能和结构不能进行相应的调整来适应创新活动的发展，就会产生各种各样的社会问题阻碍高新区的进一步发展。这时就需要综合运用各种社会控制手段来对高新区进行有效的引导，防止这类问题的出现。本章将从社会控制的有关理论入手，分析高新区社会控制的必要性以及控制工具的选择等，在此基础上对我国高新区的社会控制情况做较为全面、客观的阐述，并提出相应的政策建议。

第一节　社会控制的基本理论

社会学家将控制理论引入社会学领域，分析社会的运行，而任何社会都要运用社会控制体系来推行统治阶级所确定的社会价值观念，维系现存的社会秩序，使其达到预期的目标。

一、社会控制的概念与特征

（一）社会控制的概念

控制（control），具有支配、调节、抑制、管理等含义，从其本义上看是指人类对客观事物的运动过程及运动结果进行调节、引导和管理的行为过程，在这一过程中，充分体现了人类的主观能动性和创造性。社会控

（又译作社会约制）有狭义和广义之分。狭义的社会控制是指对社会越轨者施以社会惩罚和重新教育的过程。广义的社会控制是指社会组织体系运用社会规范以及与之相应的手段和方法，对社会成员（包括社会个体、社会群体及社会组织）的社会行为及价值观念进行指导和约束，对各类社会关系进行调节和制约的过程。社会学研究中一般在广义上使用社会控制这一概念。[①]

社会控制的概念，最初源于生物学。生物进化论认为，自然界存在着一种对生物个体的控制机制，通过自然选择使生物物种不断变化和进化。这一思想对当时年轻的社会学产生了重要影响，从而导致社会控制思想的提出。社会控制作为一个十分重要的社会学概念，最早是由美国社会学家E. A. 罗斯（E. A. Ross）在他1901年出版的《社会控制》一书中提出来的。按照他的看法，社会控制是指社会对人的动物本性的控制，限制人们发生不利于社会的行为，是一种有意识、有目的的社会统治。罗斯认为，社会控制可包括三类：①对于意志的社会控制；②对于感情的社会控制；③对于判断的社会控制。由此可见，罗斯的社会控制理论，是从社会心理学角度来加以论述的，他强调的是社会成员之间的心理互动。自从罗斯提出社会控制这一概念以来，社会控制始终是社会学研究的一个重要领域，尤其是受到现代控制论的影响，社会控制理论不断发展和丰富，逐渐形成既融合了现代控制理论基本原理，又具有社会学特色的社会控制理论体系。

早期社会控制概念，是以一种假设为前提的：人具有动物性，只知道追求个体利益，社会必须控制人的这种动物性，才能避免陷入一切人反对一切人的深渊，形成社会存在和发展所必需的秩序。罗斯认为，在人的天性中存在一种"自然秩序"，包括同情心、互助性和正义感三个组成部分。人性的这些"自然秩序"成分，使人类社会能处于自然秩序的状态，人人互相同情、互相帮助、互相约束，自行调节个人的行为，避免出现因人与

---

① 郑杭生：《社会学概论新修》（第三版），中国人民大学出版社，2002年版，第400页。

人的争夺、战争引起的社会混乱。在这种自然秩序中,"法律体制和司法机构正如一个文明国家所幻想的那样,几乎不存在","没有偷窃,也没有混乱"①,"没有社会的强制,没有专横的法规,没有传统的要求,没有习惯的标准。不存在需要保护的社会制度,不存在需要捍卫的含混不清的公共福利"②。但19世纪末20世纪初美国社会的迅速城市化和大量移民运动,使这种自然秩序遭到破坏。在现代的美国社会,初级群体和社区迅速解体,人们不得不生活在完全陌生的社会环境中,社会交往的"匿名度"大为提高,人性中的"自然秩序"难以再对人的行为起约束作用,贫穷、失业、越轨、犯罪等社会问题大量出现。所以,罗斯认为必须用社会控制这种新的机制来维持社会秩序,即社会对个人或集团的行为进行约束。"如果不打算让我们的社会秩序像纸牌搭成的房屋一样倒塌,社会就必须控制他们"③,以便维持社会秩序。

关于社会对个人或集团的行为进行控制和约束的手段,罗斯列举了舆论、法律、信仰、社会暗示、教育、习惯、宗教、典型、理想、礼仪、艺术、人格、幻象、社会价值观等控制工具。他认为这些都是达到社会和谐与稳定的必要措施。社会控制就是由这些控制工具形成的控制体系。对上述社会控制手段的功能及其优缺点,罗斯进行了详细的论述。

在我国,"社会控制"这一概念更为年轻,对它的引进是在20世纪30年代。中国最早专论社会控制问题的著作是吴泽霖教授(1898—1990)的《社会约制》(世界书局1930年版)。吴泽霖将"社会制裁"或"社会控制"称为"社会约制",因为他认为,"制裁""控制"带有以上临下的意思,而广义的Social Control并不是单方面的,而是相互的,所以"约制"似较为妥当。这是吴泽霖在国内外社会学界的一个创建。由于约定俗成的原因,吴泽霖的"社会约制"并未能替代"社会控制"的概念,今天,社会学界所使用的仍然是"社会控制"而不是"社会约制"。在吴泽霖的同

---

① [美]E.A.罗斯:《社会控制》,秦志勇、毛永政译,华夏出版社,1989年版,第33页。
② [美]E.A.罗斯:《社会控制》,秦志勇、毛永政译,华夏出版社,1989年版,第36页。
③ [美]E.A.罗斯:《社会控制》,秦志勇、毛永政译,华夏出版社,1989年版,第43页。

一时代，对社会控制这一问题进行深入研究的还有我国著名的社会学家孙本文教授（1891—1979）。他的有关社会控制的理论集中反映在《社会学原理》这一著作中。孙本文认为，社会控制就是社会对个人行为的任何约束，"凡此种种可供社会上各人行为标准的规则与制度，对于各人行为，即具有约束的力量。社会控制，就是此种种行为规则与制度对于个人行为约束的作用"[①]。

目前，在社会学的研究中，社会控制的概念和理论已被人们所认同并接受，许多学者从社会控制的角度进行了很多研究，社会控制是当今和谐社会建设必不可少的体系，有着极其重要的功能和意义。

（二）社会控制的特征

从社会控制的本质来看，它具有普遍性和阶级性；从社会控制的方式来看，它具有统一性与强制性；从社会控制的作用及其过程来看，它具有多重性与闭环性。

1. 社会控制的普遍性与阶级性

社会控制的普遍性是指社会控制作为一种维系社会秩序的必不可少的机制，存在于任何社会、任何历史时代之中。在传统农业的自然经济社会里，虽然人类的社会活动空间比较狭小，社会结构也比较简单，这种社会仍然存在社会控制，只不过控制手段主要是建立在人们的同情心、友善、正义感和怨恨等感情的基础之上的习俗和民风，维系着亲情关系及宗法关系。随着社会生产力的不断发展，社会分工日益发达，社会结构也日益复杂，人类社会逐渐从传统社会演化到现代社会。这时，人们的社会活动空间逐步扩大，社会利益的冲突也日益加剧，个人与个人、个人与群体以及群体与群体之间的争端和冲突越来越多，社会控制的作用也越来越重要，控制的手段和方法也日臻完善和严密，越来越趋向于制度化和规范化，其鲜明的特征是法律取代习俗成了主要的控制手段。进入阶级社会以后，社

[①] 孙本文：《社会学原理》，商务印书馆，1935年版，第511页。

会控制还表现为阶级性。作为上层建筑的一个组成部分，社会控制的内容和形式始终体现了统治阶级的利益和意志。虽然社会控制往往以全社会的名义出现，似乎代表了全体社会成员的共同利益，但并不能掩盖其维护特定阶级利益和阶级统治的本质。

2. 社会控制的统一性与强制性

社会控制的统一性表现为三个方面：一是社会控制体系内各种控制手段的统一性，即各种控制手段是互为补充、协调一致的；二是社会控制范围的统一性，即社会控制的有效范围是整个社会，而不仅仅是对其中的某一部分实施控制；三是社会控制准则的统一性，即社会控制的准则对于全体社会成员是一致的、不偏不倚的，不允许有超然于社会控制准则之外的社会特权阶层。社会控制的强制性既是阶级性的需要，又是统一性的保证。首先，人类社会产生私有制以后，阶级间的压迫和剥削也愈演愈烈，社会控制在很大程度上就是这种阶级压迫的集中体现，因而它具有强制性，即被统治阶级强迫服从统治阶级的意志。其次，社会控制的统一性要求社会成员有统一的行动和意志，但任何社会总会有反社会分子存在，如果不用强制的方式对这部分社会成员严加控制，其他社会成员的安全和正常的社会秩序就无法保证。

3. 社会控制的多重性与闭环性

社会控制的手段并不是单一的，而是多种多样的，这些控制手段组成社会控制体系，而它们的作用范围则组成控制网络。社会控制的多重性是指各种控制手段的控制作用叠加在控制对象之上，使它们同时受到多种控制手段的作用。社会控制的闭环性指社会控制系统是具有反馈回路的闭环控制系统。所谓反馈是将控制系统的输出回输到控制系统中去，以调节或改进控制系统的控制方式，达到预定的控制目标。社会控制的闭环性使得社会控制系统与某些开环控制系统（不具有反馈回路的控制系统）有一个重大差别，即社会控制系统具有自我调节、自我修正的功能。控制效果如何，控制过程产生了哪些问题，都可以通过反馈回路将这些信息反映到控制决策部门，以便做进一步的调整并及时解决问题。因此，社会控制又是一个动态的调节过程，使之适应社会运行状态，达到社会控制目的。

二、社会控制的类型

从不同的角度对社会控制进行分类，可以将社会控制分为不同的类型：积极性控制与消极性控制、硬控制与软控制、外在控制与内在控制、制度化控制与非制度化控制、宏观控制与微观控制。

（一）积极性控制与消极性控制

积极性控制是指运用舆论、宣传、教育等措施引导社会成员的价值观和行为方式，预防社会越轨行为的产生。消极性控制是指运用惩罚性手段对已经产生的社会越轨行为进行制裁。

（二）硬控制与软控制

硬控制是指运用强制性控制手段，如政权、法律、纪律等对社会成员的价值观、行为方式实行控制，因而又称强制性控制。软控制是指运用非强制性控制手段，如舆论、风俗、习惯、伦理道德等对社会成员的价值观和行为方式实行控制，因而又称非强制性控制。

（三）外在控制与内在控制

外在控制是社会依靠社会力量促使社会成员服从社会规范的控制类型，它以社会力量的强制性作为其发挥作用的基础。内在控制是指社会成员在内化社会规范的基础上，自觉地用社会规范约束和检点自己的价值观与行为方式，因此又称自我控制。

（四）制度化控制与非制度化控制

制度化控制又称正式控制，是指以明文规定的形式向社会成员昭示"什么可为""什么不可为"的控制类型，如政权、法律、纪律、规章及各种具体社会制度等。非制度化控制又称非正式控制，是指以风俗、习惯的形式控制社会成员的控制类型，虽然"什么可为""什么不可为"并无明文规定，但社会成员经过社会化过程后对此都已了然于胸。

（五）宏观控制与微观控制

宏观控制是指社会运用政权、法律、纪律、政策、条令等控制手段对全体社会成员及整个社会关系进行调控与制约。微观控制是指某个具体的社会组织运用组织规章、组织文化等控制手段对其组织成员实施指导与约束。

三、社会控制的功能

社会成员的价值观念和社会行为（包括社会个体、群体和组织的行为）是多样性与一致性的统一。多样性表现为由于社会成员各自的社会地位不同、自身的素质不同而产生不同的社会需要和社会利益，他们对社会事物的看法并因此引发的行动彼此不可能完全一样，呈现出多维度、多方位性。一致性则表现为人们在长期的社会共同生活中，要产生各种各样的社会互动，要结成各种各样的社会关系，为了使这种互动得以产生和延续，社会关系得以建立与维系，价值观与行为方式在某种程度上的一致性就是必不可少的。如果只有多样性而没有一致性，社会互动就无法进行，社会秩序无法建立，社会亦不存在了；如果只有一致性而没有多样性，社会活动空间过于狭窄，缺乏社会活力，不利于社会创造和社会发展。社会控制的基本功能就是保证价值观与行为方式在某种程度上的一致性得以实现并延续下去。简言之，就是维系社会正常秩序。具体地说，社会控制的功能有以下三点：一是为社会成员提供合乎社会目标的社会价值观念和社会行为模式，调适人际关系，制约和指导社会成员的社会行为。二是规定某个社会群体或社会集团的社会地位、社会权利和义务（在阶级社会里，主要表现为规定统治阶级的统治地位和被统治阶级的被统治地位），限制它们之间利益竞争的范围，调整它们之间的利益关系，避免产生大规模的对抗性冲突。三是协调社会运行的各个系统，调节它们之间的关系，修正它们的运行轨道，控制它们的运行方向和运行速率，使之功能耦合、结构协调、相互配套，尽量使各社会运行系统同步运行，促进社会的良性运行和协调发展。①

四、社会控制的手段

社会控制的手段是指保证人们遵守社会规范的各种社会力量的总称。社会之所以能够对社会成员进行控制,保证人们遵守社会规范,维护社会秩序,关键在于社会掌握了各种有效的控制手段。在社会学理论中,社会控制手段是多样的,包括法律、行政、道德、风俗、舆论、文化、习惯、政策和纪律等。从社会控制手段的分类来看,也有伦理的控制手段和政治的控制手段、硬控制手段和软控制手段之分。但从一般意义上看,重要的有组织控制、制度控制和文化控制三种控制手段。

(一) 组织控制

从社会学上看,组织是为了实现特定的目标而有意识地组合起来的社会群体,如企业、政府、学校、医院、社会团体等。特定的组织目标、一定数量的固定成员、制度化的组织结构、普遍化的行动规范等是社会组织的重要特征。社会组织一般由四个方面的要素构成:规范、地位、角色和权威。组织控制就是通过组织的各种规章制度(包括有形的、无形的)对组织内部各职能部门和组织成员的行为进行约束,并调节和化解各种冲突和矛盾,调动组织成员的积极性、主动性和创造性,从而使组织的活动互相配合、步调一致。一方面,可以使组织成员的活动由无序状态变为有序状态;另一方面,又可以把分散的个体黏合为一个新的强大的集体,把有限的个体力量变为强大的集体合力,由此促进组织目标的实现。组织控制的具体形式有两种:一种是组织权威;另一种是组织规章。组织权威表现为下级服从上级,组织规章表现为照章办事。组织控制实际上是层级控制,每一个社会个体和社会群体都处于这种层级控制网络之中,控制者往往同时也是被控制者。

---

① 郑杭生:《社会学概论新修》(第三版),中国人民大学出版社,2002年版,第404页。

（二）制度控制

制度是指具有普遍意义、比较稳定、有一定强制性且正式的社会规范体系。社会制度与组织规章的重要区别在于，制度调节社会行为的范围比较广泛，对所有的社会成员均具有制约性；组织规章只用来制约组织成员的组织行为，对于组织外的社会成员没有制约性，对组织成员的组织外社会行为一般也没有制约性。社会制度的种类大体上可以分为政治制度、经济制度、文化制度、家庭制度、法律制度五大类。这五类制度调节和控制社会个体、社会群体和社会阶层的行为和关系。其中，法律制度是现代社会里最主要的控制手段。

（三）文化控制

文化是一个社会的人们共同享用和共同学习的风俗、信仰、价值及全部创造的总和。文化既然是人类在长期的共同生活中创造的，其中必然有一些为人类共同遵从的准则和标准，这些准则和标准就是文化控制手段。具体地说，文化控制手段包含的内容有：舆论、信仰、信念、价值观念、风俗习惯、伦理道德、社会评价等。与组织控制手段和制度控制手段相比，文化控制手段主要有两个特征：一是非刚性；二是广泛性。[①]

第二节 园区社会控制的必要性及其特点

高新区作为高新技术及其产业和高科技人才的集聚区，是中国现代社会发展中的一个重要而特殊的社会区域，从构建园区和谐社会的目标出发，需要不断加强和完善高新区的社会控制。同时，由于园区社会发展的特殊性，其社会控制也有不同于一般社会的特殊要求。

一、园区社会控制的必要性

庞德曾说："文明是人类力量不断地更加完善的发展，是人类对外在

---

① 郑杭生：《社会学概论新修》（第三版），中国人民大学出版社，2002年版，第46页。

的或物质自然界和对人类目前能加以控制的内在的或人类本性的最大限度地控制。"[①] 一个文明的社会，必然是一个有着良好社会秩序的社会。任何社会的存在和发展，都离不开一定的社会秩序。人类社会就是在不断解决社会冲突，确立良好的社会秩序的过程中向前发展的，良好的社会秩序是社会良性运行与协调发展的基本前提，而良好社会秩序的建立与维护，都是社会控制的结果。正如美国早期社会学家白克马所说："社会秩序，决不能偶然产生。既经产生，如无外力控制，亦不能维持；因个人常各寻自己私利，而茫然于社会利益。"[②] 因此，社会控制是任何社会维系社会秩序必不可少的手段。没有一定的规则，没有一定的社会控制措施，社会就会陷入混乱的状态，就不可能正常存在和发展，因而，秩序和社会控制有着不可分割的内在联系。一方面，社会秩序或者说社会的"有序化"，意味着社会运行状态的稳定性、社会结构的协调性和人们社会行为的规则性。另一方面，社会是由人组成的，人是有意识、有目的的，人们的社会行为总是在追求自己的利益和目标，从而导致人与人之间的冲突与摩擦的不可避免性。由于人们的利益与要求的相似性和相异性，又促使人们在社会生活中结成了各种各样的多元的社会群体，从而使社会冲突从个人层次上升到社会层次，形成更加复杂的局面。正是社会控制机制，把意识彼此不同、利益复杂多样的社会人群结合成一个统一的有机整体，使人们的社会行为既千差万别又符合社会的要求而不发生"社会越轨"现象。因此，构建稳定、有序的社会，就不能没有社会控制。

改革开放以来，特别是随着社会主义市场经济体制的建立和发展，我国整个社会正处于一个快速的转型变动时期。在这个过程中，无论是社会结构、社会组织，还是人们的价值观念和行为方式都经历了并仍在经受着空前的变化，呈现出社会结构复杂化、价值观念和行为方式多样化、利益多元化等突出特点。这种变化的结果，一方面，适应了市场经济的需要，

---

① ［美］罗·庞德:《通过法律的社会控制——法律的任务》,沈宗灵、董世忠译,商务印书馆,1984年版,第9页。

② 孙本文:《社会学原理》,商务印书馆,1935年版,第512页。

促进了经济的发展；另一方面，则对原有的各种社会控制机制产生了一定的冲击，使其控制和防范功能受到削弱。尤其是在快速转型过程中，由于新的有效的各种社会控制机制还未健全，在一定程度上导致了社会的无序、失范状态。其主要表现为：社会安全面临的问题越来越多，各种违法犯罪现象大量增加，权钱交易、以权谋私、谋取个人和小团体非法利益的各种消极腐败现象也日益严重。在经济领域，损公肥私、化公为私等非法行为大量存在，给国家财产造成大量损失；一些个人、企业和组织，缺乏应有的社会责任，无视国家的法律和规章制度，缺乏依法经营、依法活动的意识，为了牟取暴利，不择手段，不讲信用，不讲质量，假冒伪劣，坑蒙拐骗，巧取豪夺，给消费者的权益造成了严重的损害，甚至败坏了国家的声誉。这些现象给我国社会的稳定和正常的社会秩序带来了严重的威胁，也对社会控制提出了更高的要求，即我们要在社会结构分化基础上实现有效社会控制。高新区作为高新技术及其产业和高科技人才的集聚区，是中国现代社会发展中的一个重要而特殊的社会实体，它既有一般社会发展的共性，也有其自身的特殊性。由于高新技术及其产业发展的高度市场化特征，使得园区社会具有高度的竞争化、市场化和流动性等突出特点，社会结构更加复杂，社会控制面临着更为复杂的新问题、新挑战。特别是在当代社会，科学技术已成为第一生产力，高新技术及其产业的发展对于提高国家的竞争力、推动整个社会的发展发挥着不可替代的作用，因此，高新技术园区社会的稳定、和谐和有序发展，对于促进高新技术产业的健康发展，进而促进整个社会的和谐、有序和稳定都具有重要的影响。从构建园区和谐社会的目标要求出发，就必须不断加强高新区的社会控制，以维护园区和谐、稳定和正常社会秩序。

高新区的社会控制，就是在剖析高新区内部结构的合理性和协调性的基础上，运用各种社会规范和控制手段，对高新区社会成员的社会行为及其价值观念进行指导和约束，调节社会关系，以充分发挥高新区的各项功能，促进高新区社会持续、规范、和谐地发展。其必要性主要表现为以下几个方面。

（一）社会控制是高新区发展中不可缺少的因素

马克思主义社会学认为，社会发展既是一种不以人的意志为转移的自然历史过程，又是人们有目的、有意识的活动过程。高新区的发展也一样，它实质上是人类社会中的一种特殊的社会实践活动，它不是孤立于社会生活之外，而是同社会生活息息相关的。社会认识、社会组织、人与人的关系以及人的思想意识都会对高新区的发展产生强烈的影响。同时，高新区的发展是一种复杂的人类活动过程，纳入其中的客体越来越复杂，对客体的作用也越来越复杂。越是复杂的活动，对它进行社会控制的作用越是重要和突出，越是不可缺少。因此，从社会意义上强调高新区的社会控制，不仅是科学社会学的任务，对保证高新区快速健康发展也有着重要意义。

（二）社会控制是实现高新区社会系统有效运行的必要条件

一方面，社会控制可以保证高新区子系统的有序性、组织性和整体性。高新区要正常地进行各种功能性活动，就必须使高新区系统中的各基本要素，特别是高新技术企业、政府和个人之间形成有序的结构、成为整体，有组织地开展活动，这些都离不开社会控制。另一方面，社会控制可以不断调整高新区子系统各种功能活动的相互关系，使之协调发展。社会控制可以从高新区总体发展的目标、需要、计划出发调节各部分的活动，规定各部分活动的任务、目标及相互之间的比例和关系，从整体上促进高新区的全面进步。

（三）社会控制是协调高新区复杂社会关系的重要前提

高新区发展到今天已经成为一个庞大的现代化社会实体，深刻影响社会生产和生活的各个领域，同时高新区的发展又受到各种社会关系的制约，其中既有高新区内部的各种关系，又涉及科技与经济、劳动人事等各种外部关系。不采取相应的社会控制措施，将难以协调和处理这些关系。

二、园区社会控制的特殊性

在现代社会，高新区作为一个现代化的特殊社会实体，是高新技术企业和高素质人才高度集聚的新型社区，有其自身独特的社会组织结构和价值规范要求，与其他的社会区域相比呈现出许多不同的特点。特别是由于高新技术具有高收益、高投资和高风险的特征，使得高新技术产业以及园区社会具有高度市场化、高度竞争化、高度开放性和流动性等突出特点，社会结构、社会组织、人们的价值观念和行为方式更加复杂多样，社会控制面临着更为特殊和复杂的问题，这就对高新区的社会控制提出了新的要求。从社会控制的作用来看，不同的控制手段具有不同的特点和作用。要实现社会关系和社会秩序的稳定，就必须把各种控制手段综合起来使用，使各种控制手段相互配合和补充，综合为治，通过正面引导、对违法犯罪行为的惩治、对偏离行为的限制和舆论、教育感化等各种方式，实现社会控制由外在控制向内在控制的转化，最终达到维护稳定、良好的社会秩序的目的。同时，也需要根据不同社会控制手段作用的不同特点和社会组织结构的特殊性和要求，有重点地选择不同的控制手段，以实现有效控制的目标。根据高新区社会发展的特点和要求，从国际上高新区社会控制的发展趋势来看，法律制度和道德文化这两种控制手段在高新区社会中发挥着特别重要的作用。

　　法律是进行社会控制的强有力的手段，也是最高层次的社会控制手段。"作为社会控制的一种高级专门形式的法律秩序，是建筑在政治组织社会的权力或强力之上的。"[①] "法律之所以具有拘束力，是由于或者是当有一种强加于一切其他力量之上的强力作为它的支持。"[②] 法律是由国家制定和认可的并通过国家强制力保证其有效实施的一种社会规范。它一经产生，便超越个人而具有相对稳定性，因而无论在古代社会还是在现代社会，都是强有力的社会控制手段。由于法律出自国家，具有肯定性、普遍性、可预测性、结构完整性和国家强制性等优点，所以，它不仅能够调整个人行为，而且具有调整阶级关系、重大利益关系，使统治秩序合法化、

---

① ［美］E.A.罗斯：《社会控制》，秦志勇、毛永政译，华夏出版社，1989年版，第26页。
② ［美］E.A.罗斯：《社会控制》，秦志勇、毛永政译，华夏出版社，1989年版，第28页。

固定化的功能；不仅能够调整社会成员的普遍社会关系，而且能够负担巨大的政治、经济、文化的组织任务，因而是实现国家职能，推动经济和社会发展的最重要的、经常的、不可缺少的手段。具体地说，法律控制的社会作用主要表现为：作为由国家制定的社会规范，它具有告示作用、指引作用、评价作用、预测作用、教育作用和强制作用等，通过这些作用的实现，使每个法律主体都能忠实地履行法定义务，积极而正确地行使和维护法定权利，从而建立有条不紊、充满生机的良好的法律秩序。

道德是调整个人之间、个人与社会之间关系的社会行为规范的总和。它作为社会控制的主要工具之一，以善与恶、公正与自私、诚实与虚伪、高尚与卑劣、正义与非正义、光荣与耻辱等道德观念来约束与评价人们的社会行为，从而达到社会控制的效果。道德控制主要依靠社会舆论的力量，依靠人们的内心信念、习惯、传统等机制发挥作用。道德规范是一种内化了的行为规范，道德行为是一种自觉自律的行为，违反道德的行为，要受到社会舆论和良心的谴责。道德对人的行为的影响力比主要通过模仿转化为人们习惯行为的习俗要强。道德规范与法律的功能也不同。孙本文在论及道德的功能时曾说："法律为强迫的，道德是自愿的。法律的标准，往往贴近于事实，而道德的标准，则往往接近于理想。故法律的目标，常在维持现实的社会秩序，而道德的目标，则于维持秩序之外，又有促进社会进步的期望。法律仅能控制人类显著的外表行为，而道德则能控制个人一切潜伏与琐屑的行为，故道德可以济法律之穷。"[①] 道德在社会生活中的作用比法律更广泛，是法律控制的重要补充，能起到法律控制起不到的作用。

第三节 园区社会控制的发展及其面临的问题

随着我国高新区经济社会的快速发展，园区社会中的社会控制机制也在不断健全，总体上保证了园区社会的秩序、稳定发展。但同时在某些方

[①] 孙本文：《社会学原理》，商务印书馆，1935年版，第534页。

面存在着一些问题，难以适应园区社会发展的需要，值得注意。

一、园区社会控制发展的成就

近年来，随着我国高新区经济社会的发展，园区的社会控制体系也不断健全，社会控制手段多样化，有效地规范着社会成员的个人行为，维护了社会秩序的稳定。

从宏观上看，社会控制的法律和政策不断完善，高新区社会控制的法律化、制度化程度不断提高。我国高新区经过多年的发展历程，逐步形成了一套适应高新技术园区社会发展的法律控制体系。这个体系是以《中华人民共和国科学技术进步法》为基础，以《国家高新技术产业开发区管理暂行办法》为核心，以有关高新区的政策为指导，结合相关国内政策法规而组成的统一的、有机联系的控制体系。从制定的部门和效力范围来看，大致可分为三个层次：一是由中共中央、全国人大及其常委会和国务院制定的政策、法规，它们提供了我国所有高新区社会发展中的控制依据，也为各部门各地区指明了制定相关政策法规的指导思想和基本原则；二是部门规章及政策，这些政策是职能部门对高新区进行社会控制的主要依据；三是地方性法规及政策，主要是各高新区在国家政策的指导下，结合当地的实际情况，制定的旨在保证高新区良好、高效运行的具体办法和措施，使国家的有关规定进一步明确和具体化。例如，西安高新区根据自身发展的实际，制定了《西安高新区管委会关于加强高新区投融资服务体系建设的若干意见》《西安高新区管委会关于扶持科技企业孵化器的暂行办法》《西安高新区管委会关于鼓励区内企业建立 ISO 14000 环境管理体系的暂行办法》《西安高新区关于促进软件及服务外包产业发展的扶持政策》等。从控制内容的角度来看，大体可分为以下几个方面：一是高新区管理体制；二是高新技术企业；三是高新技术园区投资的政策和条件；四是园区建设和发展。这些法律和政策从纵、横两方面，共同构成了高新区的社会控制法律政策体系，对高新区组成人员的社会行为进行正确的引导，维持良好的社会秩序。

从微观上看，园区社会组织的控制机制不断健全，组织化控制水平不断提高。微观控制是指某个具体的社会组织运用组织规章、组织文化等控制手段对其组织成员实施指导与约束。高新区作为一个高度现代化的新型社会区域，也是一个高度组织化的社会。近年来，随着高新区经济社会的不断发展，高新区中的政府组织、高新技术企业、技术服务组织、创业服务组织和社会公共服务等现代化的社会组织体系日益健全，功能不断完善。特别是在社会控制方面，不断适应园区社会创新发展的需要，各类社会组织内部的管理日益科学化、现代化。各种规章制度不断完善，先进的组织文化建设越来越受到重视，现代化的管理水平不断提高，社会控制机制不断健全。这不仅增强了企业等组织的社会责任意识，而且对于有效规范和约束社会成员的行为，维护园区社会的秩序与稳定等，也都发挥着越来越重要的作用。

从控制过程来看，社会控制体系日益完善，控制范围不断扩大。比如，苏州高新区坚持不懈在工程项目中以制度建设规范权力运行，继全面实行工程项目五步备案制、廉政双合同制后，又于2005年起，在江苏省开创性地将"效廉双控机制"引入重点工程，使廉政监督和效能监察贯穿于工程建设全过程，从而实现对工程建设效能和廉政的全程无缝监督。"效廉双控机制"以廉政监督和效能监察为重点，以效廉双控图为平台，以执法监察为手段，在整个工程过程设置"控制点"，对易滋生腐败和低效的环节加强监控。"效廉双控机制"规范了权力运行，使纪检监察部门的监督更加专业化，更加全面地掌握辖区内重点建设工程动态，针对发现的效能和廉政方面的问题及时做出反应，变事后查处为事前预防和事中监控，较好地发挥了监督作用，确保了苏州高新区开发建设廉洁、高效。如今，在苏州高新区不仅超过50万元项目概算造价的要招投标，价值数千元的零星工程都有领导小组发包把关，纪检监察部门重点监督检查招投标、物资采购、质量管理、资金管理等环节，抓好各项制度落实。这一措施使大家彼此透明，爱护了干部，规范了工程建设市场。

二、园区社会控制面临的困境和问题

尽管我国高新区建设和发展中的社会控制取得了巨大成就，有效地维护了园区社会的和谐稳定。但从目前的情况看，园区社会控制还存在着许多问题，面临着一些新的困境和挑战，难以适应园区社会持续稳定发展的需要。

（一）社会控制理念发展滞后，不能适应园区现代社会发展的需要

高新技术产业是高度市场化、竞争化的现代化产业，以高新技术产业的集聚为基础建立和发展起来的高新技术园区社会也与传统的社会体制不同，是一个现代化程度较高的特殊社会区域。根据现代社会的社会治理理念，现代社会的社会控制是由政府、社会组织、社区、企业等社会主体共同参与管理和解决社会事务，它强调参与主体的多元性、合作性和协商性，治理方式是服务型的而非管制型的。特别是在高新区这样的现代化社会体系中，要求社会控制更应该体现以人为本、民主协商、服务为主的基本理念，在社会控制中融入服务，在服务中体现控制，以适应高新技术产业的发展特点和需求。但就目前我国高新区社会控制发展的现状而言，虽然服务的理念不断得以强化，但从总体上看，园区社会控制在很大程度上还是传统的管制型的，而非服务型的，现代化的服务为本、民主协商的社会控制理念、方式还没有真正形成。其在实际中最突出的体现就是一些园区政府的职能在很大程度上还没有实现根本性转变，人们还习惯于更多地使用行政手段实施社会控制，缺乏必要的现代服务理念和措施。当然，行政控制具有一定的优势，在某些方面也具有必要性。但是，如果不加分析地过分强调行政控制手段的重要性，并且过多地使用行政手段，这在一定程度上会影响高新区的经济发展和社会发展。

（二）社会控制机制还不健全，控制的有效性有待加强

社会控制是一个系统工程，只有综合运用各种控制手段，建立完善的

机制，才能发挥最大的社会控制效应。但从总体上看，目前我国高新区社会控制的手段和方式还比较单一，社会控制机制还很不完善，这在很大程度上影响着园区社会控制的有效性。其主要表现：一是过多地重视并运用消极性的惩罚手段对已经产生的社会越轨行为进行制裁，而对预防社会越轨行为产生的积极性控制重视不够，措施不力。二是过多地重视和运用政权、法律、纪律等强制性控制手段对社会成员的价值观、行为方式实行制度化控制，而忽视了诸如舆论、风俗、习惯、文化传统、伦理道德等非强制性控制手段的非制度化控制的作用。特别是文化作为一种有效的控制手段，在园区社会中并没有发挥其应有的作用。园区文化在推动园区发展中具有沟通、传承、规范等多重功能，其特质体现在开放、兼容、先导等方面，对人们的信仰、价值观、行为规范、生活方式等有显著的影响。目前，我国园区文化建设虽然有了较大发展，但从总体上看，高新区的文化建设还相对滞后，园区文化建设缺乏自身特色，相当一部分园区尚未真正形成具有园区特色的园区文化，相应地，园区企业文化、园区科教文化、园区旅游文化、园区礼仪文化等方面的文化建设也不完善。

（三）社会控制体系创新不够，难以应对园区社会中出现的新问题

近年来，随着我国高新区经济社会的快速发展，影响园区社会稳定、秩序的矛盾因素不断增加，新的社会问题不断产生。然而，由于我国社会控制体系建设的严重滞后，在许多领域的社会控制措施还很不完善，缺乏必要的、行之有效的控制手段和方式，致使控制失衡，效果很不理想。特别是在土地规划、工程承包、房屋拆迁、安全生产、食品安全、劳资关系等领域，违法犯罪等不规范行为严重，腐败问题突出，成为引发社会矛盾和冲突、威胁社会稳定的重灾区，再加上各种原因引发的群体性事件不断发生，社会控制面临着一系列新的难题和挑战。

第四节 构建完善的社会控制体系，维护园区良好的社会秩序

建设和谐的园区社会是和谐社会建设的必然要求。和谐园区建设，就是要使园区的经济更加繁荣、政治更加稳定、科教更加进步、文化更加先进、社会更加和谐、人民生活更加殷实，同时还要努力形成全园区人民各尽其能、各得其所而又和谐相处的局面，巩固和发展民主团结、生动活泼、安定和谐的政治局面。这种和谐良好局面的形成离不开社会控制。构建更加完善的社会控制体系是维护社会稳定秩序、实现园区和谐持续发展的重要保证。根据高新技术园区社会发展的特点和对社会控制的目标要求，在今后的发展中，重点应做好以下几个方面的工作。

一、进一步加强园区的制度建设，努力形成完善的社会控制规范体系

制度控制是社会控制体系的重要组成部分。这里所说的制度是由社会所确认的社会规范与一定行为规范的综合系统。它是社会中最稳定最基本的那部分规范的模式化和定型化，是特定社会结构得以建立、维护的基础，因而决定了社会关系的基本性质及社会成员的行为方式。要推动园区社会控制模式的转换，必须围绕社会主义市场经济体制这个中心，加强园区的制度建设，使园区每一个方面的制度都形成一个完备的规范体系，实现社会控制的制度化和规范化。

二、进一步完善组织化控制体系，实现园区社会控制主体的多元化

任何一个社会有效的社会控制，都有赖于相应的组织化体系。国家行政管理体制以及强制性机构、命令式的控制机制，无疑是实现社会控制必要的组织化结构，但是，其他各种社会组织形式，在一个现代化的社会中

也都是集中利益、有组织地表达利益、控制成员行为、有组织地解决冲突的重要的组织化手段。它们存在于国家和个体化的民众之间，是构成社会控制体系的重要组成部分。因此，在现代控制体系中，政府虽然仍是社会控制的核心主体，但此时的政府职能需要发生重大的转变，即政府应从传统的"全能无限型"向现代的"有限型"政府转变。特别是对于高新区这样特殊的社会区域，要实现有效的社会控制，不但需要加强政府组织的行政控制职能，同时还必须根据"小政府、大社会"的原则，高度重视并发挥其他社会组织的社会控制作用。这就需要进一步转变高新区政府职能，促使政府由"控制型"向"服务型"转变，不断强化政府工作人员的服务意识，提升服务效能；应大力培育和发展高新区的现代新型社会组织，积极发挥民间社会组织的控制职能，如中国高新技术产业开发区协会、中国民营企业促进会、中国技术市场协会、中国生产力促进中心协会、创业服务中心专业委员会、风险投资专业委员会等，它们在加强企业、区域创新组织、各类科技中介机构、研发机构、金融机构、战略研究与咨询机构等各类载体和主体以及政府机构的交流与合作、有效地表达群体的利益等方面发挥着重要作用，有利于使高新区形成一种优势互补、互相支持、共同发展的和谐局面；要积极推动高新区的民主化进程，动员高新区的社会成员积极参与高新区的社会管理和公共事务，并为园区社会成员参与社会控制创造条件，以加强社会场的控制力量。

三、坚持以法治为核心，实现高新区社会控制手段的多样化与现代化

首先，要进一步完善高新区的法律制度，在园区实现社会控制的法治手段从应然向实然的转变，努力做到有法可依、执法必严。其次，要加强园区的伦理道德建设，建立和完善与社会主义市场经济相适应的道德体系，加强道德控制的有效性。再次，要提高舆论控制的水平。一方面，要改善传统的说教式、灌输式的舆论宣传方式，提倡开放式、互动式的舆论宣传方式，提高大众传媒的公信力和权威性。另一方面，要以传播信息、

服务大众为宗旨，充实和丰富舆论宣传的内容和范围。最后，要合理运用其他社会控制手段，作为法律控制的有益补充，共同促进高新区的社会和谐。

四、以共享价值观体系建设为重点，建立完善的内在控制体系

从社会控制的实践效果看，在有效的社会控制体系中，在全社会中形成一个占主导地位的、共享的价值观念，使这一价值观念内化于大多数社会成员之中，构成了社会成员行动的基本目标、规范和选择标准，是最重要的控制机制之一。在一个日益复杂的现代社会中，存在这种占主导地位的、共享的价值观念对于社会控制来说尤为重要。高新区在不断地分化中会引发一系列诸如结构性冲突、利益冲突和规范性冲突等社会冲突，这有赖于在环境优化过程中对其进行整合和控制。园区社会中由于发展的需要也存在着不同的社会群体，不同的社会群体在园区中承担着不同的社会活动和经济活动，因此也就会形成不同的意识形态、道德理念和生活理念。也就是说，他们的价值观体系是不同的，这也体现了社会价值观的多样性。但是，由于人们长期生活在共同的社区之中，就会产生各种各样的社会互动，结成各种各样的社会关系，为了使这种互动得以产生和延续，社会关系得以建立与维系，高新区的人们的价值观在某种程度上就必须有一定的一致性，否则高新区的社会互动就无法进行，社会秩序也无法维持下去。因此，在高新区形成占主导地位的、共享的价值观显得特别重要。只有当这种共享的价值观和高新区每个人的日常生活息息相关，成为人们在日常生活中处理各种社会关系的标准时，它才能够真正内化于大多数人的内心中，起到一种行为定向和规范的作用。

五、建立健全园区社会决策与社会整合机制，促进园区社会控制机制的现代化

首先，要根据园区社会风险的生成和演化规律，对园区社会风险进行预测，及时认识警源、预报警情，为预防和排除警情提供依据，从而把园

区社会风险控制在一定的范围内，维护一种动态的、相对的稳定。其次，要改善园区社会决策机制的运行环境，加强园区社会问题及其社会控制的理论研究和现实探讨，并以理论研究和现实探讨为指导，以特定时期的高新区社会控制情境为背景，在经济、政治、文化、法律及社会保障等各个方面形成可行性政策，促进园区决策目标的实现。最后，要将园区的制度性整合、功能性整合与认同性整合结合起来，建立新型的适应园区社会发展需要的整合机制。

六、加强高新区政策的整体性和协调性，体现高新区的特殊性

实践证明，重视发挥政策的导向功能和调控功能，是促进高新区健康发展的重要控制手段。影响高新区发展的因素很多，相应的政策内容也很广泛，有经济政策、文化政策、教育政策、科技政策等。因而，高新区的政策应是各类政策的集合体，应是一个明确、具体、配套的政策体系。高新区的政策既是吸引高新技术企业的重要手段，也是对高新区社会进行控制的有效工具，而不是目的。我们要充分发挥政策的整体效益，通过政策的综合效益来营造良好的投资环境，搞好园区环境的综合整治，以充分发挥政策的控制作用。同时，在制定政策时应通盘考虑，注意政策的纵横向协调，避免政出多门、杂乱无章，出现"扯皮"和"打架"，提高控制实效。另外，高新区是我国高新技术成果商品化、产业化、国际化的基地，是向传统产业扩散高新技术的辐射源，是对外开放的窗口和深化改革的试验区，也将是未来知识经济的特区。这些特殊性应在相关政策中得到充分体现。但目前许多高新区的政策内容还存在着照搬照抄其他政策（如外商投资政策等）的现象，不能体现高新技术产业发展的高效益、高投入、高风险的特点，还不能完全适应高新技术产业发展的需要，也不能满足园区社会控制的要求。因此，在我国高新区发展的新时期，应密切结合高新技术产业以及高新区社会发展的特点，在深入考察园区社会发展需要的基础上，对症下药，及时制定相应的社会控制政策体系。

参考文献

[1] 白景锋,欧维新. 陕西省高新技术产业开发区的比较分析和协调发展研究[J]. 南阳师范学院学报(自然科学版),2002(1):82-85.

[2] 包彦明. 从复杂适应系统理论的角度探讨高新技术园区生命周期的演化[J]. 科学决策,2006(4):58-60.

[3] 本书编写组. 构建社会主义和谐社会若干重大问题学习导读[M]. 北京:中共中央党校出版社,2006.

[4] 蔡秀玲."硅谷"与"新竹"区域创新环境形成机制比较与启示[J]. 亚太经济,2004(6):61-64.

[5] 陈福今. 推进社会治理创新 提高社会治理水平[N]. 人民日报,2005-11-25.

[6] 陈光金. 结构、制度、行动的三维整合与当前中国社会和谐问题刍议[J]. 江苏社会科学,2008(3):113-123.

[7] 陈红太. 中国民主政治建设的基本共识和民主现代化的实现[J]. 中国特色社会主义研究,2009(1):34-38.

[8] 陈静. 中国高科技园区企业创新文化建设研究[J]. 北京航空航天大学学报,2010(2):70-75.

[9] 成思危. 中国社会保障体系的改革与完善[M]. 北京:民主与建设出版社,2000.

[10] 邓大松. 中国社会保障若干重大问题研究[M]. 深圳:海天出版社,2001.

[11] 邓小平文选(第2卷)[M]. 北京:人民出版社,1994.

[12] 丁福浩. 中国经济技术开发区的管理模式研究[D]. 武汉:华中科技大学博士学位论文,2004.

[13] 董雪静,等. 科技园区行业协会自组织作用探析[J]. 价值工程,2005(5):9-12.

[14] 窦玉沛主编. 社会管理与社会和谐[M]. 北京:中国社会出版社,2005.

[15] 封华,韦苇. 我国高新技术园区发展的理论综述与现实对策[J]. 西安邮电学院学报,2008(2):65-69.

[16] 盖文启. 论区域经济发展与区域创新环境[J]. 学术研究,2002(1):60-63.

[17] 高建设,罗志坚. 江西工业园区创业文化的形成与提升[J]. 求实,2010(3):46-48.

[18] 葛守昆. 可持续发展:以人为本的行为分析与制度安排[M]. 北京:中国文史出版社,2006.

[19] 顾朝林,赵令勋. 中国高技术产业与园区[M]. 北京:中信出版社,1998.

[20] 郭岚,张祥建,徐晋. 基于神经网络专家系统的高新技术园区竞争力分析[J]. 科学学与科学技术管理,2004(4):111-113.

[21] 谷兴荣,等. 高新技术产业与发展中地区跨越式发展[M]. 北京:经济科学出版社,2005.

[22] 韩伯棠. 我国高新技术产业园区的现状及二次创业研究[M]. 北京:北京理工大学出版社,2007.

[23] 侯云春,等. 农民工市民化:我国现代化进程中的重大战略问题[N]. 中国经济时报,2011-4-21.

[24] 胡东宁. 我国工业园区可持续发展的内涵、特征与制度安排[J]. 科技管理研究,2011(7):31-34.

[25] 胡守钧,刘畅. 社会组织的经济政治文化功能[N]. 深圳特区报,2010-12-2.

[26]卡斯特尔,P. 霍尔. 世界的高技术园区:21世纪产业综合体的形成[M]. 李鹏飞,等译. 王缉慈,译审. 北京:北京理工大学出版社,1998.

[27]纪德尚. 高新技术园区创新环境的创造和培育[J]. 郑州轻工业学院学报(社会科学版),2002(3):3-6.

[28]纪德尚. 我国高新技术园区社会发展问题研究[M]. 西安:陕西人民出版社,2003.

[29]纪德尚,杨林霞,岳磊. 高新技术园区自主创新能力与可持续发展问题研究[J]. 河南工业大学学报(社会科学版),2008(3):28-30.

[30]纪德尚,樊慧静,王晓博. 我国高新技术园区法制化建设系统思考[J]. 黄河科技大学学报,2010(7):115-118.

[31]吉峰,周敏. 构建高新技术园区创新网络的意义及措施研究[J]. 工业技术经济,2006(5):107-108.

[32]蒋传光. 论社会控制与和谐社会的构建——法社会学的研究[J]. 江海学刊,2006(4):89-95.

[33]蓝宇蕴. 都市村庄共同体——农民城市化组织方式与生活方式的个案研究[J]. 中国社会科学,2005(2):27-40.

[34]李海鸣. 当前我国社会保障制度的难点及其对策分析[J]. 求实,2004(1):27-29.

[35]李连仲. 构建社会主义和谐社会问题研究[M]. 广州:广东经济出版社,2004.

[36]李路路. 社会变迁:风险与社会控制[J]. 中国人民大学学报,2004(2):10-16.

[37]梁云飞,赵维双. 社会资本视角下高新技术园区发展对策的研究[J]. 经济师,2006(3):9-10.

[38]林嘉. 加快社会保障法制建设的若干问题[J]. 中国社会保障,2004(1):22-23.

[39]林淑. 高技术企业创新文化发展模式初探[D]. 杭州:浙江大学硕士论文,2002.

[40]刘庆珍.转型期的社会风险及防范机制[J].大连海事大学学报,2007(7):106-109,113.

[41]刘荣增.我国高新技术产业开发区发展态势评价[J].科技进步与对策,2002(11):27-29.

[42]刘莹.贝克"风险社会"理论及其对当代中国的启示[J].国外理论动态,2008(1):83-86.

[43]陆学艺.关于社会建设的理论与实践[J].国家行政学院学报,2008(2):13-19.

[44]马希才,徐雨森.我国高新技术产业园区发展新趋向——以大连高新技术产业园区为例[J].中国科技论坛,2008(3):60-62.

[45][美]迈克尔·波特.国家竞争优势[M].李明轩,邱如泽,译.北京:华夏出版社,2002.

[46]毛振华.社会学与和谐社会[M].北京:社会科学文献出版社,2007.

[47]潘健.积极探索建立妥善处理社会矛盾的新机制[N].人民日报,2005-9-26.

[48]齐园.中关村科技园区产业集聚的发展模式研究[J].特区经济,2010(2):284-286.

[49]任方旭.对我国高新技术园区产业集群式发展中政府作用的再认识[J].生产力研究,2006(2):139-141.

[50]史传林,等.创新社会管理.实现政府社会互动下的善治[N].南方日报,2006-11-22.

[51]唐烈.高技术创业企业发展环境分析[J].科技进步与产业化,2001(2):74-76.

[52]王琳,漆国生.城市社区治理与保障研究[M].北京:北京理工大学出版社,2010.

[53]王久高.改革开放以来我国城市社区民主自治建设的历史考察[J].中国特色社会主义研究,2009(1):39-43.

[54]王军.浅谈高新技术园区人才孵化机制的建立[J].经济师,2004(10):147-149.

[55]王树林.区域创新环境与区域经济发展[J].商业研究,2002(12):59-60.

[56]王延荣.论我国高新技术园区的文化创新战略[J].技术经济,2004(10):24-26.

[57]王耀,程建平,魏长领,等.构建社会主义和谐社会[M].郑州:河南人民出版社,2007.

[58]魏礼群.大力建设服务型政府[J].求是,2006(21):17-21.

[59]文军.农民市民化:从农民到市民的角色转型[J].华东师范大学学报,2004(5):55-61.

[60]文军.论农民市民化的动因及其支持系统——以上海郊区为例[J].华东师范大学学报,2006(4):21-27,42.

[61]吴江,唐铁汉,马世忠,等.推进社会管理体制创新 构建社会主义和谐社会[N].人民日报,2005-12-6.

[62]吴松毅.中国生态工业园区研究[D].南京:南京农业大学,2005.

[63]徐愫.人类行为与社会环境[M].北京:社会科学文献出版社,2003.

[64]薛东峰,罗宏,周哲.南海生态工业园区的生态规划[J].环境科学学报,2003(2):285-288.

[65]闫国庆,等.开发区治理[M].北京:中国社会科学出版社,2006.

[66]杨水旸.科技园区的社区要素分析[J].科技进步与对策,2004(9):84-86.

[67]于燕燕.社区自治与政府职能转变[M].北京:中国社会出版社,2005.

[68]袁泽民,莫瑞丽."社会整合"的类型及建构——对涂尔干的"社会整合"思想的解读[J].理论界,2008(5):185-187.

[69]张鸿. 促进高新区发展的社会控制研究[D]. 福州:福州大学,2002.

[70]郑杭生. 农民市民化:当代中国社会学的重要研究主题[J]. 甘肃社会科学,2005(4):4-8.

[71]郑凌云. 产业集聚视野下的高技术园区发展[J]. 产业经济研究,2003(2):43-48.

[72]朱美光.我国高新技术产业园区发展面临的问题与战略探讨[J]. 科技管理研究,2008(10):14-16.

[73]朱开明,徐福茂. 工业园区可持续发展和拥有较高竞争力的支撑要素和条件[J]. 现代管理科学,2005(3):64-66.